企业人力资源法律风险防范实操一本通

邱云生／编著

中国铁道出版社有限公司
CHINA RAILWAY PUBLISHING HOUSE CO., LTD.

内容简介

这是一本专门介绍人力资源管理过程中法律风险防范的工具书，书中详述了企业内部员工管理常见的法律风险及应对措施。

全书共 11 章，可划分为三部分。第一部分介绍员工入职过程中的法律风险防范；第二部分详细讲解在职员工管理过程中的法律风险防范，如工时休假、薪酬福利、绩效管理等；第三部分介绍如何妥善管理特殊员工以及应对员工离职风险和劳动纠纷。

本书在讲解过程中将人力资源管理环节中可能存在的法律风险与现行的劳动法律法规紧密结合，明确了具体的防控措施，具有很强的实务操作性。无论是企业的人力资源管理工作者，还是法务专员，都可以通过对本书的学习帮助企业规避用工风险，纠正自身存在的不足之处。

图书在版编目（CIP）数据

企业人力资源法律风险防范实操一本通 / 邱云生编著 . —北京：中国铁道出版社有限公司，2021.8

ISBN 978-7-113-27574-7

Ⅰ . ①企… Ⅱ . ①邱… Ⅲ . ①企业管理 - 人力资源管理 - 劳动法 - 基本知识 - 中国 Ⅳ . ① D922.504

中国版本图书馆 CIP 数据核字（2021）第 088442 号

书　　名：企业人力资源法律风险防范实操一本通
QIYE RENLI ZIYUAN FALÜ FENGXIAN FANGFAN SHICAO YIBENTONG
作　　者：邱云生

责任编辑：王　佩　**编辑部电话：**(010) 51873022　**邮箱：**505733396@qq.com
封面制作：宿　萌
责任校对：苗　丹
责任印制：赵星辰

出版发行：中国铁道出版社有限公司（100054，北京市西城区右安门西街 8 号）
印　　刷：三河市宏盛印务有限公司
版　　次：2021 年 8 月第 1 版　2021 年 8 月第 1 次印刷
开　　本：700 mm×1 000 mm 1/16　**印张：**19　**字数：**271 千
书　　号：ISBN 978-7-113-27574-7
定　　价：69.80 元

前言

人力资源管理是企业内部管理中具有挑战性的一项管理工作，在该过程中，若企业没有法律风险防范意识，不仅会给经营管理带来麻烦，还可能引起不必要的劳动纠纷。从人力资源管理的流程来看，员工入职、在职、离职环节的风险防范体系共同构建了企业的用工风险防范网。

员工入职环节，企业需建立和谐规范的劳动关系，以实现合法用工；员工在职环节，企业需重点考虑如何在合规管理的前提下强化自身的用工管理权；员工离职环节，企业要格外防范人事变动可能带来的劳动争议，如违法解除纠纷、中途离职、年终奖发放纠纷等。

实务中，不少企业普遍存在法律风险防范意识薄弱、劳资纠纷发生时不清楚如何处理等问题。为帮助企业提高法律风险管理水平，有效规避在员工管理过程中的法律问题，本书从人力资源风险管理的预防和管控工作入手，全面讲解构建和谐劳动关系、防范人力资源法律风险、化解劳动人事纠纷的具体方法和措施，为企业规范运作、正确处理用工关系提供有效的指导。

全书共 11 章，可分为三部分：

◎ 第一部分：第 1 ～ 3 章

该部分主要介绍如何防范员工招聘入职环节的法律风险，包括员工招聘录用风险防控、合法签订劳动合同以及用劳动合同补充协议保护企业利益等内容。

◎ 第二部分：第 4 ～ 8 章

该部分从规范企业在职员工管理的角度出发，详细讲解如何应对和防范在职员工管理过程中的法律风险，包括规避员工工时休假法律风险、员工薪酬激励风险防范、如何做好保险风险应对和管控、用科学的考核体系来规避绩效管理风险、制定对员工有约束力的规章制度等内容。

◎ 第三部分：第 9 ～ 11 章

该部分重点讲解如何防范特殊员工、离职员工管理风险以及应对常见的劳动纠纷，包括特殊招聘劳动关系的确认、“三期”女员工的特殊管理、规范离职手续办理流程、合法解除劳动合同、从容应对劳动争议和纠纷等内容。

本书结合大量法律法规条文和劳动争议案件，对人力资源管理领域常见的法律风险事项进行了深度剖析，具有很强的实务操作性，特别适合企业行政人事管理人员、人力资源法务工作者以及想要从事人事管理工作的从业者学习使用。

最后，希望所有读者能从本书中获益，助力企业提高法律风险识别能力和防范能力。

由于编者能力有限，对于本书内容不完善的地方希望获得读者的指正。

编　者

目录

第一章　招聘录用，从源头防范新员工聘用风险

对企业来说，人才招聘录用是企业人力资源管理的重要一环。招聘录用看似简单，但如果对相关法律法规不够重视，也会存在用工风险。在实践中，不少企业往往会忽视招聘录用阶段的风险防范，结果不仅增加了用工成本，还导致企业陷入劳动争议纠纷中。

第二章 劳动合同，明确企业和员工之间的权利义务

不管是对企业，还是对员工来说，劳动合同都格外重要。劳动合同是用人单位与劳动者确立劳动关系、明确双方权利和义务的协议。企业与员工订立劳动合同后，劳动合同即具有法律效力。

第三章 配套协议，用劳动合同补充协议保护自身利益

对劳动合同未尽事宜，企业可以与员工签订补充协议。补充协议与劳动合同是主从关系，主要就劳动合同中未约定的事项进行约定，它可以使劳动合同更加完善。

第四章 工时休假，规范工作时间与假期管理

合理安排员工的工作时间及休假，可以让员工工作更有积极性，发挥自身创造力。人力资源管理者在实际进行工作时间规划、休假及加班管理的过程中，也要注意实务操作过程中的法律风险，确保企业的工时休假管理符合相关法律法规的规定。

第五章 薪酬福利，兼顾公平合法与员工激励

薪酬福利是企业中长期激励的重要工具，科学的薪酬福利体系不仅能为企业吸引优秀人才，还能促进企业业务的增长。管理者在具体设计企业的薪酬福利时，要考虑两方面：一是符合国家法律法规关于薪酬福利的相关规定，二是根据企业的经营状况、发展目标和岗位责任来设计薪酬结构。

第六章 社会保险，做好保险风险应对和管控

社会保险是国家建立的一项基本的社会保障体系，对企业和员工都有重要的意义，企业应当按照国家的法律法规为员工办理社会保险，并在员工有需要的时候，保证员工能够享受到社会保险待遇。

第七章 绩效管理，用科学的考核体系来规避风险

绩效管理中因为要对员工进行考核，所以会有相应的奖惩措施。如果奖惩不合理，或是绩效考核标准设置不合理，都有可能引起员工的不满。为了避免相关法律风险，管理者要注意对有关内容进行约定。

第八章 规章制度，企业内部重要的法律文件

规章制度是企业用来规范劳动者工作标准、行为的文件。在应对劳动争议纠纷时，企业的规章制度常常会作为重要的证据材料提交给审理机构，但只有合法合规的规章制度才能作为劳动争议案件审理的依据。因此，对企业来说，制定一套合法有效的规则制度格外重要。

第九章 特殊员工，特殊问题要妥善处理

在企业经营管理过程中，还存在招聘在校学生、非全日制员工、外籍员工、管理“三期”女员工、医疗期员工的情况，这些“特殊”员工的管理是企业人力资源管理的难点。企业应该如何应对特殊员工管理过程中的法律风险呢？

第十章 员工离职，规避人才流动存在的潜在风险

合理的人才流动能让企业保持活力和动力。在人力资源管理中，人才流动会涉及离职手续的办理，而不规范的离职程序也可能给企业带来潜在的风险。作为管理者，有必要做好企业的离职管理，规避员工离职可能存在的法律风险。

第十一章　劳动争议，应对劳动纠纷合理维权

当企业与员工因劳动报酬给付、劳动合同解除、劳动关系的认定等问题产生争议时，企业管理者应清楚争议的解决途径，采用正确的方法来处理纠纷，同时注意收集证据材料，以便合理维权。

第一章

招聘录用，从源头防范新员工聘用风险

对企业来说，人才招聘录用是企业人力资源管理的重要一环。招聘录用看似简单，但如果对相关法律法规不够重视，也会存在用工风险。在实践中，不少企业往往会忽视招聘录用阶段的风险防范，结果不仅增加了用工成本，还导致企业陷入劳动争议纠纷中。

1.1 完善招聘入职流程，做好风险防控

防范招聘录用法律风险要从员工招聘录用流程入手。完善的招聘体系、科学的人才甄选审查流程，将帮助企业有效地防范招聘入职过程中的风险，促进企业健康稳定发展。

1.1.1 制订计划规避招聘风险

招聘计划是企业开展人才招聘的依据，企业哪些岗位需要补充人才，对该岗位的任职要求是什么，都需要通过招聘计划来规划。如果招聘计划不合理，会影响与录用员工之间劳动关系的建立，从而给企业带来法律风险。

企业的招聘计划要根据实际的用人需求来制订，从而实现人力资源结构的合理配置。在具体编制招聘计划时，可按以下流程进行。

◆ 分析招聘需求

人力资源部可通过往年员工历史数据对企业的离职率进行分析，然后结合缺编岗位及人才储备梯队需求确定拟招聘的人数。在确定需要补充的员工人数时，要考虑不同岗位的迫切性。对于急需补充的岗位，应优先进行招聘，然后根据优先级顺序编制招聘需求表。

为了更准确地制订计划，人力资源部还可要求各部门根据自身岗位空缺情况提交人员需求申请表，以确保需要补充的岗位的合理性。

◆ 明确岗位任职要求

根据需要招聘的岗位确定任职要求。任职要求关系到人员招聘是否能做到人岗匹配，同时关系到招聘信息描述的合理性，因此，企业要重视岗位任职要求的撰写。岗位任职要求一般包含年龄、学历、工作经验、岗位职责等内容，具体可根据不同岗位的工作内容要求确定。

◆ 选择招聘渠道

根据招聘需求要选择合适的招聘渠道，常用的招聘渠道有人才招聘会、校园招聘、传统求职网站、新媒体平台招聘、广告招聘、官方网站招聘、与第三方人力资源中介合作等。在选择招聘渠道时，要考虑不同渠道所付出的招聘成本，再结合拟招聘的岗位特点进行选择。

◆ 做好招聘预算

在实施招聘的过程中，企业要根据岗位需求预算招聘所需的费用。招聘费用包含招聘渠道费用、宣传海报制作费、交通费、招聘资料印刷费用等，在做预算时，可根据企业实际情况计算招聘费用。

1.1.2 招聘入职环节风险防范

在员工招聘入职环节中，如果忽视入职风险很容易给企业用工埋下隐患。导致员工招聘入职风险的常见原因有以下几个。

◆ HR 法律意识不强

从现实的企业招聘来看，有些 HR 并不具备专业的人力资源管理理论，对《中华人民共和国劳动法》（以下简称《劳动法》）、《中华人民共和国劳动合同法》（以下简称《劳动合同法》）等相关法律法规也知之甚少。他们会简单地认为招聘录用过程中企业是占据主动权的一方，一切都是自己说了算，这种观念常常会使得企业陷入法律风险中。

为了有效规避风险，企业 HR 应对人力资源管理过程中的相关法律法规有充分的认识，包括《劳动法》《劳动合同法》《职工带薪年休假条例》等，通过建立合法的人力资源管理体系有效防范人力资源工作开展过程中的法律风险。

◆ 招聘体系不完善

招聘体系不完善是很多中小企业普遍存在的问题，招聘制度过于简单或没有招聘制度，随意选择招聘渠道，人才甄选过程中没有进行科学测评都容易给人力资源管理带来风险。面对招聘体系不完善带来的风险，企业应建立健全的招聘制度，完善招聘流程，从而降低企业招聘成本，为企业招聘到合适的人才。

◆ 没有开展入职审查

发布招聘信息→通知面试→开展面试→员工录用→试用期考核→合格转正，是不少企业招聘录用的常规流程。在该流程中，HR 比较容易忽略入职审查环节，在面试时仅凭个人印象决定是否录用，而没有根据岗位特性对员工的真实信息进行考察。在录用环节，则忽略对员工个人真实信息的审查，这极容易为企业埋下用工隐患。入职环节存在的潜在风险并非无法防范，HR 可通过完善入职流程，明确员工录用条件，做好入职审查工作来防范风险。

1.1.3 员工录用审查法律风险防范

录用审查是员工入职前就需要进行的，主要审查员工是否符合录用条件。录用审查具体可分两步走，一是在人才甄选环节审查应聘者是否符合录用标准；二是审查应聘者的相关证书。

（1）审查应聘者是否符合录用标准

在人才甄选环节，HR 可根据岗位要求来筛选应聘人员。初步筛选主要为简历筛选：线下、校园招聘可通过让应聘人员填写应聘人员登记表筛选符合条件的应聘者；网络招聘则通过应聘人员在线提交的简历筛选。简历筛选过程中，主要审查应聘者的硬性指标和软性指标是否符合招聘要求。硬性指标是指应聘者的知识水平、职业技能等；软性指标是指应聘者的个人潜能，主要根据应聘者的职业定位、性格特征、兴趣爱好等推断。

简历筛选可采用分级法，即按等级对应聘者进行划分，如分为 A 级、B 级和 C 级。其中，A 级为符合条件者，B 级为勉强符合条件者，C 级为不符合条件者。对于不符合条件者予以淘汰，对符合条件者按等级依次邀约进行笔试或面试。

邀约环节也是对应聘者进行二次筛选的过程。在沟通过程中，HR 可向应聘者了解其求职动机及求职状态，以避免招聘到“打酱油”的应聘者。另外，HR 还可以向应聘者简单介绍岗位情况，给予应聘者提问的时间，以避免盲目邀约面试，也让应聘者对应聘岗位有一定的了解。最后，HR 要向应聘者告知面试地点、时间及需要携带的相关资料，如简历、学历证书等。

在笔试及面试环节，则要充分评估应聘者的职位胜任能力。在笔试及面试开始前，面试官应对岗位录用条件有清晰的认识，然后通过合理的笔试测试及面试提问来审查录用者是否符合任职条件。

（2）审查应聘者的相关证书

在面试阶段，可要求应聘者提供学历学位证书、专业技能证书、职业资格证书等职位所要求的相关资格证书，以审查应聘者是否符合入职要求，常见的证书有外语类证书、财会类证书、计算机类证书等。

1.1.4　员工入职审查法律风险防范

入职审查是指在与员工正式签订劳动合同前，对员工提供信息的真实性进行审查，其目的是防范应聘者因提供虚假信息而带来的用工风险。入职审查过程中，主要审查以下几方面内容。

（1）基本信息

基本信息审查是指对求职者的个人身份进行核验，包括姓名、年龄、身份证号等，以确认求职者身份信息的真实性，同时确认其是否年满 16 周岁，外籍人士则要审查是否取得就业证。企业可以要求求职者提供身份证复印件并签字，以便于员工入职后的管理。

（2）资质材料

资质材料审查主要是审查员工提供的学历证书、职业资格证书等资质材料的真实性。对于资质材料，可要求求职者提供复印件并签名以作为证据证明。

另外，还可以通过相关网站进行查证。如学历可通过学信网（https://www.chsi.com.cn/）进行查询，职业资格证书可通过国家职业资格证书全国联网查询网站（http://zscx.osta.org.cn/）进行查询。

（3）劳动关系

劳动关系审查主要是审查求职者是否与原用人单位解除劳动关系，以避免录用尚未与原用人单位解除劳动合同的员工。

需要注意，如果企业录用的是非全日制用工的劳动者，那么可能存在建立双重或者多重劳动关系的情况。根据《劳动合同法》第六十九条规定：

从事非全日制用工的劳动者可以与一个或者一个以上用人单位订立劳动合同；但是，后订立的劳动合同不得影响先订立的劳动合同的履行。

因此，企业在与非全日制用工的劳动者建立劳动关系时，应明确不得影响先订立的劳动合同履行的前提条件。为规避法律风险，企业可要求员工提供原用工单位出具的同意建立双重劳动关系的书面证明。

（4）竞业限制

竞业限制审查主要是审查求职者是否存在竞业限制情况，该审查主要针对管理岗位、技术岗位、财务岗位及其他可能接触企业商业机密职位的求职者。在录用此类岗位的求职者时，企业应了解该求职者是否与原用人单位签订了《竞业限制协议》。

若求职者与原用人单位签订过《竞业限制协议》，企业应审查求职者是否已与原用人单位解除了竞业限制约定。另外，还可审查协议的具体条款内容，包括竞业限制禁止期、竞业限制的范围与地域、竞业限制义务等，以判断求职者有无违反竞业限制约定。当确定求职者不负《竞业限制协议》所约定的义务时，企业可以与其建立劳动关系。

知识延伸｜入职时可要求员工填写入职登记表并签字

在员工入职时，企业可提供入职登记表让求职者填写并确认签字。入职登记表一般包括员工基本信息、工作经历、入职信息等内容，最下方应设立员工确认签字栏，以让求职者承诺提供的相关信息的真实性。

1.1.5　员工入职体检法律风险防范

为了确保求职者入职后能够有良好的身体状况从事岗位工作，在求职者入职前，企业可要求其提供体检证明或者统一安排健康检查，旨在通过体检保证入职员工的自身状况适合从事该专业工作，在集体生活中不会造成传染病流行，不会因其个人身体原因影响他人。根据《企业职工患病或非因工负伤医疗期规定》：

第二条 医疗期是指企业职工因患病或非因工负伤停止工作治病休息不得解除劳动合同的时限。

第三条 企业职工因患病或非因工负伤，需要停止工作医疗时，根据本人实际参加工作年限和在本单位工作年限，给予三个月到二十四个月的医疗期。

因此，为避免带来用工风险，企业应重视入职体检环节，入职体检可分为一般体检和特殊体检。

- **一般体检：**适用于大部分企业及岗位，主要检查求职者的身体状况是否健康，一般包括血常规、肝功能、眼科等项目。
- **特殊体检：**主要针对特定的职业，如有职业危害的岗位、有健康要求的岗位及其他特殊工种岗位，常见的岗位有餐饮服务岗位、接触粉尘/放射性物质的岗位等。

入职体检会涉及体检费由谁支付的问题，对于一般体检，并没有明确的法律法规规定应由谁付。实践中，一般可按照谁要求谁支付为原则确定体检费的承担方。即若企业要求新入职员工到指定医院接受统一体检、发放入职体检通知单要求员工进行体检的，那么体检费由企业承担；若企业未要求入职体检，求职者自行决定进行体检，产生的体检费由求职者承担。

若由于岗位特性的要求，求职者的健康状况对工作的完成有重要影响，那么企业可要求求职者提供体检/健康证明，如餐饮行业从业者一般会被要求提供健康证，办理健康证产生的费用常常由求职者承担。当然，企业也可以与求职者协商约定体检费的承担方。对于特殊岗位的职业病健康体检而言，根据《中华人民共和国职业病防治法》（以下简称《职业病防治法》）第三十五条规定：

对从事接触职业病危害的作业的劳动者，用人单位应当按照国务院卫生行政部门的规定组织上岗前、在岗期间和离岗时的职业健康检查，并将检查结果书面告知劳动者。职业健康检查费用由用人单位承担。

用人单位不得安排未经上岗前职业健康检查的劳动者从事接触职业病危害的作业；不得安排有职业禁忌的劳动者从事其所禁忌的作业；对在职业健康检查中发现有与所从事的职业相关的健康损害的劳动者，应当调离原工作岗位，并妥善安置；对未进行离岗前职业健康检查的劳动者不得解除或者终止与其订立的劳动合同。

1.2 招聘信息引发的法律风险

招聘信息是企业发布的，目的是向求职者说明岗位要求的重要内容。企业的招聘信息若发布不当，也可能带来法律风险，常见的风险有涉嫌就业歧视、录用条件模糊等。

1.2.1 招聘要求涉嫌就业歧视

招聘要求中含有歧视性信息是企业招聘广告中比较常见的违法内容。不少 HR 在制作招聘启事时，可能并不清楚部分内容涉嫌就业歧视，比如下列内容就可能涉嫌就业歧视。

- **户籍歧视：**如要求 ×× 市城镇户口、拒绝录用 ×× 籍劳动者。
- **民族歧视：**如仅限汉族。
- **性别歧视：**如该岗位仅招男性。
- **婚育歧视：**如已婚女性优先。
- **年龄歧视：**如要求年龄在 25~30 岁。
- **外貌歧视：**如要求身高 165cm 以上，身材匀称，长相甜美。
- **残疾歧视：**如残疾人除外。
- **健康歧视：**如拒绝录用乙肝病毒携带者和艾滋病病毒携带者。

就业歧视侵犯了应聘者平等就业的权利，若应聘者提起诉讼，企业很可能需要承担赔礼道歉、赔偿损失等侵权责任。针对就业歧视，我国相关法律法规都作出了明确的禁止规定，如《劳动法》第十二条和第十三条规定：

第十二条 劳动者就业，不因民族、种族、性别、宗教信仰不同而受歧视。

第十三条 妇女享有与男子平等的就业权利。在录用职工时，除国家规定的不适合妇女的工种或者岗位外，不得以性别为由拒绝录用妇女或者提高对妇女的录用标准。

除《劳动法》外，《中华人民共和国就业促进法》（以下简称《就业促进法》）第三章也对“公平就业”作为了明确的规定，如以下为部分条文内容。

第二十六条 用人单位招用人员、职业中介机构从事职业中介活动，应当向劳动者提供平等的就业机会和公平的就业条件，不得实施就业歧视。

第三十条 用人单位招用人员，不得以是传染病病原携带者为由拒绝录用。但是，经医学鉴定传染病病原携带者在治愈前或者排除传染嫌疑前，不得从事法律、行政法规和国务院卫生行政部门规定禁止从事的易使传染病扩散的工作。

第三十一条 农村劳动者进城就业享有与城镇劳动者平等的劳动权利，不得对农村劳动者进城就业设置歧视性限制。

为避免招聘信息中出现就业歧视的内容，企业在制作招聘启事时应根据岗位的实际要求来填写，不要附加歧视条件。一般来说，企业将与职位有必然联系的属性设为任职条件，那么通常不会构成就业歧视，如学历、职称、专业等；而如果将应聘者的某些天生属性作为录用条件，则会构成就业歧视，如血型、户籍、性别等。

1.2.2 发布虚假招聘广告信息

从招聘信息的法律性质来看，招聘信息面对的是某类群体，而不是某一个人，一般属于要约邀请，并不具备合同法律效力。但如果企业发布虚假招聘广告信息，仍然会面临法律责任。

根据《就业服务与就业管理规定》第十四条，用人单位招用人员不得有下列行为：

（一）提供虚假招聘信息，发布虚假招聘广告。

从上述条文可以看出，发布虚假招聘信息是法律法规明令禁止的行为。若企业违规发布虚假招聘信息可能会面临罚款、损害赔偿、劳动合同无效、经济补偿等法律责任风险。如《就业服务与就业管理规定》第六十七条规定：

用人单位违反第十四条第（一）、（五）、（六）项规定的，由劳动保障行政部门责令改正，并可处以一千元以下的罚款；对当事人造成损害的，应当承担赔偿责任。

除法律风险外，企业发布虚假招聘信息也会对自身信誉和形象造成影响。因此，在发布招聘广告信息时，企业应以诚信真实为原则，避免发布不实的招聘信息，如以下一些情况。

- **夸大薪资**：岗位实际工资水平为 3 000 元 / 月，在招聘信息中却标示月薪上万。
- **虚报招聘人数**：实际招聘人数为 1 人，招聘信息却写成招聘 10 人。
- **虚假承诺福利待遇**：招聘信息承诺五险一金、带薪年假、国内旅游等福利待遇，实际却并不提供。
- **工作地点与实际不符**：招聘信息注明工作地点为交通便利的城区写字楼，员工入职后却发现工作地点在郊外厂区。
- **单位基本情况不真实**：实际为中小微企业，招聘信息中却写为大型企业、上市公司。

1.2.3 录用条件模糊带来解聘纠纷

录用条件是企业决定是否正式录用应聘者的重要标准，同时也是企业合法解除劳动关系的重要依据。根据《劳动合同法》第三十九条，用人单位单方解除劳动合同（过失性辞退）的规定：

劳动者有下列情形之一的，用人单位可以解除劳动合同。

（一）在试用期间被证明不符合录用条件的。

由此可见，录用条件的重要性。然而在实践中，许多企业都没有设立明确具体的录用条件，模糊、空泛化的录用条件会给企业带来解聘纠纷。如录用条件模糊或者未明确岗位录用条件，导致企业无法用合理的证据来证明劳动者是否符合录用条件，此时若单方解除劳动合同，就可能面临违法解除劳动合同的风险。

为避免以上风险，企业在确立岗位的录用条件时应具体化、明确化，将影响岗位工作的主要要素详细地描述在录用条件中，如专业技能、工作责任心、工作能力等。

是否向劳动者事先公示录用条件是录用条件能否产生法律效力的关键。

实践中，企业可以通过以下方式防范“录用条件”法律风险。

- 在发布招聘启事时，明示录用条件的基本内容，并明确界定为“录用条件”，同时保留相应证据。
- 在员工正式入职前，向其发送录用条件确定函，并让员工签字确认。
- 在签订劳动合同时，在劳动合同中明确符合录用及不符合录用的具体情况。
- 在员工入职时，让员工填写入职登记表，并在入职登记表中明确录用条件，同时要求员工签字确认。
- 制作岗位说明书或岗位职责说明书，在岗位说明书中明确录用条件，并将其作为劳动合同附件。
- 在规章制度中对共性的录用条件进行规定，如在《员工手册》中规定试用期内严重违反公司规章制度并处以警告处分的将不予录用，并向员工公示。
- 确立试用期绩效考核方案，明确约定考核不合格视为不符合该岗位的录用条件，并让员工在绩效考核表上签字。

企业 HR 设定录用条件时，可将录用条件分为共性的录用条件和个性的录用条件。

共性的录用条件一般在规章制度中进行确立，是企业所有员工予以录用或不符合录用的基本标准，如试用期考核在 60 分以下的，为不符合录用条件。

个性的录用条件是针对不同岗位的特性确立的，一般为职业资格、技能要求、专业能力等。

知识延伸｜设定录用条件可以“软硬”兼施

在设定不同岗位具体的录用条件时，将硬性条件和软件条件相结合。硬性条件通常是可量化的具体条件，如试用期旷工次数达3次以上。软性条件不容易判断，一般为适岗性条件、职业道德条件等，如诚实守信、能否胜任岗位职责。

1.3 面试入职法律风险点

在面试与办理员工入职的过程中，企业要注意把控一些细节，这样才能有效防范风险。面试入职环节中，常见的风险点主要有未履行告知义务、将招聘条件与录用条件混为一谈等。

1.3.1　选拔与岗位不匹配的人才

为岗位选拔合适的人才是企业人事专员重要的岗位职责。目前，大多数企业普遍采用笔试 + 面试或一轮 / 多轮面试的方式来选拔人才。如果在该过程中，面试官没有科学地识岗、用人，导致人岗不匹配，无疑会增加企业的用人成本，给企业带来用工风险。那么企业的人事专员如何才能做到岗位与人才的匹配呢？具体做法如下。

（1）了解岗位要求和特点

人岗匹配的第一步应是知岗。所谓知岗就是充分了解岗位的要求和特点，人事专员可通过岗位分析来明确岗位条件、薪资及职责要求。在具体分析时，可利用岗位分析表来明确岗位要求，如表 1–1 所示为某企业的岗位分析表。

表 1–1　岗位分析表

职位名称		主管部门	
间接主管		直接主管	
一、职位设置的目的			
二、岗位工作任务分析（按顺序列举说明本职位工作职责及重要性）			
类型	工作内容	时间花费百分比	应达到的效果

续上表

每日必做			
一定时间必做			
临时工作			
三、岗位知识、技能分析（列举说明对本职位的工作来说，哪些知识、技能、经验、专业、职称、能力是必备的）			
四、岗位工作关系分析（说明本职位与相关岗位之间存在哪些协作关系，包括企业内部的岗位协作关系和工作外部的协调关系）			
工作关系	岗位	协作事项简述	主要沟通方式
内部协作			
外部协作			
五、职业规划分析（说明本职位的培训发展计划、职位升迁途径）			

在对岗位进行分析时，可采用问卷调查法、访谈分析法、记录法、观察法、分析法等方法来完善岗位分析表。根据岗位分析表的内容，还可以分析总结形成岗位说明书，岗位说明书是岗位录用的指导性管理文件。

（2）通过笔试 / 面试透彻了解应聘者

要做到人岗匹配，除了要知岗外，还要学会识人。在笔试 / 面试环节，HR 应对应聘者的知识技能、才能及兴趣爱好等有充分了解，这样才能判断出该应聘者是否适合该岗位。

在具体操作过程中，HR 可以结合应聘者提供的简历，再通过面试提问的方式来认识应聘者。提问时应避免提无关紧要的问题浪费双方的时间，可从社会实践、实习经历、兴趣爱好、期望薪资、职业素养等方面入手进行提问。面试过程中，HR 还应对某些关键信息进行记录，以避免仅凭大脑记忆而影响面试录用的准确度。

1.3.2 未主动履行告知义务

在招聘面试过程中，招聘者应主动履行告知义务。告知义务是指在与劳动者签订劳动合同前，企业应主动向劳动者告知与其利益息息相关的情况，如工作内容、报酬、规章制度等。在《劳动合同法》中，对用人单位的告知义务作出了明确的规定，具体条文内容如下。

第四条 规章制度

用人单位应当将直接涉及劳动者切身利益的规章制度和重大事项决定公示，或者告知劳动者。

第八条 用人单位的告知义务和劳动者的说明义务

用人单位招用劳动者时，应当如实告知劳动者工作内容、工作条件、工作地点、职业危害、安全生产状况、劳动报酬，及劳动者要求了解的其他情况；用人单位有权了解劳动者与劳动合同直接相关的基本情况，劳动者应当如实说明。

在面试过程中，若企业未主动告知应聘者岗位相关信息，不仅会导致离职率上升，增加招聘成本，还会给企业带来相关法律风险，如劳动合同无效 / 部分无效、赔偿等。为避免以上风险，企业可做好以下防范措施。

- 以书面形式向员工告知岗位的工作地点、工作内容等，如发放职位告知书、入职登记表、岗位基本情况告知函，在其中列明岗位的具体情况，并让员工签字确认。
- 在劳动合同中约定，劳动者在入职前已经了解了工作的相关情况，如图 1-1 所示的内容。

一、合同前提

（一）乙方受雇于甲方不违反其任何约定或法定义务，在入职前必须如实提供个人资料，包括学历证明、工作经历、资格证明、身份证明和身体体检证明等，并保证上述资料的真实性及合法性，保证合同期间其所任职位要求的资格或执照的维持。

（二）乙方确认：在签署本合同之前，甲方已告知乙方其从事的工作内容、工作条件、工作地点、职业危害、安全生产状况、劳动报酬等其他情况，乙方并充分了解。

（三）乙方确认：乙方入职时已向甲方充分了解了该工作的性质和工作能力要求等录用条件及其他与劳动合同直接相关的基本情况，甲方已充分告知。

图 1-1

◆ 通过公告、电子邮件、书面发放等方式向员工公示规章制度、员工手册等，同时让员工在员工确认书中签字，以表明已了解相关内容。

1.3.3 招聘和录用条件无区别

将招聘条件等同为录用条件，没有进行区分，是很多企业常犯的错误。实践中企业需注意以下区别，以防范违法解除劳动合同风险。

◆ **前提不同：**招聘条件是企业单方确立的，目的是向应聘者说明岗位的基本要求。录用条件是企业决定是否正式聘用员工的重要依据，需企业和劳动者同时确认方可生效。

◆ **内容不同：**从内容上来看，招聘条件的内容要比录用条件简单，录用条件应包含岗位所要求的全部条件，内容更具体、明确，招聘条件可只明确岗位基本要求。

◆ **主体不同：**招聘条件面向的是对该岗位感兴趣的应聘者，其主体具有不确定性。录用条件面向的是拟正式录用的应聘者，具有确定性。

◆ **适用阶段不同：**招聘条件适用于招聘及面试过程中。录用条件适用于员工签订劳动合同后，正式录用员工前，主要为试用期期间。

招聘条件与录用条件具有一定的关联性，这也是不少企业会将两者混为一谈的主要原因。为避免法律风险，企业应将招聘条件和录用条件进行区分，并通过入职登记表、岗位说明书等向劳动者明确录用条件，并要求其签字确认。

1.3.4　入职材料未建档归档

在员工入职时，企业应对员工提供的相关资料进行存档，这些资料可以帮助企业了解员工，同时也是企业进行合法维权的重要依据和凭证。员工的入职材料一般由人力资源部进行统一保管。在员工入职材料归档前，负责员工人事档案保管的保管人员应检查该材料是否为正式材料，并确保归档材料的完整性和真实性。

员工入职材料应有专门的存放地点，存放地要防火、防潮，可使用专门的档案袋、档案盒、档案柜进行存放，并由专人负责保管钥匙。在档案袋/档案盒上可以贴上标签作为标识，以便于资料的调用，如图 1-2 所示。

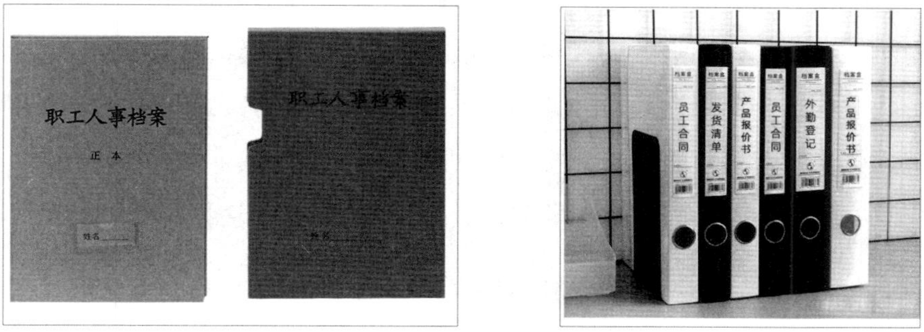

图 1-2

知识延伸｜离职员工档案应保管两年

员工离职后，与其相关的档案材料应另存整理，并妥善保管。保管期限最短应为两年，这是因为员工离职后劳动仲裁诉讼时效为一年，由于员工申请仲裁后，劳动仲裁部门并不一定马上就进行仲裁，因此离职员工相关材料最好保存两年。

1.4 人才录用避免不当行为

企业在招聘新员工时，应按照法律法规的相关规定录用员工，若违规录用或者违法操作，除可能为企业带来经济赔偿外，严重的还可能承担刑事责任。

1.4.1 录用尚未离职的劳动者

现实生活中存在企业与尚未从原单位离职的劳动者建立劳动关系的情况。造成企业录用尚未与原单位解除劳动合同应聘者的原因有多种，如劳动者隐瞒未与原单位解除劳动合同的事实，企业信以为真，并未要求劳动者出示证明文件；企业未询问员工劳动关系是否解除；没有对员工进行入职背景调查；企业明知该应聘者未与原单位解除劳动关系仍然录用等。对于录用尚未与原单位解除或终止劳动合同的劳动者，《劳动合同法》有以下规定：

第九十一条 用人单位的连带赔偿责任

用人单位招用与其他用人单位尚未解除或者终止劳动合同的劳动者，给其他用人单位造成损失的，应当承担连带赔偿责任。

为避免录用未与原单位解除或终止劳动合同的劳动者，企业可采取以下措施来防范。

◆ **要求员工提供证明材料：**企业可要求员工提供离职证明或解除/终止劳动合同证明材料，作为已与原单位终止劳动关系的证明。特别是关键岗位更要重视证明材料的提供，如管理岗、技术研发岗。对于录用非全日制用工劳动者的情况，可要求兼职员工出具第一用人单位提供的同意豁免函。

◆ **向原单位核实：**如员工无法出具相关证明材料，企业可要求员工提供原工作单位的联系方式，通过电话沟通的方式向其原单位核实情况。

◆ **做好背景调查：**在与员工正式签订劳动合同前，做好员工背景调查，充分了解员工的劳动关系状况、资质材料真伪。

◆ **让员工签署保证文书：**在无法核实员工是否已与原单位终止劳动关系的情况下，企业可以要求员工签署保证文书，如解除劳动关系承诺书，如图 1-3 所示。

解除劳动关系承诺书

本人______________，身份证号码______________。

因____________________原因，不能提供原单位的离职证明或劳动合同解除证明，本人保证已与原单位解除了劳动关系，现在不与任何单位存在劳动关系。本人与前公司关于薪资福利、竞争禁止、商业秘密等事宜已妥善解决。鉴于本人将与______建立劳动关系，本人在此保证以上信息真实。若因本人信息提供不真实，而给______公司及其关联公司带来任何损失，责任将全部由本人承担。

签名：

日期：

图 1-3

若企业不幸录用了尚未与原单位解除或终止劳动合同的员工，并且该员工给新工作造成了重大影响，那么企业可单方面与该员工解除劳动合同。具体法律条文为《劳动合同法》第三十九条规定：

劳动者有下列情形之一的，用人单位可以解除劳动合同：

（四）劳动者同时与其他用人单位建立劳动关系，对完成本单位的工作任务造成严重影响，或者经用人单位提出，拒不改正的。

对于录用了尚未与原单位解除或终止劳动合同的员工，并且给其他企业带来损失的情况，企业需要承担连带赔偿责任。根据《工资支付暂行规定》：

第十六条 因劳动者本人原因给用人单位造成经济损失的，用人单位可按照劳动合同的约定要求其赔偿经济损失。经济损失的赔偿，可从劳动者本人的工资中扣除。但每月扣除的部分不得超过劳动者当月工资的20%。若扣除后的剩余工资部分低于当地月最低工资标准，则按最低工资标准支付。

因此，在满足该条文所述标准的情况下，企业可以要求劳动者赔偿相应的经济损失。

1.4.2 招用不满十六周岁的未成年人

招用不满十六周岁的未成年人属于违法用工行为，根据《劳动法》相关条文规定：

第十五条 禁止用人单位招用未满十六周岁的未成年人。文艺、体育和特种工艺单位招用未满十六周岁的未成年人，必须遵守国家有关规定，并保障其接受义务教育的权利。

第九十四条 用人单位非法招用未满十六周岁的未成年人的，由劳动行政部门责令改正，处以罚款；情节严重的，由市场监督管理部门吊销营业执照。

另外，《禁止使用童工规定》也明确了用人单位招用不满十六周岁未成年人（简称童工）的处罚标准，如以下条文内容。

第六条 用人单位使用童工的，由劳动保障行政部门按照每使用一名童工每月处5000元罚款的标准给予处罚；在使用有毒物品的作业场所使用童工的，按照《使用有毒物品作业场所劳动保护条例》规定的罚款幅度，或者按照每使用一名童工每月处5000元罚款的标准，从重处罚。劳动保障行政部门并应当责令用人单位限期将童工送回原居住地交其父母或者其他监护人，所需交通和食宿费用全部由用人单位承担。

用人单位经劳动保障行政部门依照前款规定责令限期改正，逾期仍不将童工送交其父母或者其他监护人的，从责令限期改正之日起，由劳动保障行政部门按照每使用一名童工每月处 1 万元罚款的标准处罚，并由工商行政管理部门吊销其营业执照或者由民政部门撤销民办非企业单位登记；用人单位是国家机关、事业单位的，由有关单位依法对直接负责的主管人员和其他直接责任人员给予降级或者撤职的行政处分或者纪律处分。

从上述条文内容可以看出，企业违法录用未满十六周岁的未成年人，将面临罚款、吊销执照等处罚。在餐饮行业、制造行业，招用不满十六周岁的未成年人的现象相对较为常见。对企业来说，一定不能为了节省成本或者心存侥幸心理而使用童工。为避免法律风险，在录用新员工时，要认真审查其身份信息，若应聘者未满十六周岁，那么应不予录用。

对于已满十六周岁，但未满十八周岁的未成年人，企业可以招用，但需遵守《劳动法》《未成年工特殊保护规定》中关于未成年工劳动保护的各项标准，如禁止劳动范围标准、定期健康检查标准等。

另外，企业招收未成年工还需在劳动行政部门办理登记，待未成年工取得未成年工登记证后方可上岗工作。

1.4.3　轻率发放录用“Offer”

当应聘者通过面试后，企业通常都会给应聘者发放《录用通知书》。对于《录用通知书》，很多招聘者会认为其不是正式的劳动合同，不具备法律效力，因此会出现给应聘者发送了《录用通知书》后，又拒绝录用的情况。

虽然，企业向员工发送的《录用通知书》并不是劳动合同，但《录用通知书》仍具有法律意义。下面来看一个案例。

| 范例解析 |　发送《录用通知书后》，可单方面撤销吗

张先生在某互联网科技公司应聘运营专员岗位，经过笔试和面试后，该公司HR告知张先生，其符合运营专员岗位的招聘条件，邀请其周二到公司办理入职手续，并以电子邮件的方式向张先生发送了《录用通知书》。张先生在收到邮件后，进行了“确认接收”的回复，随后张先生拒绝了其他企业的面试邀请。

在该《录用通知书》中，写明了聘用信息、入职报到所需的材料、入职流程、薪资福利等内容。在周一时，张先生收到了该公司发送的《撤销录用通知书》，表示高层领导认为其不符合岗位任职要求，故撤销对其的录用，公司对此表示抱歉。张先生无法接受该互联网科技公司的做法，向劳动仲裁委员会申请了仲裁，要求该公司赔偿其损失。

劳动争议冲裁委员会认为，该互联网科技公司向劳动者发送了《录用通知书》，且劳动者已确认接收，即表示双方已就建立劳动关系达成了合意，该公司单方面撤销录用构成违约，应赔偿张先生相应的损失。

从法律意义上来看，《录用通知书》属于要约，一旦送达劳动者，即产生法律约束力，企业不可单方面随意决定撤销录用。为避免撤销《录用通知书》带来缔约过失法律责任，企业在发送《录用通知书》时应格外谨慎。应在确定录用该应聘者或者完成应聘者背景调查的前提下发送《录用通知书》。实务中，企业还可通过以下做法来防范《录用通知书》带来的其他风险。

- 在《录用通知书》中企业应明确应聘者的承诺期限及违约责任，如该《录用通知书》应在 ×× 年 ×× 月 ×× 日签回有效；若员工未在报到期限点前报到，本录用通知失效；逾期未按时办理入职手续，公司可要求员工承担违约责任。
- 为避免《录用通知书》与劳动合同产生冲突，带来法律风险，企业应约定两者发生冲突时的选择适用，一般在《录用通知书》中约定以劳动合同的内容为准。
- 对于一些不予录用或录用通知书自动失效的特殊情况，可以在《录用通知书》中载明，如办理入职前发现应聘者提供的个人信息弄虚作假、与原用人单位存在竞业限制约定等。

1.4.4 为减少离职率而扣押证件或收取财物

在员工录用过程中，部分企业可能会为避免劳动者自离或作出其他损害企业利益的行为，而扣押被录用人员的相关证件，如学历证、资质证书、执业证等。

除扣押被录用人员证件外，以入职押金、培训费、报名费、中介费、服装费等名义收取员工财物的，在现实生活中也屡见不鲜。企业之所以会收取员工财物，一部分原因是为了减少员工流失率，另一方面则可能是利用“入职押金”来骗取钱财。企业应明确不管以何种名义向劳动者收取财物，都是违法行为。根据《劳动合同法》第九条规定：

用人单位招用劳动者，不得扣押劳动者的居民身份证和其他证件，不得要求劳动者提供担保或者以其他名义向劳动者收取财物。

若企业扣押了劳动者身份等证件或变相收取员工财物，那么需要承担《劳动合同法》第八十四条规定的法律责任。

用人单位违反本法规定，扣押劳动者居民身份证等证件的，由劳动行政部门责令限期退还劳动者本人，并依照有关法律规定给予处罚。

用人单位违反本法规定，以担保或者其他名义向劳动者收取财物的，由劳动行政部门责令限期退还劳动者本人，并以每人五百元以上二千元以下的标准处以罚款；给劳动者造成损害的，应当承担赔偿责任。

劳动者依法解除或者终止劳动合同，用人单位扣押劳动者档案或者其他物品的，依照前款规定处罚。

从上述条文内容可以看出，扣押员工相关证件、变相收取财物都是不合法的行为。企业可通过规章制度、内部流程等加强对员工的管理，但不能以扣押员工相关证件或收取押金等方式约束员工。

1.5 员工试用期风险管理

试用期是企业进行员工考察的重要时期。在该期限内，企业可对员工的工作能力、职业技能等进行考核，以确定该员工是否能胜任岗位工作，而员工也可以根据自身情况选择是否在企业持续任职。也就是说试用期实际上是双向选择的过程，企业要注意在该过程中可能遇到的风险。

1.5.1 关于试用期的相关规定

对试用期没有正确的理解、滥用试用期是企业常被处于试用期的员工投诉的主要原因。对于试用期，企业人力资源管理者应明确其相关规定，以做好试用期风险防范，具体内容如下所示。

（1）正确理解试用期

试用期是劳动者与企业首次建立劳动关系时，双方共同约定的双向选择的考察期。但并不是所有的员工、企业都可以与之约定试用期。根据《劳动合同法》第十九条的规定，以下情况，不能与员工约定试用期。

以完成一定工作任务为期限的劳动合同或者劳动合同期限不满三个月的，不得约定试用期。

其中，以完成一定工作任务为期限的劳动合同是指用人单位与劳动者约定以某项工作的完成为合同期限的劳动合同。在该种情况下，企业不可与劳动者约定试用期。另外，如果劳动合同中约定的期限不满三个月，企业也不能与劳动者约定试用期。

（2）试用期也需要签订劳动合同

很多企业认为，员工入职后并不需要马上签订劳动合同，劳动合同是员工转正后再签订的。只要在试用期不签订劳动合同，就可以随意辞退员工。因此，在实践中，很多企业只是在员工入职前口头约定试用期，并不会在试用期与劳动者签订劳动合同。

根据《劳动合同法》规定：试用期包含在劳动合同期限内。也就是说，试用期是包含在劳动合同期限中的，处于试用期的员工与企业之间也构成劳动关系。根据《劳动合同法》第十条规定：

建立劳动关系，应当订立书面劳动合同。已建立劳动关系，未同时订立书面劳动合同的，应当自用工之日起一个月内订立书面劳动合同。用人单位与劳动者在用工前订立劳动合同的，劳动关系自用工之日起建立。

从上述条文内容可以看出，企业应在员工入职后就及时与其签订劳动合同，若超过一个月还未与员工签订劳动合同，将面临以下法律风险。

第八十二条 不订立书面劳动合同的法律责任

用人单位自用工之日起超过一个月不满一年未与劳动者订立书面劳动合同的，应当向劳动者每月支付二倍的工资。用人单位违反本法规定不与劳动者订立无固定期限劳动合同的，自应当订立无固定期限劳动合同之日起向劳动者每月支付二倍的工资。

根据《劳动合同法》第八十二条规定，如果企业未及时与劳动者签订劳动合同，可能会面临员工请求支付双倍工资的风险。因此，为防范未订立书面劳动合同的法律责任，企业应当在试用期与员工签订劳动合同。

（3）试用期随意辞退员工

很多人力资源管理者会存在这样的误区，认为处于试用期内的员工可以随意辞退。实际上，企业并不能随意辞退试用期内的员工，企业要辞退试用期员工需符合法律程序。根据《劳动合同法》第二十一条规定：

在试用期中，除劳动者有本法第三十九条和第四十条第一项、第二项规定的情形外，用人单位不得解除劳动合同。用人单位在试用期解除劳动合同的，应当向劳动者说明理由。

从上述条文内容可以看出，企业有权在试用期内辞退员工，但要合法辞退需满足一定的条件，且要向劳动者说明辞退理由。

1.5.2 签订“试用期合同”有风险

现实中，有的企业认为在试用期内签订正式的劳动合同会给自身带来用工风险，因此就与员工签订“试用期合同”。实际上，这种做法反而会给企业带来风险。根据《劳动合同法》第十九条规定：

劳动合同仅约定试用期的，试用期不成立，该期限为劳动合同期限。

由此可见，如果企业与员工签订的是单独的“试用期合同”，那么试用期是不成立的，已订立的试用期合同会被视为劳动合同。对企业来说，单独订立“试用期合同”会存在以下法律风险。

（1）无法合法解除劳动合同

企业要在试用期内合法解除劳动合同，需证明员工不符合录用条件。在单独订立“试用期合同”的情况下，试用期是不成立的，这就使得企业不能以“试用期不符合录用条件”为由来解除劳动合同。

正确的做法应是在劳动合同中约定试用期，并明确约定录用条件，以确保有证据证明员工不符合录用。

（2）经济赔偿风险

订立单独的“试用期合同”还可能给企业带来经济赔偿风险。这主要是因为，单独的“试用期合同”会被视为固定期限的劳动合同，如企业与员工签订的“试用期合同”约定的试用期为 3 个月，那么该合同会被视为期限为 3 个月的劳动合同。

当该“试用期合同”期满后，企业要与员工解除劳动合同，那么可能会面临劳动者请求支付经济补偿金的风险。《劳动合同法》第四十四条和第四十六条有以下相关规定：

第四十四条 有下列情形之一的，劳动合同终止：

（一）劳动合同期满的。

第四十六条 有下列情形之一的，用人单位应当向劳动者支付经济补偿：

（五）除用人单位维持或者提高劳动合同约定条件续订劳动合同，劳动者不同意续订的情形外，依照本法第四十四条第一项规定终止固定期限劳动合同的。

（3）订立无固定期限劳动合同风险

当“试用期合同”期限届满后，还存在企业与员工订立正式的固定期限劳动合同的情形。这种情况下，在该劳动合同期满后，企业可能会面临劳动者要求订立无固定期限劳动合同的风险。根据《劳动合同法》第十四条规定：

有下列情形之一，劳动者提出或者同意续订、订立劳动合同的，除劳动者提出订立固定期限劳动合同外，应当订立无固定期限劳动合同：

（三）连续订立二次固定期限劳动合同，且劳动者没有本法第三十九条和第四十条第一项、第二项规定的情形，续订劳动合同的。

由于“试用期合同”会被视为固定期限合同，企业在员工转正时再次与其签订固定期限合同，就会被视为连续订立了二次固定期限劳动合同，此时，员工可以要求企业与之签订无固定期限合同。

1.5.3　根据岗位合理确定试用期

企业在与员工约定试用期时，可根据不同岗位的要求约定不同的试用期，但要符合法律法规的规定。根据《劳动合同法》第十九条规定：

劳动合同期限三个月以上不满一年的，试用期不得超过一个月；劳动合同期限一年以上不满三年的，试用期不得超过二个月；三年以上固定期限和无固定期限的劳动合同，试用期不得超过六个月。

从上述规定可以看出，根据劳动合同期限的不同，企业和员工约定的试用期也会不同。在理解上述条文时，要注意对“以上”“不满”的理解。实践中，有管理者对于“以上”“不满”等法律概念理解不到位，导致在约定合同期限和试用期时出现偏差，或者出现为凑足试用期而约定带零头的劳动合同期限的情况，如一年零一月。

这里的“以上”是包含的意思，“不满”则表示不包含，企业可以与劳动者约定的试用期期限如表 1-2 所示。

表 1-2　关于试用期期限的规定

劳动合同期限	试用期期间
三个月≤劳动合同期限＜一年	试用期≤一个月
一年≤劳动合同期限＜三年	试用期≤二个月
劳动合同期限≥三年	试用期≤六个月

明确了试用期的具体规定后，企业可根据岗位的具体情况约定试用期。一般来说，对于那些在短时间内就能考察出员工是否符合任职要求的岗位，可以与员工约定较短的试用期。对于关键岗位、需要较长时间考核的岗位，可约定较长的试用期。

对于违法约定试用期的，企业要承担一定的法律责任，根据《劳动合同法》第八十三条规定：

用人单位违反本法规定与劳动者约定试用期的，由劳动行政部门责令改正；违法约定的试用期已经履行的，由用人单位以劳动者试用期满月工资为标准，按已经履行的超过法定试用期的期间向劳动者支付赔偿金。

1.5.4　企业可否延长试用期

出于各种原因，如企业暂停营业了一段时间、员工请了较长时间的病假、想给予员工二次考察的机会等，可能会出现要延长员工试用期的情况。

对于延长试用期，企业需谨慎行事。一般情况下，试用期是不能延长的，因为根据《劳动合同法》规定：同一用人单位与同一劳动者只能约定一次试用期。企业延长试用期，可能会带来“约定两次试用期”的劳动纠纷。

但在实践中，延长试用期具有一定的实用意义。因此，对于是否能延长试用期，不同地域有不同的说法。部分地区的观点认为，在一定条件下，试用期可以延长，有的地区则明确表明试用期不能延长。之所以会有不同的观点，主要是因为劳动法具有较强的地域性特点。因此，企业在考虑是否延长试用期时，还要了解当地法院的裁判精神。

一般来说，企业是不可以单方面延长试用期的，但企业在与劳动者书面协商一致的情况下，可以延长员工的试用期，但延长的试用期不能超过法定的试用期限，且企业应当对延长试用期提出正当理由。只不过这种做法也存在一定的风险，因为如果发生劳动纠纷，劳动者可能会主张约定无效。

因此，对于试用期的期限，企业最好在订立劳动合同时就约定明确，而不是轻易变更试用期。对于试用期考察不合格的员工，企业可以按《劳动合同法》的规定予以辞退，而不应以不合格或“好心”为由而延长试用期，这会给企业带来法律风险。

1.5.5 合法解雇试用期员工

根据《劳动合同法》第三十九条第一款规定，在试用期间被证明不符合录用条件的，用人单位可以解除劳动合同。因此，企业要在试用期内合法辞退员工，应举证证明员工不符合录用条件。

为避免试用期员工辞退的风险，企业应明确约定试用期考核标准，并让试用期员工在考核结果上签字，以避免无法举证员工“不符合录用条件”。另外，辞退员工应在试用期内提出，若等到试用期结束后，再以“不符合利用条件”为由与员工解除劳动合同，会面临违法解除劳动合同的风险。在具体操作时，可以按照以下流程进行。

- ◆ 在录用时，明确告知录用条件，并保留告知证据。
- ◆ 在试用期内，对员工进行科学地考察，并留存考核证据。
- ◆ 在试用期内告知员工辞退的理由。
- ◆ 在试用期结束前，将《试用期解除劳动合同通知书》送达员工并让其签收。
- ◆ 办理员工离职结算和交接。
- ◆ 员工档案及社保关系转移。

知识延伸｜其他合法解除劳动合同的情形

《劳动合同法》第三十九条 劳动者有下列情形之一的，用人单位可以解除劳动合同：

（二）严重违反用人单位的规章制度的；

（三）严重失职，营私舞弊，给用人单位造成重大损害的；

（四）劳动者同时与其他用人单位建立劳动关系，对完成本单位的工作任务造成严重影响，或者经用人单位提出，拒不改正的；

（五）因本法第二十六条第一款第一项规定的情形致使劳动合同无效的；

（六）被依法追究刑事责任的。

第四十条 有下列情形之一的，用人单位提前三十日以书面形式通知劳动者本人或者额外支付劳动者一个月工资后，可以解除劳动合同：

（一）劳动者患病或者非因工负伤，在规定的医疗期满后不能从事原工作，也不能从事由用人单位另行安排的工作的；

（二）劳动者不能胜任工作，经过培训或者调整工作岗位，仍不能胜任工作的。

第二章

劳动合同，明确企业和员工之间的权利义务

不管是对企业，还是对员工来说，劳动合同都格外重要。劳动合同是用人单位与劳动者确立劳动关系、明确双方权利和义务的协议。企业与员工订立劳动合同后，劳动合同即具有法律效力，那么劳动合同中应包含哪些条款？在订立劳动合同时，企业应注意什么？本章就一起来看看。

2.1 充分认识劳动合同

当员工入职后，人力资源部管理者就需要与之签订劳动合同。劳动合同对企业及员工都具有约束力，充分认识劳动合同，有助于订立保护双方合法权益的合同。

2.1.1 劳动合同的必备条款

在劳动合同中，有些条款属于必备条款。必备条款是法定条款，是必须要书写在劳动合同中的条款。那么，哪些条款属于必备条款呢？根据《劳动合同法》第十七条规定：

劳动合同应当具备以下条款：

（一）用人单位的名称、住所和法定代表人或者主要负责人；

（二）劳动者的姓名、住址和居民身份证或者其他有效身份证件号码；

（三）劳动合同期限；

（四）工作内容和工作地点；

（五）工作时间和休息休假；

（六）劳动报酬；

（七）社会保险；

（八）劳动保护、劳动条件和职业危害防护；

（九）法律、法规规定应当纳入劳动合同的其他事项。

在上述条款中，第（一）、（二）条主要约定劳动合同的主体，在书写时，甲方为用人单位，乙方为劳动者，如图 2-1 所示。

×××公司劳动合同

甲方（用人单位）	乙方（劳动者）
名称：____________	姓名：____________
法定代表人：____________	身份证号码：____________
经营地址：____________	现住址：____________
经济类型：____________	户籍所在地：____________
联系电话：____________	联系电话：____________

图 2-1

劳动合同期限由双方协商约定，可分为固定期限、无固定期限和以完成一定工作任务为期限，企业要在合同中约定双方订立的是哪种期限的劳动合同，如以下条款内容。

双方同意按以下第__种方式确定本合同期限：

1.固定期限：从____年____月____日起至____年____月____日止。

2.无固定期限：自____年____月____日起至法定的终止条件出现时止。

工作内容、工作地点根据实际情况来约定，要注意工作内容应明确劳动者从事的是什么岗位，内容应具体，如工作岗位是出纳，工作内容为负责货币资金结算、往来结算、工资结算等。工作地点不能过于宽泛，如只约定全国，对于一些特殊行业或岗位来说，可能会出现工作地点较为宽泛的情况，但要特别说明。

工作时间及休息休假要符合相关法律法规的规定，企业可以与劳动者约定不同的工时制度，如以下条款。

（一）甲、乙双方同意按以下第____种方式确定乙方的工作时间：

1.标准工时制，甲方安排乙方每日工作时间不超过8小时，且必须保证乙方每周至少休息一天。甲方因生产、经营（工作）需要安排乙方加班或延长工作时间的，在保障乙方身体健康的条件下进行。

2.综合计算工时工作制，周期内平均每日工作时间8小时，平均每周工作时间40小时。

3.不定时工作制，工作时间和休息时间由乙方自行安排。

（二）甲方按规定给予乙方享受法定休假日、婚假、丧假、产假、看护假等带薪假期。

劳动报酬要据实写明具体的金额，企业可以与员工约定工资金额及形式，如以下条款内容。

乙方正常工作时间的工资按下列第___种形式执行，不得低于当地最低工资标准。

1.乙方试用期工资___元/月；试用期满工资___元/月（___元/日）。

2.其他形式：______________________________。

社会保险是必须依法参与的保险，在劳动合同中，主要约定依法参与社会保险的义务，如下所示。

甲乙双方应依法参加社会保险，甲方应每月从乙方工资中代扣代缴乙方个人应当缴纳的各项社会保险费。

对于劳动保护、劳动条件和职业危害防护，主要针对特殊的有毒有害岗位，如电工作业、金属焊接等，企业应向劳动者说明具体情况，同时在合同中约定劳动保护条件。法律、法规规定应当纳入劳动合同的其他事项可根据实际情况约定，主要为劳动合同中的未尽事宜。

2.1.2 劳动合同的约定条款

约定条款不是劳动合同的必备条款，企业可以与员工协商订立劳动合同中的约定条款。根据《劳动合同法》第十七条规定：

劳动合同除前款规定的必备条款外，用人单位与劳动者可以约定试用期、培训、保守秘密、补充保险和福利待遇等其他事项。

从上述条文可以看出，试用期、培训、福利待遇等是劳动合同中的约定条款，下面来看看如何在劳动合同中约定可备条款。

（1）试用期

主要约定试用期期限，在劳动合同中约定试用期时，要符合法律法规中关于试用期的规定，如以下条款。

双方同意按以下第___种方式确定试用期期限（试用期包括在合同期内）：

1.无试用期。

2.试用期从____年___月___日起至____年___月___日止。

（2）培训

在劳动合同中，企业也可以与员工就培训事宜进行约定，主要约定培训服务期及内容等，如以下条款。

1.甲方应根据生产和工作的需要，统筹安排乙方的教育与培训。

2.乙方人事技术工种（岗位）的，必须按国家规定持职业资格证书上岗。

3.除本条第（一）项约定的正常教育与培训外，甲、乙双方可就乙方脱产或由甲方出资参加的培训学习，签订专项协议，明确双方的权利、义务及违约责任。

（3）保守秘密

保守秘密主要是指竞业限制及商业秘密保护。对于竞业限制及商业秘密的保护，企业可以在劳动合同中约定，也可以订立单独的竞业限制或商业秘密保护协议。在劳动合同中进行约定时，主要说明竞业限制、商业秘密保护的义务及赔偿责任，如以下条款。

1.乙方在职期间及在离开甲方单位两年内不得自营或为他人经营与原用人

单位有竞争的业务，有竞争的业务是指生产或经营与原用人单位相同或相类似的产品或业务，否则乙方应向甲方赔偿相当于乙方一年工资的违约金。

2.乙方应当承担保守甲方商业秘密的义务，甲方商业秘密包括但不限于：商品产、供、销渠道，客户名单，商品性能、质量；投资意向、产品定价、广告策略；财务资料、物流资料；产品设计、产品图纸、工程设计图、生产制造工艺、制造技术、技术数据、专利技术、科研成果。乙方泄露甲方商业秘密应当赔偿甲方一切经济损失，并承担不少于10万元的违约金。

（4）补充保险和福利待遇

补充保险是对国家基本社会保险的一种补充，福利待遇具有员工激励的作用，如交通补贴、带薪假、年终奖金等。企业可根据实际情况来约定补充保险和福利待遇，如以下条款内容。

甲方同意为乙方办理补充养老保险（企业年金）和补充医疗保险，具体标准为：________________________________。

甲方为乙方提供以下福利待遇：________________________________。

2.1.3 不订立劳动合同的法律责任

根据《劳动合同法》规定：建立劳动关系，应当订立书面劳动合同。而在现实中，有的管理者会因为法律认知错误而导致不与员工订立书面劳动合同，只是采用口头约定的方式来约定工资报酬、工时休假等，如认为不签订劳动合同就可以不缴纳员工社会保险。另外，部分企业也存在原劳动合同到期，未及时与员工续签劳动合同的情况。

以上情况，都属于未与员工及时签订劳动合同。对企业来说，不及时订立书面的劳动合同会面临支付二倍工资的风险。

《劳动合同法》第八十二条对企业不订立书面劳动合同的法律责任进行规定，明确了用人单位自用工之日起超过一个月不满一年未与劳动者订立书面劳动合同的，应当向劳动者每月支付两倍的工资。对于两倍工资的支付标准，在《劳动合同法实施条例》第六条中进行说明：

第六条 用人单位自用工之日起超过一个月不满一年未与劳动者订立书面劳动合同的，应当依照劳动合同法第八十二条的规定向劳动者每月支付两倍的工资，并与劳动者补订书面劳动合同。

前款规定的用人单位向劳动者每月支付两倍工资的起算时间为用工之日起满一个月的次日，截止时间为补订书面劳动合同的前一日。

从上述条文可以看出，两倍工资是从员工入职满一个月的次日，即第二个月开始计算，截止时间为补订书面劳动合同的前一日。这里需要注意，两倍工资支付并不是没有期限限制的，《劳动合同法实施条例》第七条规定：

第七条 用人单位自用工之日起满一年未与劳动者订立书面劳动合同的，自用工之日起满一个月的次日至满一年的前一日应当依照劳动合同法第八十二条的规定向劳动者每月支付两倍的工资。并视为自用工之日起满一年的当日已经与劳动者订立无固定期限劳动合同，应当立即与劳动者补订书面劳动合同。

即员工入职的第二个月至第十二个月是两倍工资的支付期限，最高为11个月。为避免以上法律风险，在与员工初次建立劳动关系时，企业就应与员工及时订立书面劳动合同，而不是采用口头约定的形式。

知识延伸｜企业未及时与员工订立劳动合同的其他风险

根据《劳动合同法》第十四条、第八十二条及《劳动合同法实施条例》第七条，企业未及时与员工订立劳动合同，还存在订立无固定期限劳动合同的风险。

另外，企业如果没有与员工签订书面的劳动合同，也无法很好地保护自身权益，如商业秘密。在未签订劳动合同的情形下，企业若要单方面解除劳动合同，将面临劳动者主张经济补偿、损害赔偿及行政处罚的风险。根据《劳动法》第九十八条规定：

用人单位违反本法规定的条件解除劳动合同或者故意拖延不订立劳动合同的，由劳动行政部门责令改正；对劳动者造成损害的，应当承担赔偿责任。

对于企业不签订劳动合同的行政罚款，各地区的规定会有所不同，具体可参考当地的规定，如《北京市劳动合同规定》有以下条文规定。

第八条 用人单位自用工之日起即与劳动者建立劳动关系。建立劳动关系应当订立劳动合同。

第五十一条 用人单位违反本规定第八条规定，未与劳动者订立劳动合同的，由劳动和社会保障行政部门责令限期改正，逾期不改的，按照未签订劳动合同的人数，对用人单位处以每人500元罚款。

2.1.4 三种期限的劳动合同

《劳动合同法》将劳动合同的种类分为了固定期限劳动合同、无固定期限劳动合同和以完成一定工作任务为期限的劳动合同 3 种，这 3 种类型的劳动合同分别具有以下特点。

◆ 固定期限劳动合同

固定期限劳动合同是指有明确起止效力期间的劳动合同，根据《劳动合同法》第十三条规定：

固定期限劳动合同，是指用人单位与劳动者约定合同终止时间的劳动合同。用人单位与劳动者协商一致，可以订立固定期限劳动合同。

对于第一次与企业建立劳动关系的员工而言，通常都会订立固定期限劳动合同。固定期限劳动合同的期限可长可短，如一年、二年、五年等。固定期限劳动合同的起止时间都是固定的，当固定期限劳动合同的期限届满时，劳动关系即宣告终止。

◆ 无固定期限劳动合同

无固定期限劳动合同是指用人单位与劳动者约定无确定终止时间的劳动

合同。无固定期限的劳动合同只会在合同中约定起始日期，而不会约定终止日期。对于无固定期限的劳动合同订立，《劳动合同法》第十四条做出了以下规定。

用人单位与劳动者协商一致，可以订立无固定期限劳动合同。有下列情形之一，劳动者提出或者同意续订、订立劳动合同的，除劳动者提出订立固定期限劳动合同外，应当订立无固定期限劳动合同：

（一）劳动者在该用人单位连续工作满十年的；

（二）用人单位初次实行劳动合同制度或者国有企业改制重新订立劳动合同时，劳动者在该用人单位连续工作满十年且距法定退休年龄不足十年的；

（三）连续订立二次固定期限劳动合同，且劳动者没有本法第三十九条和第四十条第一项、第二项规定的情形，续订劳动合同的。用人单位自用工之日起满一年不与劳动者订立书面劳动合同的，视为用人单位与劳动者已订立无固定期限劳动合同。

上述条文明确了无固定期限劳动合同的情形，一是双方协商一致，二是符合法定订立无固定期限劳动合同的条件。

◆ 以完成一定工作任务为期限的劳动合同

以完成一定工作任务为期限的劳动合同是以劳动者完成某项工作任务的日期为劳动合同的终止日。与固定期限劳动合同不同的是，此类劳动合同没有确切的终止日期，劳动合同期限具有一定的弹性。

一般来说，单项工作、工程项目类工作可以与员工订立以完成一定工作任务为期限的劳动合同，如房屋装修、开发一款App、水果采摘等，这类工作一般以完成工作任务为目标。

2.1.5　为什么劳动合同会无效或部分无效

实践中，常常存在劳动合同被认定为无效的情况。无效劳动合同是指不具备法律效力的劳动合同。根据劳动合同无效的程度，可分为劳动合同全部无效或部分无效，导致劳动合同无效的情形有多种。根据《劳动合同法》第二十六条规定，下列劳动合同无效或者部分无效：

（一）以欺诈、胁迫的手段或者乘人之危，使对方在违背真实意思的情况下订立或者变更劳动合同的；

（二）用人单位免除自己的法定责任、排除劳动者权利的；

（三）违反法律、行政法规强制性规定的。对劳动合同的无效或者部分无效有争议的，由劳动争议仲裁机构或者人民法院确认。

从上述条文可以看出，对劳动合同是否无效或部分无效有争议的，应由劳动争议仲裁机构或者人民法院确认，用人单位或劳动者不能单方面认定劳动合同无效或部分无效。对于无效或部分无效的劳动合同，《劳动法》第十八条明确了其法律约束力：

无效的劳动合同，从订立的时候起，就没有法律约束力。确认劳动合同部分无效的，如果不影响其余部分的效力，其余部分仍然有效。

当劳动合同被认定为无效或部分无效时，根据《劳动合同法》第八十六条规定：给对方造成损害的，有过错的一方应当承担赔偿责任。也就是说企业如果是过错方，那么需要承担赔偿责任。另外，劳动合同被认定为无效，无论企业是否有过错，仍需向员工支付劳动报酬。如下所示为《劳动合同法》第二十八条中关于劳动合同无效后劳动报酬支付的规定。

劳动合同被确认无效，劳动者已付出劳动的，用人单位应当向劳动者支付劳动报酬。劳动报酬的数额，参照本单位相同或者相近岗位劳动者的劳动报酬确定。

对无效的劳动合同，《劳动合同法》赋予了用人单位及劳动者单方面解除劳动合同的权利，如以下规定。

第三十八条 用人单位有下列情形之一的，劳动者可以解除劳动合同：

（五）因本法第二十六条第一款规定的情形致使劳动合同无效的。

第三十九条 劳动者有下列情形之一的，用人单位可以解除劳动合同：（五）因本法第二十六条第一款第一项规定的情形致使劳动合同无效的。

企业要保证与员工签订的劳动合同是有效的劳动合同，那么在订立劳动合同时要做到以下几点。

- **主体合法：**劳动合同的主体应为用人单位和劳动者，双方都需符合主体资格。
- **内容合法：**劳动合同的内容应符合相关法律法规的规定。
- **程序合法：**劳动合同应是双方平等协商一致订立的，双方签字或者盖章后才能生效。

知识延伸｜电子劳动合同怎么签才有效

随着信息化的发展，在人力资源管理过程中，电子劳动合同出现的频率也越来越高，而不同地区也在逐步推广使用电子劳动合同。对于电子劳动合同，比较重要的就是法律效力问题。根据《人力资源社会保障部办公厅关于订立电子劳动合同有关问题的函》表明：用人单位与劳动者协商一致，可以采用电子形式订立书面劳动合同。采用电子形式订立劳动合同，应当使用符合电子签名法等法律法规规定的可视为书面形式的数据电文和可靠的电子签名。用人单位应保证电子劳动合同的生成、传递、储存等满足电子签名法等法律法规规定的要求，确保其完整、准确、不被篡改。符合劳动合同法规定和上述要求的电子劳动合同一经订立即具有法律效力，用人单位与劳动者应当按照电子劳动合同的约定，全面履行各自的义务。

2.2 合法约定核心条款，避免合同风险

《劳动合同法》明确了劳动合同的必备条款，在具体约定这些条款时，如何在保证内容合法性的同时发挥企业的自主权是人力资源部管理者需要注

意的。本节就来看看如何设计劳动合同中的部分核心条款。

2.2.1 如何与员工约定劳动合同期限

对企业来说，把握好劳动合同期限是很重要的。如果约定的期限过长，将不利于灵活用工；如果约定的期限过短，又不利于员工的稳定性。实践中，大多数企业常以一年、二年为期限与员工订立劳动合同，但这样的期限并不适用于所有的岗位。企业在确立劳动合同期限时，要考虑岗位的适用性及企业的发展需要，具体可按照以下原则确定劳动合同期限。

（1）根据岗位特性确定劳动合同期限

对于关键性、技术性岗位来说，如研发岗、高层管理岗等，这类岗位对企业的管理及经营有重要影响，因此为减少关键性岗位员工的流失率，保证其稳定性，企业可以与员工约定较长的劳动合同期限，如三年以上五年以内或者五年以上十年以内。另外，也可以与此类员工签订无固定期限劳动合同。

对于普通岗位、专业技术要求不高的岗位，或者本身流动性比较大的岗位，如营业员、销售岗位等，企业可以与员工约定较短的劳动合同期限，如三年以内。一般来说，通过三年的时间，企业就可以充分了解到员工的工作能力，员工也可以对企业文化、氛围等有较深刻的认识。三年的劳动合同期限届满后，企业可以根据员工的自身情况来决定是否要与员工续签劳动合同，而员工也可以根据对公司的认识来选择是否要在该企业继续任职。

（2）从企业发展的角度出发确定劳动合同期限

除了可以根据岗位特性确定劳动合同期限外，管理者也可以根据企业的发展阶段选择劳动合同期限。对于初创期的企业而言，由于正处于发展期，自身稳定性并不是很高，在与员工订立劳动合同期限时，应以中短期为宜，不宜约定较长的劳动合同期限。这主要是从灵活吸收人才，降低劳动合同解除成本的角度出发来考虑的。

对处于成熟期的企业来说，可结合中短长期劳动用工的需求，与员工确定劳动合同期限。在与优秀员工、技术型员工、管理型员工建立长期劳动关系的同时，保留一定的用工灵活性，与初次建立劳动关系的员工建立中短期劳动关系。

知识延伸 | 确定以完成一定工作任务为期限劳动合同的注意事项

当劳动合同期限是以完成一定工作任务为期限时，企业要注意在劳动合同中约定工作任务完成的标准，以避免发生劳动合同终止争议，如以下条款。

以完成____________________等工作任务为期限：本合同自___年___月___日起，预计至___年___月___日止。工作任务完成经甲方验收后，则本合同即行终止。

2.2.2　合理约定工作内容和地点

劳动合同中对工作内容的约定决定了用工管理是否恰当。如果约定的工作内容范围较窄，在一定程度上会限制员工工作能力的发挥；如果约定的工作内容过于笼统，又可能会出现约定无法真正反映员工工作职责的情况。在具体订立工作内容条款时，企业可参考以下两点思路进行约定。

（1）明确岗位及职责要求

工作内容条款可包含岗位名称/职务、职责、工作要求等。岗位名称要对应员工所从事的工种或职务，对于每一类职务，企业可建立科学的等级，然后在劳动合同中明确员工所从事岗位的职位名称。如销售类岗位，根据业务能力的高低，可分为销售经理、销售专员、销售助理职位，不同的职位对应的职责及要求会有所不同。

工作职责及要求要与岗位说明书的内容保持一致，在劳动合同中约定时，可对工作职责进行简要描述，或约定具体详见岗位说明书或规章制度的要求，如以下条款内容。

示例1：

乙方同意在甲方____部门（或岗位）担任____职务，乙方具体工作内容按岗位说明书要求执行。

示例2：

1.甲方根据经营业务需要，聘用乙方从事_____工作，乙方表示服从。

2.乙方根据甲方的规章制度、所在岗位的工作任务及职责要求，按时、按质、按量，全面完成各项生产和工作任务，并自觉接受甲方的管理和考核。

（2）明确岗位调整权

在实践中，可能会出现要对员工进行岗位调整的情况。为确保企业拥有一定的岗位调整权，在劳动合同工作内容条款中，企业可以约定双方可协商对工作岗位进行调整，如以下条款内容。

示例1：

甲方因生产和工作需要，依据乙方的专长、特长、工作能力和表现，经与乙方协商，可以调整其工作。

示例2：

1.甲方因生产经营（工作）需要，可以调整乙方的工作岗位或生产经营（工作）任务，但应当征得乙方书面同意。

2.甲方因工作需要，有权临时调整乙方的工作岗位（____个月内），乙方应当服从。

在劳动合同中约定工作地点时，如果员工的实际工作地点为用人单位所在地，那么只需如实填写用人单位地址即可。当下，许多企业都需要跨地区开展业务，因此可能存在工作地点难以固定的情况，针对这种情况，企业可在劳动合同中约定较为宽泛的工作地点，或进行特别说明，如以下条款内容。

示例1：

乙方工作地点为__________________。乙方的工作内容可能需要乙方经常在异地出差从事工作，出差地点包括但不限于以下地点：______________。

示例2：

甲乙双方约定劳动合同履行地为_____类：

A、属于建筑类施工企业，因工作流动性强，工作地点随工程项目变动，合同履行地因工作需要而变动，具体地点不在合同内单独约定。

B、属于企业机关、厂区类企业以工作履约的具体地址为准。

另外，因经营、业务开展的需要，也可能出现调整员工工作地点的情况，针对这种情况，企业可以在劳动合同中约定经双方协商一致可变更工作地点，该条款内容可以和工作岗位的变更一起约定，如以下条款。

双方在合同期内因生产经营需要或其他原因调整乙方的工作岗位，或派乙方到本合同约定以外的地点、单位工作的，应协商一致并按变更本合同办理，双方签章确认的协议书作为本合同的附件。

2.2.3 劳动报酬约定要有一定的灵活性

在员工入职企业时，都会涉及劳动报酬支付多少的问题。一般在面试阶段，应聘者都会和面试官就报酬问题进行沟通，包括基本工资、提成工资、奖金、福利等。不同的岗位，其工资的计算标准会有所不同，企业可以根据实际情况与员工约定工资标准，如以下条款。

甲方与乙方协商确定，甲方按以下第___种方式计发乙方的工资：

1.基本工资制：乙方的月基本工资（若非特别说明，均为税前应发工资）为__________元。

2.岗位工资制：乙方的岗位工资为__________元。

3.基本工资加绩效工资制：乙方的月基本工资为__________元，甲方将依据绩效工资考核结果确定乙方每月的绩效工资。

4.其他工资形式：______________________________。

在签订劳动合同时，一般不建议将工资、奖金、津贴等全额书写在劳动合同中，这样不利于报酬支付的灵活性。企业可以只在劳动合同中约定基本工资的数额。对于奖金、补贴等的支付，则约定按公司薪酬制度执行或依据考核结果确定，如以下条款内容。

示例1：

乙方的工资是根据国家相关法律、规定、规章、政策，甲方的薪酬管理体系，乙方的工作职位、工作内容、专业技能、工作性质与业绩表现综合决定的。乙方的月固定工资为____元（月固定工资由基本工资和职位工资组成）。另外，甲方会根据乙方实际工作情况进行考核，并根据考核的结果发放绩效工资和奖励工资。

示例2：

1.乙方试用期满后的基本（固定）工资标准为____元/月，绩效工资根据乙方业绩考核情况核定，如甲方的工资制度发生变化或乙方的工作岗位变动，按新的标准确定。

2.乙方工资的增减，奖金、津贴、补贴、加班工资的发放，及特殊情况下的工资支付等，均按相关法律规定及甲方依法制定的规章制度执行。

在实践中，未在劳动合同中约定劳动报酬标准的情况也时有发生。劳动合同中如果没有约定劳动报酬，会被视为缺少法定条款。虽然并不会影响其他条款的法律效力，但仍会给企业带来法律风险。根据《劳动合同法》第八十一条规定：

用人单位提供的劳动合同文本未载明本法规定的劳动合同必备条款或者

用人单位未将劳动合同文本交付劳动者的，由劳动行政部门责令改正；给劳动者造成损害的，应当承担赔偿责任。

对于劳动合同在没有约定劳动报酬或劳动报酬不明确的情况下，企业可按以下步骤进行解决。

- **与员工协商：**企业可以与员工重新协商约定劳动报酬支付标准。
- **按集体合同规定执行：**若双方无法协商一致，那么按集体合同规定的标准执行。
- **实行同工同酬：**在没有集体合同或者集体合同未规定劳动报酬的情形下，实行同工同酬。

2.3 劳动合同签订过程中的问题处理

合法与员工订立劳动合同是企业保证自身权益、规避法律风险的有效方式。在与员工订立劳动合同的过程中，企业可能会遇到各种问题，那么企业要如何应对这些问题呢？下面具体来看看。

2.3.1　员工拒签劳动合同的处理方法

在劳动合同的签订过程中，人力资源部管理者可能会遇到员工因为自身原因而拒签劳动合同的情况。那么，员工拒签劳动合同，企业是不是就可以不与其订立劳动合同，并且无需支付经济补偿呢？

面对拒签劳动合同的员工，企业需保留证据，以证明是由员工个人原因导致的未订立劳动合同，这样才能保证企业自身权益不受损。针对员工拒签劳动合同的情况，《劳动合同法实施条例》作出了以下规定：

第五条 自用工之日起一个月内，经用人单位书面通知后，劳动者不与用人单位订立书面劳动合同的，用人单位应当书面通知劳动者终止劳动关系，无需向劳动者支付经济补偿，但是应当依法向劳动者支付其实际工作时间的劳动报酬。

从上述内容可以看出，企业要规避员工拒签劳动合同的风险，要做到以下两点。

◆ 留有书面通知证据

在员工入职一个月内，向员工发送签订劳动合同通知书，并要求员工签字确认或在签收回执中签字确认，然后交于人力资源部存档。签订劳动合同通知书主要表明订立劳动合同的意思，如图 2-2 所示。

签订劳动合同通知书

尊敬的________先生/小姐：

感谢您加入本公司，根据《劳动合同法》和《劳动合同法实施条例》规定，现请您于____年____月____日携带以下材料至本公司人力资源部办理录用手续，并协商一致签订劳动合同。如逾期不签劳动合同，公司将依据《劳动合同法实施条例》规定终止劳动关系。

1. 与原单位解除劳动合同关系的证明文件正本。
2. 入职体检报告。
3. 身份证原件及复印件一份。
4. 学历证明文件原件及复印件一份。
5. 职称证明文件原件及复印件一份（如有）。
6. 实名制银行账户复印件。
7. 二寸证件照两张。
8. 其他。

通知方（签名或盖章）

____年___月___日

签收回执

本人已收到单位于________年____月___日发出的《签订劳动合同通知书》

被通知方（签名或盖章）

____年___月___日

图 2-2

向员工发出签订劳动合同通知书后，若劳动者没有做出回应，人力资源部管理者可以与员工就签订劳动合同的事宜进行沟通，了解员工拒签的原因，并保留电子邮件、录音或录像证据。另外，对于拒签劳动合同的员工，可要求其提交拒签劳动合同的书面声明，在声明中说明拒签劳动合同的理由，以作为劳动者拒绝签订劳动合同的证据。

◆ 发出终止劳动关系通知书

在与员工沟通后或再次催促其签订劳动合同，员工仍拒绝签订劳动合同的情况下，企业可以向员工发出终止劳动关系通知书。在终止劳动关系通知书中，要说明劳动关系终止的原因，即拒签劳动合同，如图 2-3 所示。

终止劳动关系通知书

致__________先生/女士：

本公司于______年___月___日已经书面告知您依法与本公司签订书面劳动合同，截至______年___月___日，您拒不与本公司签订书面劳动合同，根据《劳动合同法》及其相关规定，公司于______年___月___日与您终止劳动关系。

请您于______年___月___日前到公司人事部办理离职手续。

特此告知。

公司（盖章）

_____年___月___日

图 2-3

除恶意拒签劳动合同的情形外。实践中，大多数劳动者更多的是因为不同意劳动合同部分条款而拒签劳动合同。对于这种情况，企业需保证劳动合同的内容是合理合法的，同时，企业也可以在发出签订劳动合同通知书后与劳动者就劳动合同条款事宜进行协商沟通，在协商无果的情况下，书面通知与员工终止劳动关系。需要注意，在员工拒签劳动合同后，企业仍继续留用员工，那么依然要承担法律责任。

2.3.2　续订劳动合同常见注意事项

续订劳动合同是指原劳动合同期限届满后，用人单位与劳动者协商一致，继续签订与原劳动合同内容相同或者不同的劳动合同的法律行为。在续订劳动合同的过程中，企业要注意以下问题。

◆ 劳动合同应及时续订

企业与员工续订劳动合同，也要注意劳动合同续订的期限。一般在原劳动合同期限即将届满的前一个月，人力资源部管理者就要了解员工的续订意向。同时，向员工发送续订劳动合同通知书，让员工限期做出回复。

员工同意续订的，企业可以与员工就续订劳动合同的条款内容进行协商，续签劳动合同，最迟应在劳动合同期满后一个月内完成续签。实践中，有的管理者会错误地认为，原劳动合同到期后，只要员工继续在原岗位任职，劳动合同就会自动续延，而没有必要重新签订劳动合同。

这样的想法是错误的，原劳动合同期限届满后，双方在同意继续建立劳动关系的情况下，须与员工签订书面的劳动合同续订书，逾期未签，企业仍会面临未及时订立书面劳动合同的法律风险。

另外，在续订劳动合同时，如果员工符合订立无固定期限劳动合同条件的，除员工主动提出订立固定期限劳动合同外，企业应当与其订立无固定期限劳动合同。为避免劳动合同未及时续签带来的法律风险，建议人力资源部管理者设置劳动合同到期提醒，以提醒自己及时与员工办理劳动合同续签事宜，具体可使用日历、通知、OA 系统等提醒工具或软件。

◆ 不续订劳动合同的处理

当原劳动合同期限届满后，企业选择不续订劳动合同的，那么应当根据《劳动合同法》第四十六条和第四十七条规定向劳动者支付经济补偿，同时与员工签订合同到期解除劳动合同协议书。

当员工选择不续订劳动合同时，则要分两种情况，若员工选择不续订是因为企业降低了续订劳动合同的约定条件，那么员工可主张企业支付经济补偿，常见的降低续订劳动合同约定条件的情形有降低劳动报酬、延长工作时间等。若企业维持或者提高劳动合同约定条件，员工仍不同意续签的，那么企业无需支付经济补偿。

知识延伸｜劳动合同期满，企业不一定都能与劳动者终止劳动合同

当原劳动合同期满，如存在法定不能解除劳动合同的情形，那么企业不能以劳动合同期满为由与员工终止劳动合同。根据《劳动合同法》第四十五条规定：劳动合同期满，有本法第四十二条规定情形之一的，劳动合同应当续延至相应的情形消失时终止。但是，本法第四十二条第二项规定丧失或者部分丧失劳动能力劳动者的劳动合同的终止，按照国家有关工伤保险的规定执行。

对于劳动合同期满应续延的情形，《劳动合同法》第四十二条有以下规定：劳动者有下列情形之一的，用人单位不得依照本法第四十条、第四十一条的规定解除劳动合同：（一）从事接触职业病危害作业的劳动者未进行离岗前职业健康检查，或者疑似职业病病人在诊断或者医学观察期间的；（二）在本单位患职业病或者因工负伤并被确认丧失或者部分丧失劳动能力的；（三）患病或者非因工负伤，在规定的医疗期内的；（四）女职工在孕期、产期、哺乳期的；（五）在本单位连续工作满十五年，且距法定退休年龄不足五年的；（六）法律、行政法规规定的其他情形。

2.4 合法变更劳动合同，避免操作风险

劳动合同的期限短则一两年，长则十年或者没有确定的终止时间。在劳动合同履行期间，由于企业经营、员工岗位等的变化，可能会出现需要变更劳动合同的情形。劳动合同的变更并不是企业单方面可以决定的，合法变更劳动合同才能避免法律风险。

2.4.1 什么情形可以变更劳动合同

根据《劳动合同法》第三十五条规定：用人单位与劳动者协商一致，可以变更劳动合同约定的内容。变更劳动合同，应当采用书面形式。变更后的劳动合同文本由用人单位和劳动者各执一份。

从上述条文可以看出，当企业与员工协商一致时，可以对原劳动合同内容进行变更，该变更属于协商变更。除协商变更外，劳动合同还可能法定变更，法定变更是由客观情况发生重大变化导致的劳动合同变更，根据《劳动合同法》第四十条规定：

（三）劳动合同订立时所依据的客观情况发生重大变化，致使劳动合同无法履行，经用人单位与劳动者协商，未能就变更劳动合同内容达成协议的。

上述条文明确劳动合同法定变更的事由，即“客观情况发生重大变化”。其中，“客观情况发生重大变化”是指因不可抗力或无法预见的变化所导致的劳动合同无法履行，如以下情形。

- **自然灾害**：如地震、火灾、洪水等不可抗力因素。
- **企业自身发生变化**：如受政策的影响或被动适应市场变化所引起的企业分立、被收购、转产、迁址、经营范围调整等。
- **劳动者自身发生变化**：如患病、非因工负伤等。

实践中，对于“客观情况发生重大变化”的判断还存在一定的争议，不同地区的认定标准有所不同，企业可以通过当地司法实践中对该问题的裁审意见来了解对“客观情况发生重大变化”的认定。

企业在与员工协商变更劳动合同时，要按照一定程序进行。首先，企业需向员工说明劳动合同变更的理由（若是员工提出变更，企业可要求员工说明理由），与员工就劳动合同变更的内容进行协商，如对原劳动合同内容进行删减、修改、增加等。需要注意，劳动合同变更的内容应保证不违反相关法律法规的规定。

当双方就劳动合同变更达成一致后，需签订书面的劳动合同变更协议书，在劳动合同变更协议书中，要明确变更的是原劳动合同中的哪一条款，变更的内容是什么。劳动合同变更协议书应一式两份，双方各持一份，签字盖章后生效，如图 2-4 所示。

劳动合同变更协议书

甲方：

乙方：

甲乙双方____年____月____日签订的劳动合同，现根据甲、乙双方自愿协商的原则，对劳动合同进行变更，达成变更协议如下：

一、在原合同的基础上增加或变更以下条款：

1.____

2.____

3.____

二、本协议签订后，原劳动合同仍继续履行，但变更条款按照本协议执行。

三、本协议一式两份，甲乙双方各持一份，均具同等法律效力。

甲方：（签章）　　　　　　　　乙方：（签章）

____年____月____日　　　　　　　　____年____月____日

图 2-4

2.4.2　劳动合同变更注意事项

现实中，因岗位、薪资调整、经营变化等引起的劳动合同变更比较常见。在面对劳动合同变更时，企业要注意以下几点。

（1）尽量避免口头约定变更

企业变更劳动合同应当采用书面形式，这是《劳动合同法》的规定，但在实践中，也存在企业与员工口头约定变更劳动合同的情形。对于口头约定变更劳动合同的情形，《最高人民法院关于审理劳动争议案件适用法律若干问题的解释（四）》中做出了以下规定：

第十一条 变更劳动合同未采用书面形式，但已经实际履行了口头变更的劳动合同超过一个月，且变更后的劳动合同内容不违反法律、行政法规、国家政策及公序良俗，当事人以未采用书面形式为由主张劳动合同变更无效的，人民法院不予支持。

根据上述条文，未采用书面形式变更劳动合同的情形下，若满足已经实际履行了口头变更的劳动合同超过一个月且变更后的劳动合同内容不违反法律、行政法规、国家政策及公序良俗两个条件，任何一方当事人都不能主张劳动合同变更无效。

虽然该司法解释明确了口头变更劳动合同的法律效力，但要注意必须满足前提条件。另外，当企业与员工因口头变更劳动合同产生争议时，若企业无法举证证明劳动合同经过口头协商一致变更的事实，且该事实已实际履行超过一个月，也可能面临败诉的风险。因此，为避免因口头变更劳动合同引起的纠纷，企业最好采用书面形式与员工变更劳动合同。

在已口头约定，未书面签订劳动合同变更协议书的情形下，企业要注意保留口头协商约定变更劳动合同及劳动者已实际履行口头变更的劳动合同的证据，如会议记录、工资支付凭证、公示文件、录音录像等。

（2）单方面变更劳动合同须有合法理由

在解读《最高人民法院关于审理劳动争议案件适用法律若干问题的解释（四）》第十一条规定时，部分管理者可能会存在错误的理解，认为根据该条款的规定，企业就可以单方面变更劳动合同。需要注意，该司法解释仅针对劳动合同未书面订立的情形，前提是用人单位与劳动者就劳动合同变更事宜是协商一致的。未遵循协商一致原则变更劳动合同的，无法适用该司法解释。

通常情况下，企业都应与员工协商一致变更劳动合同，而不能单方面变更劳动合同。若企业单方面变更了劳动合同，须有合法的变更理由，如符合法定变更劳动合同的情形。若企业无法举证证明单方面变更劳动合同行为的合法性，那么也会面临相应的法律责任。

第三章

配套协议，用劳动合同补充协议保护自身利益

对劳动合同未尽事宜，企业可以与员工签订补充协议。补充协议与劳动合同是主从关系，主要就劳动合同中未约定的事项进行约定，它可以使劳动合同更加完善。

3.1 避免核心技术泄露的保密协议

与员工签订保密协议，可以提高员工的保密意识，有效保护企业的商业秘密不被人为泄露。在订立保密协议时，企业要根据自身的情况来确定保密范围，以确保保密协议的适用性。

3.1.1 普通员工是否有必要签保密协议

企业与员工约定保密事项时，可以采取两种方式：一是在劳动合同中约定保密事项，二是订立单独的保密协议，明确双方的权利与义务。根据《劳动合同法》第二十三条规定：

用人单位与劳动者可以在劳动合同中约定保守用人单位的商业秘密和与知识产权相关的保密事项。

在约定保密事项时，企业可以对员工在职期间、离职办理期间及离职后的一段时间约定保密义务。保密协议主要针对的是企业的商业秘密和知识产权，因此并不是所有的员工都需要签订保密协议。

企业的普通员工通常不涉及商业秘密与核心技术，因此并不需要单独订立保密协议，一般来说，企业可与以下几类员工订立保密协议。

- **企业高管**：企业的高级管理者担任的都是对企业经营管理有重要影响的岗位，如财务主管、经理、部门总监等，这些职位会接触到企业的核心商业秘密，因此有必要单独签订保密协议。
- **高级研发人员**：高级研发人员掌握着企业的专业技术、生产工艺，这些“专利技术”“研发成果”是企业进行市场竞争的重要筹码，有保密的必要，因此这类员工是签订保密协议的重要对象。
- **一般技术人员**：一般技术人员虽然不会涉及最核心的专业技术，但也会接触一定程度的技术秘密，因此企业也可以和这类员工签订保密协议。

◆ **渠道/销售专员：**渠道/销售专员掌握着企业的市场营销规划、客户资源、定价政策等，对于此类员工，企业可以根据需要选择是否与其签订保密协议。大多数情况下，企业会与销售经理、大客户经理、核心渠道/销售专员签订保密协议。

3.1.2 哪些信息属于商业秘密范畴

保密协议主要用于保护企业的商业秘密，并不是企业的所有信息都属于商业秘密，管理者应对商业秘密的范畴有清晰的认识。根据《反不正当竞争法》，商业秘密是指不为公众所知悉、具有商业价值并经权利人采取相应保密措施的技术信息、经营信息等商业信息。

从《反不正当竞争法》对商业秘密的定义可以看出，商业秘密具有不为公众所知悉、具有商业价值、经权利人采取相应保密措施三大特征，包含技术信息和经营信息两大类。

其中，不为公众所知悉是指该信息不能从公开渠道直接获取；具有商业价值是指能为权利人带来经济价值或者竞争优势；经权利人采取相应保密措施是指签订保密协议、制定保密制度等保密措施。

对于技术信息和经营信息，《关于禁止侵犯商业秘密行为的若干规定》中对其做出了解释：本规定所称技术信息和经营信息，包括设计、程序、产品配方、制作工艺、制作方法、管理诀窍、客户名单、货源情报、产销策略、招投标中的标底及标书内容等信息。

从上述解释可以看出技术信息和经营信息的大致范围。具体来看，技术信息和经营信息包含以下范围。

◆ **技术信息：**主要指企业的技术秘密，如设计图纸、产品生产过程中的工艺程序、产品配方（如化学配方、药品配方、工业配方等）、技术样品 / 模型等。

◆ **经营信息：**主要指企业经营过程中涉及的各类信息，如客户名单、各类会计报表、价格方案、发展规划、货源渠道信息、标书标底、市场营销策略等。

3.1.3 关于保密协议条款的约定

规范合法的保密条款才能确保保密协议发挥出真正的效用，保密协议中应包括以下 4 方面重要条款内容。

（1）保密信息范围

有密可保是保密协议存在的前提，因此，在保密协议中，要明确商业秘密的具体范围。在正式签订保密协议前，企业应构建自身的保密信息体系，确定本企业的商业秘密范围，然后书写在保密协议中，如以下条款。

本合同提及的技术秘密，包括但不限于：技术方案、工程设计、电路设计、制造方法、配方、工艺流程、技术指标、计算机软件、数据库、研究开发记录、技术报告、检测报告、实验数据、试验结果、图纸、样品、样机、模型、模具、操作手册、技术文档、相关的函电等。

本合同提及的其他商业秘密，包括但不限于：客户名单、行销计划、采购资料、定价政策、财务资料、进货渠道等。

（2）保密义务

在保密协议中，要明确约定员工的保密义务。其义务主要为不擅自透露企业的商业秘密、遵守企业的保密规章制度、不擅自使用他人的商业秘密等，如以下条款。

1.未经甲方书面授权，乙方不得以打印、复印、拷贝、电子数据传输、告知、公布、发布、出版、传授、出借、赠与、出租、转让或者其他任何方式向第三方（指除甲乙双方外的任何第三方，如甲方其他员工、乙方的亲属师友等也属于第三方）泄露本协议规定的商业秘密、技术秘密或其他商务秘密等信息。未经甲方同意，乙方也不得更改、删除商业秘密、技术秘密或其他商务秘密等信息。

2.乙方在甲方任职期间，必须遵守甲方规定的任何成文或不成文的保密规章、制度，履行与其工作岗位相应的保密职责。甲方的保密规章、制度没有规定或者规定不明确之处，乙方也应本着谨慎、诚实的态度，采取任何必要、合理的措施，维护其于任职期间知悉或者持有的任何属于甲方或者虽属于第三方但甲方承诺有保密义务的商业秘密、技术秘密或其他商业秘密等信息。

（3）保密期限

企业可根据实际情况与员工约定保密期限。对于一般的保密信息，可约定保密期限为与员工解除劳动合同的一年或两年后。对于重要的保密信息，则应明确保密期限为员工任职期间及离职后无限期期间，如以下条款。

乙方的保密义务自甲方盖章和乙方签字之日起开始，至上述商业秘密由甲方通过公告方式确认对外公布或确认为可公开信息之日止。乙方的保密义务并不因劳动合同的解除而免除。

（4）违约责任

在保密协议中应明确员工的违约责任，需要注意，很多企业会在保密协议中约定违约金。根据《劳动合同法》第二十五条规定，企业只能在两种情形下与员工约定违约金。

第二十五条 除本法第二十二条和第二十三条规定的情形外，用人单位不得与劳动者约定由劳动者承担违约金。

其中，第二十二条和第二十三条是关于“服务期”和“保密义务和竞业限制”的规定。

第二十二条 用人单位为劳动者提供专项培训费用，对其进行专业技术培训的，可以与该劳动者订立协议，约定服务期。劳动者违反服务期约定的，应当按照约定向用人单位支付违约金。

第二十三条 对负有保密义务的劳动者，用人单位可以在劳动合同或者保密协议中与劳动者约定竞业限制条款，并约定在解除或者终止劳动合同后，在竞业限制期限内按月给予劳动者经济补偿。劳动者违反竞业限制约定的，应当按照约定向用人单位支付违约金。

根据上述条文可以看出，当企业在保密协议中约定了竞业限制条款时，企业可与劳动者就违反竞业限制条款约定违约金，而保守商业秘密不属于以上情形。在不能约定违约金的情况下，企业可与员工约定损失赔偿违约责任。根据《劳动合同法》第九十条规定：劳动者违反本法规定解除劳动合同，或者违反劳动合同中约定的保密义务或者竞业限制，给用人单位造成损失的，应当承担赔偿责任。

因此，企业可与员工就违反保密协议条款约定损失赔偿，如以下条款。

1.如乙方违反此协议，甲方有权无条件（无需提前通知）立即解除聘用合同，并当月取消收回甲方给予乙方的有关待遇。

2.乙方的违约行为给甲方造成损失的，乙方应另行赔偿甲方全部的经济损失（其赔偿金额不包括违约金）。

3.2 保护企业商业秘密的竞业限制协议

竞业限制也具有保护企业商业秘密的作用，企业在与员工约定竞业限制的内容时，应符合相关法律法规的规定。

3.2.1　竞业限制协议≠保密协议

在实践中，部分企业会将竞业限制条款与保密协议混为一谈，认为两者并无区别。实际上，保密协议与竞业限制存在以下区别。

◆　要求不同

竞业限制主要要求员工在与企业解除劳动关系后，在一定期限内，禁止到与原企业经营业务相同或有竞争关系的企业任职。保密协议主要要求员工保守协议中约定的商业秘密，不能泄露给第三方。

◆　性质不同

竞业限制属于约定义务，企业需要在劳动合同、保密协议或者竞业限制协议中约定竞业限制条款，员工才负有竞业限制义务。而保密义务属于法定义务，在《反不正当竞争法》中明确规定了不得实施侵犯商业秘密的行为。因此，企业即使没有与员工约定保密义务，员工仍需承担保密义务和责任，只不过该保密义务仅限法定的商业秘密，对于企业的其他秘密，可以另行约定保密义务。

◆　期限不同

针对竞业限制，《劳动合同法》中明确规定其限制的期限不得超过二年，具体条款内容如下所示。

第二十四条　在解除或者终止劳动合同后，前款规定的人员到与本单位生产或者经营同类产品、从事同类业务的有竞争关系的其他用人单位，或者自己开业生产或者经营同类产品、从事同类业务的竞业限制期限，不得超过二年。

由此可见，竞业限制义务是有期限限制的。相比之下，保密义务是没有期限限制的，只要商业秘密存在，员工就有保守该商业秘密的义务。

◆　对价补偿不同

根据《劳动合同法》第二十三条规定，在竞业限制期限内企业需按月给予劳动者经济补偿，这也是竞业限制协议生效的条件。企业与员工约定竞业限制义务，之所以要支付相应的补偿金，主要是因为竞业限制对员工求职做出了一定的限制，使得员工在求职上丧失了一定的竞争优势。对于保密义务，企业则无需支付补偿金，只要企业与员工在保密协议上签字或盖章，保密协议即生效。

知识延伸｜竞业限制的人员

对于竞业限制的人员，《劳动合同法》第二十四条作出了明确的规定：竞业限制的人员限于用人单位的高级管理人员、高级技术人员和其他负有保密义务的人员。从上述条文可以看出，竞业限制的对象并不是企业的所有员工，而是高级管理人员、高级技术人员和其他负有保密义务的人员。对于普通员工，企业并不需要与其签订竞业限制协议。

3.2.2 竞业限制补偿金的确定和支付

《劳动合同法》中对于竞业限制补偿金的金额并没有作出明确的规定，在签订竞业限制协议时，企业可与员工协商约定竞业限制补偿金的金额，如以下条款。

示例1：

乙方的竞业限制补偿金由甲方按月向其支付，支付首日为解除或终止劳动合同次月_日，以后每月_日前支付相应款项，每月金额为_元，共计_个月，并由甲方代扣代缴个人所得税。

示例2：

1.竞业限制补偿金为____元，补偿金发放共计____个月，补偿金按月发放。竞业限制期限从乙方离职之日开始计算。但如因履行本协议发生争议而提起仲裁或诉讼时，则竞业限制期限应将仲裁和诉讼的审理期限扣除，即乙方应履行竞业限制义务的期限，在扣除仲裁和诉讼审理的期限后，不应短于上述约定的竞业限制月数。

2.本协议中约定的竞业限制补偿金是乙方在竞业限制期限内应得的补偿金总额，甲方可以任选下列两种方式之一向乙方支付：

（a）在乙方正式离职后一个月内一次性计算付清，乙方可将领取到的上述补偿金自行平均分摊到竞业限制期限的每个月中使用。

（b）甲方将竞业限制补偿金平均分摊到竞业限制期限的每个月，并在乙方正式离职后的竞业限制期限内按月将平均分摊计算后的补偿金陆续支付给乙方。

3.竞业限制补偿金的支付方式为：由乙方到甲方领取（或甲方通过银行或邮局支付）。

在竞业限制协议中，如果企业没有和员工约定补偿金的多少，那么在员工履行了竞业限制义务后，可以主张企业支付补偿金。补偿金的标准为月平均工资的30%，若该金额低于最低工资标准的，按照劳动合同履行地最低工资标准支付。对于该支付标准，《最高人民法院关于审理劳动争议案件适用法律若干问题的解释（四）》第六条做出了以下规定：

当事人在劳动合同或者保密协议中约定了竞业限制，但未约定解除或者终止劳动合同后给予劳动者经济补偿，劳动者履行了竞业限制义务，要求用人单位按照劳动者在劳动合同解除或者终止前十二个月平均工资的30%按月支付经济补偿的，人民法院应予支持。

对于未在竞业限制协议中明确约定补偿金或补偿金约定不明的情况，不同地区也出台了相关的补偿标准。由于各地补偿标准规定不一，因此企业还要参考当地的相关规定。如北京市《关于劳动争议案件法律适用问题研讨会会议纪要》规定：

用人单位与劳动者在劳动合同或保密协议中约定了竞业限制条款，但未就补偿费的给付或具体给付标准进行约定，不应据此认定竞业限制条款无效，双方可以通过协商予以补救，经协商不能达成一致的，可按照双方劳动关系终止前最后一个年度劳动者工资的20%～60%支付补偿费。用人单位明确表示不支付补偿费的，竞业限制条款对劳动者不具有约束力。

《上海市高级人民法院关于适用〈劳动合同法〉若干问题的意见》规定：

劳动合同当事人仅约定劳动者应当履行竞业限制义务，但未约定是否向劳动者支付补偿金，或者虽约定向劳动者支付补偿金但未明确约定具体支付标准的，基于当事人就竞业限制有一致的意思表示，可以认为竞业限制条款对双方仍有约束力。补偿金数额不明的，双方可以继续就补偿金的标准进行协商；协商不能达成一致的，用人单位应当按照劳动者此前正常工资的20%～50%支付。协商不能达成一致的，限制期限最长不得超过两年。

在实践中，很多企业会将补偿金包含在员工工资中，在员工在职期间按月发放。对于员工在职期间提前支付补偿金的情况，不同地区的司法系统有不同的看法，具体有以下两种。

◆ 如果企业能提供证据证明竞业限制补偿金在每月工资中发放，应视为履行了支付义务。

◆ 竞业限制补偿金不能包含在劳动者在职期间的劳动报酬中。

为避免员工因竞业限制补偿金的支付产生劳动纠纷，企业最好在竞业限制协议中明确约定补偿金的多少及支付方式。且竞业限制补偿金的支付时间应是劳动合同解除或终止后，而不要将竞业限制补偿金包含在员工工资中提前支付。

3.2.3 竞业限制期限的约定

对于竞业限制期限，企业要根据《劳动合同法》第二十四条的规定来约定，其限制期限最高不得超过二年，具体条文内容如下：

竞业限制的范围、地域、期限由用人单位与劳动者约定，竞业限制的约定不得违反法律、法规的规定。在解除或者终止劳动合同后，前款规定的人员到与本单位生产或者经营同类产品、从事同类业务的有竞争关系的其他用人单位，或者自己开业生产或者经营同类产品、从事同类业务的竞业限制期限，不得超过二年。

在竞业限制协议中，如果约定的限制期限超过了二年，那么超过的部分将无效，下面来看一个案例。

| 范例解析 | 竞业限制期限超过法定期限，超过部分无效

张先生在某电子设备公司从事研发专员的职位，入职时，公司与张先生签订了劳动合同书和竞业限制协议，在协议中明确约定了员工的竞业限制义务。在竞业限制协议中，双方约定竞业限制期限为5年。

张先生于2018年2月与该电子设备公司解除了劳动关系，2020年7月，张先生进入了某电器公司工作，从事高级研发专员职位。2020年8月，原电子设备公司向仲裁委员会申请仲裁，后向人民法院提起诉讼。该电子设备公司认为张先生入职的电器公司与本公司存在竞争关系，要求张先生继续履行竞业限制义务，并支付违约金10万元。

经人民法院审理认为：用人单位与劳动者约定竞业限制期限为5年，违反了竞业限制最长期限二年的法律规定，超过二年的部分应属无效，故驳回了该电子设备公司的诉讼请求。

在实践中，部分企业为尽可能地保证自身利益，会与员工约定超过二年的竞业限制期限，但这违反了法律法规的强制性规定，会面临超出部分无效的风险。根据不同岗位的重要性，企业可以与员工约定不同的竞业限制期限，但要注意不能超过法律法规规定的最长期限。

3.2.4 签订竞业限制协议注意事项

为确保竞业限制协议条款真实有效，具有法律约束力，企业在与员工签订竞业限制协议时，应确保相关条款符合法律法规的规定，具体要注意以下几点。

◆ 竞业限制的范围

对于竞业限制的范围，企业可在竞业限制协议中与员工作出约定，主要需考虑与本企业是否存在“同类”业务或者竞争关系，如企业可以明确约定竞业限制的行业范围，列举竞业限制的公司范围。另外，企业可以设置兜底性条款来覆盖难以预测或包括的竞业限制范畴。对于竞业限制的职务类型，也可以在竞业限制协议中进行约定，如约定竞业限制员工不得在竞争单位担任的职务包括但不限于合伙人、董事、经理等。

◆ 补偿金与支付方式

在竞业限制协议中要明确约定补偿金的具体数额及支付方式。现实中存在企业在支付了一定的竞业限制补偿金后，就不再支付经济补偿的情况。根据《最高人民法院关于审理劳动争议案件适用法律若干问题的解释（四）》第八条：

当事人在劳动合同或者保密协议中约定了竞业限制和经济补偿，劳动合同解除或者终止后，因用人单位的原因导致三个月未支付经济补偿，劳动者请求解除竞业限制约定的，人民法院应予支持。

通过上述条文可以看出，若企业连续3个月未支付经济补偿，那么劳动者享有解除权。需要注意，如果劳动者未行使其解除权，那么竞业限制协议仍然有效。

◆ 违约责任

在竞业限制协议中，企业要与员工约定违约责任。对于违约责任中违约金的约定，相关法律法规并没有作出明确的规定，企业应以公平合理为原则与员工约定违约金。司法实践中，存在违约金金额过高，超过了劳动者的合理承受范围，劳动者因违约金不合理而提起上诉，人民法院对违约金进行酌情调整的情况。

因此，为避免因竞业限制违约金数额产生纠纷，企业在与员工约定竞业限制违约金时要合理，不应虚高。具体可结合岗位职级、工资标准及员工的任职年限来约定违约金和赔偿损失。现实中，普遍的做法是约定竞业限制补偿金金额的2~5倍为违约金数额，如以下条款。

如甲方按本协议的约定向乙方支付了竞业限制补偿金，而乙方不履行竞业限制义务，则乙方应按如下方式向甲方承担违约责任：甲方有权停止向乙方支付尚未支付的竞业限制补偿金，同时乙方除了双倍返还甲方所支付的竞业限制补偿金外，还应赔偿因其违约给甲方造成的全部损失。上述违约金或赔偿金的给付并不意味着乙方对甲方竞业限制义务的解除或终止。

3.2.5 竞业限制义务履行通知

针对负有竞业限制义务的员工，在该员工与企业解除劳动关系时，企业应明确告知员工履行竞业限制义务，同时按约定给予补偿金，以避免带来竞业限制条款失效的风险。告知员工履行竞业限制义务一般以书面通知为主，如企业可以给员工发送竞业限制义务通知，并让其签收回执交于人力资源部存档，如图 3-1 所示。

竞业限制义务通知

员工姓名：

身份证号码：

您好！您于______年___月___日（离职日）与公司办理离职手续。就竞业限制相关事宜，特通知如下：

1、根据您与公司签署的竞业限制协议，您负有竞业限制义务。

2、竞业限制义务的期限为____个月，自离职日起算。但是，公司有可能通知您提前终止竞业限制义务为准，以公司通知为准。

3、您的竞业限制补偿金为：每月人民币____元（税前）。

4、您的竞业限制义务的具体范围以协议约定为准。尤其下列业务范围或下列公司属于竞业限制的范围（您不能直接或间接从事）：

____

____

____________公司

_____年____月___日

《竞业限制义务通知书》签收回执

1、本人已收到　公司发出的《竞业限制义务通知书》，同意履行竞业限制义务。

2、本人离职后的联系方式为：

收件地址：

电子邮箱：

电话：

离职员工签名：

______年___月___日

图 3-1

3.2.6 竞业限制的主要取证方式

在劳动者履行竞业限制义务期间，企业若发现其存在违反协议约定的情形，要追究违约责任时，就需要取证证明该劳动者已违反竞业限制约定，竞业限制的主要取证方式有以下几种。

◆ 入职企业信息

企业可通过工商信息查询，了解劳动者入职的企业信息，如经营范围，了解该企业是否与本单位存在竞争关系。同时，了解该劳动者是否在该企业担任董事、监事等职位。具体可通过国家企业信用信息公示系统（http://www.gsxt.gov.cn/）、天眼查（https://www.tianyancha.com/）等网站查询。

◆ 社保缴费信息

通过劳动者的社保、个税等缴费信息，可以了解到劳动者是否与竞争企业存在劳动关系。同时，该缴费信息也可以作为证据证明劳动者入职了竞争企业。对于社保、个税等缴费信息的查询，企业可以申请劳动争议仲裁委员会或人民法院调取。

◆ 劳动合同、入职登记表

劳动合同、入职登记表可以很直接地证明劳动者在竞争企业提供劳动，只不过该证据取证难度大。

◆ 社交媒体情况

在劳动者入职竞争企业后，可能会通过社交媒体发表新单位的动态，企业可对相关动态进行截图，如新单位聚餐、转发新单位企业信息等，以增强证据的说服力。

◆ 竞争企业新媒体平台动态

竞争企业可能会通过微信公众号、官方网站、微博等渠道发布招聘信息、企业动态等，这些渠道上的某些信息也可能成为证据，企业可保留这些内容，作为劳动者从事竞争业务的一项证明。

除了常规的取证方式外，企业也可以采取其他合法合规的取证方式，通过多方面收集相关证据来提高证明力，如通过调查人员拍摄视频、录音等。

3.3 预防员工跳槽风险的培训服务协议

部分员工入职后企业会为其提供专业技术培训，以提高劳动者的专业职业技能。企业可以与提供了专业技术培训的劳动者订立专项培训服务协议，维护自身的合法权益。

3.3.1　职业培训和专业技术培训有何不同

根据《劳动合同法》第二十二条规定：用人单位为劳动者提供专项培训费用，对其进行专业技术培训的，可以与该劳动者订立协议，约定服务期。

对于专业技术培训，部分企业将其与职业培训相混淆，认为员工上岗前提供的培训都属于专业技术培训。这里，需要人力资源管理者明确职业培训与专业技术培训的不同，两者有以下区别。

◆ 培训内容与目的

职业培训一般为岗前培训或者日常业务能力的辅助性培训，其目的主要是让员工具备基本的岗位胜任能力，或者提高工作效率。专业技术培训的内容为专业性较强的技能或知识，该技能和知识具有很强的针对性和特殊性，其目的是让员工能胜任特定岗位，具备更高层次工作的能力。

◆ 培训对象

从培训对象来看，职业培训一般针对的是某一岗位的全体员工，如针对销售部全体员工开展的销售技巧培训，这一培训就属于职业培训，具有普及性特征，其目的是让销售人员提高销售能力。

专业技术培训的对象不是企业的普遍员工，而是个别的特殊岗位员工，如在技术开发部门，企业经过严格挑选，确定了王先生作为核心技术人员，要接受为期两个月的开发技术专业培训，以掌握前沿 IT 技术，优化企业的网络商城。该培训具有很强的针对性，其目的是满足特定项目的需要，因此属于专业技术培训。

◆ 培训周期

职业培训的时间一般较短，主要利用员工日常工作中的空余时间进行培训，如工作期间穿插培训、早会期间组织培训等。专业技术培训的时间一般较长，常常需要员工脱产或半脱产进行培训（也存在不脱产专业技术培训），部分专业技术培训会要求员工在培训结束后取得相应的资质证书。

◆ 培训费用

职业培训的培训费用一般较低，而专业技术培训因其内容的专业性和复杂性，企业通常需要支付较高的培训费用。如果员工需要在特定学校、地区接受专业技术培训，企业还会为此支付食宿费、差旅费等。

◆ 适用法律法规不同

对于职业培训，《劳动法》第六十八条有以下规定：用人单位应当建立职业培训制度，按照国家规定提取和使用职业培训经费，根据本单位实际，有计划地对劳动者进行职业培训。从事技术工种的劳动者，上岗前必须经过培训。而专业技术培训则适用于《劳动合同法》第二十二条的规定。

3.3.2 约定专项培训协议服务期

企业向员工提供了专业技术培训，无疑会投入较高的培训成本，为了避免企业培养的核心人才流失，企业可以与员工约定服务期。对于服务期的年限，企业可以与员工协商约定。但需要注意，服务期的约定需满足两个法定前提，一是企业提供的培训确为专业技术培训，二是企业提供了专项培训费用。

企业可结合专业技术培训的投入成本与员工公平合理地约定服务期。服务期期限与劳动合同期限不一定完全一致。现实中，普遍存在服务期长于劳动合同期限的情况，如服务期期限为五年，劳动合同期限为三年。针对该种情形，《劳动合同法实施条例》第十七条作出了以下规定：

劳动合同期满，但是用人单位与劳动者依照劳动合同法第二十二条的规定约定的服务期尚未到期的，劳动合同应当续延至服务期满；双方另有约定的，从其约定。

从上述条文可以看出，当约定的服务期期限长于劳动合同期限时，除非双方另有约定的，否则劳动者仍需继续履行服务期约定。为避免因服务期期限约定不明产生纠纷，企业应在专项培训服务协议中明确约定服务期的起算时间或起止日期。服务期的起算时间一般为劳动者结束专业技术培训之日，如以下条款约定。

示例1：

乙方培训结束后，必须回甲方单位继续服务____年。本协议签的服务期限长于劳动合同期限的，变更甲乙双方已签订的劳动合同期限等相关内容，使劳动合同期限与服务协议期限一致。

示例2：

根据甲方规章制度的规定，双方约定，从乙方完成培训之日起，乙方必须为甲方服务____月，即从_____年_____月____日起至_____年____月____日止。双方协商一致，可以延长本协议规定的服务期。

在专项培训服务协议中，需要企业注意的还有违约金的约定。在约定违约金时，要符合《劳动合同法》第二十二条的规定，不能超过法定标准：

劳动者违反服务期约定的，应当按照约定向用人单位支付违约金。违约金的数额不得超过用人单位提供的培训费用。用人单位要求劳动者支付的违约金不得超过服务期尚未履行部分所应分摊的培训费用。

从上述条文内容可以看出，违约金的数额不能超过企业提供的培训费用，不能超过服务期尚未履行部分所应分摊的培训费用。对于培训费用的范围，《劳动合同法实施条例》第十六条作出了以下规定：

劳动合同法第二十二条第二款规定的培训费用，包括用人单位为了对劳动者进行专业技术培训而支付的有凭证的培训费用、培训期间的差旅费用及因培训产生的用于该劳动者的其他直接费用。

为降低培训费用认定纠纷，在专项培训服务协议中，企业应明确约定培训费用数额。若无法确定具体的数额，可在协议中约定培训费用的支付项目，让员工凭支付凭证报销，如以下条款。

示例1：

甲方为乙方提供有关____方面的专业技术培训，地点为____（国家或地区），培训时间从___年___月___日至___年___月___日，预计培训费用为___元。

示例2：

甲方承担乙方培训期间发生的下列费用：合计实际费用为___元（见所有发票等附件，所有附件与本协议具有同等作用）。

（1）培训费、资料费，预借__元，实际__元。

（2）住宿费（按规定执行），预借__元，实际__元。

（3）生活补贴（按公司规定执行），预借__元，实际__元。

（4）来回往返公司的交通费，预借__元，实际__元。

（5）带薪培训期间的固定工资__元。

上述培训费、资料费、交通费凭发票按实际发生金额报销，乙方在培训结束后__日内，提交给甲方财务部及人力资源部。

第四章

工时休假，规范工作时间与假期管理

合理安排员工的工作时间及休假，可以让员工工作更有积极性，发挥自身创造力。人力资源管理者在规划工作时间、休假及加班管理的过程中，也要注意实务操作过程中的法律风险，确保企业的工时休假管理符合相关法律法规的规定。

4.1 员工工作时间安排风险防范

针对不同岗位的员工，选择的工时制度会有所不同。我国的工时制度具体可分为标准工时制、综合计算工时制和不定时工时制 3 种，这 3 种工时制度具有不同的特点和要求。

4.1.1 关于标准工时制度的操作建议

标准工时制是大多数企业普遍运用的一种工时制度，对于标准工时制，《劳动法》第三十六条有以下规定：

国家实行劳动者每日工作时间不超过八小时、平均每周工作时间不超过四十四小时的工时制度。

除《劳动法》外，《国务院关于职工工作时间的规定》对于职工的工作时间有以下规定：

第三条 职工每日工作 8 小时、每周工作40小时。

第七条 国家机关、事业单位实行统一的工作时间，星期六和星期日为周休息日。

从上述法律法规的规定可以看出，对于平均每周的工作时间，《劳动法》和《国务院关于职工工作时间的规定》存在不一致之处。但在司法实践中，主要适用的是《国务院关于职工工作时间的规定》。因此，在标准工时制下，大多数企事业单位员工的工作和休息时间安排主要为朝九晚六（早八晚五）、周末双休。

实践中，由于企业经营性质、岗位特性的不同，可能无法按照上述方式执行标准工时制度，那么企业应如何安排工作和休息时间呢？这时，企业可以根据自身情况对员工的工作时间及休息时间进行灵活调整。

对于没有条件实行每天工作 8 小时，每周工作 40 小时（如每周工作 5 天，周末双休）典型标准工时制的企业一般会安排员工每周工作 6 天。这种安排并非不合法，但每周总的工作时间不能超过 40 小时，平均下来每天为 6 小时 40 分钟。如果企业安排的工作时间为每周工作 6 天，每日工作 8 小时，这就属于超出了法定工时的规定。

对于休息时间，企业可根据业务需要灵活调整，但需符合《劳动法》第三十八条规定：

用人单位应当保证劳动者每周至少休息一日。也就是说，企业可以根据自身情况灵活安排员工在周一、周二或周六等日子休息，但需保证员工每周至少休息一日。

总的来看，适用标准工时制的企业在安排员工的工作和休息时间时，应符合三点要求：一是每日工作时间不超过 8 小时，二是每周工作时间不超过 40 小时，三是每周至少休息一日。

除了以上要求外，在实施标准工时制时，企业还要注意延长工作时间的特殊要求，应符合《劳动法》第四十一条规定（见 P83 知识延伸）。

4.1.2 关于不定时工时制度的操作建议

企业在安排员工的工作和休息时间时，可能存在无法实行标准工时制的情况。对于无法运用标准工时制度来衡量的岗位，根据《劳动法》第三十九条规定：

企业因生产特点不能实行本法第三十六条、第三十八条规定的，经劳动行政部门批准，可以实行其他工作和休息办法。

另外，《国务院关于职工工作时间的规定》第五条也有规定：

因工作性质或者生产特点的限制，不能实行每日工作 8 小时、每周工作 40 小时标准工时制度的，按照国家有关规定，可以实行其他工作和休息办法。

因此，根据上述规定，企业可以采用其他工时制度，而不定时工时制度就是其中的一种，不定时工时制度具有以下特点。

◆ 工作时间的不固定性

不定时工时制度没有固定的工作时间要求，企业可根据具体情况采用弹性工作时间及休息方式。这里需要注意，时间不固定不代表企业可以安排员工无休止地工作。根据劳动部关于《关于企业实行不定时工作制和综合计算工时工作制的审批办法》第六条规定：

对于实行不定时工作制和综合计算工时工作制等其他工作和休息办法的职工，企业应根据《中华人民共和国劳动法》第一章、第四章有关规定，在保障职工身体健康并充分听取职工意见的基础上，采用集中工作、集中休息、轮休调休、弹性工作时间等适当方式，确保职工的休息休假权利和生产、工作任务的完成。

由此可见，在运用不定时工时制时，企业仍需保证员工的休息休假权利，只不过休假时间的安排会更具灵活性。

◆ 不适用延长工作时间标准的限制

《劳动法》第四十一条中，对延长工作时间的标准作出了规定，对于采用不定时工时制的岗位而言，根据《关于贯彻执行〈中华人民共和国劳动法〉若干问题的意见》规定，其不受延长工作时间标准的限制。

67. 经批准实行不定时工作制的职工，不受劳动法第四十一条规定的日延长工作时间标准和月延长工作时间标准的限制。

◆ 不适用加班工资标准的规定

在《工资支付暂行条例》第十三条中，对安排劳动者在法定标准工作时间以外工作的，规定了加班工资的支付标准。但该条同样规定：实行不定时工时制度的劳动者，不执行上述规定。因此，对于执行不定时工时制岗位的员工，企业无需按照法定标准支付加班加点报酬。

但需要注意一点，对于安排不定时工时制员工在法定休假节日工作的，各地对是否支付加班费的规定会有所不同。部分地区的工资支付规定中表示不支持，而有的地区则表示支持，具体还要参考当地的标准。

◆ 并不是所有岗位都适用

并不是所有岗位都可以实行不定时工时制度，对于不定时工时制的适用岗位，劳动部《关于企业实行不定时工作制和综合计算工时工作制的审批办法》第四条作出了以下规定：

符合下列条件之一的职工，可以实行不定时工作制：

（一）企业中的高级管理人员、外勤人员、推销人员、部分值班人员和其他因工作无法按标准工作时间衡量的职工；

（二）企业中的长途运输人员、出租汽车司机和铁路、港口、仓库的部分装卸人员及因工作性质特殊，需机动作业的职工；

（三）其他因生产特点、工作特殊需要或职责范围的关系，适合实行不定时工作制的职工。

4.1.3　关于综合工时制度的操作建议

综合工时制度同样针对的是特定岗位的员工，根据劳动部《关于企业实行不定时工作制和综合计算工时工作制的审批办法》第五条规定：

企业对符合下列条件之一的职工，可实行综合计算工时工作制，即分别以周、月、季、年等为周期，综合计算工作时间，但其平均日工作时间和平均周工作时间应与法定标准工作时间基本相同。

（一）交通、铁路、邮电、水运、航空、渔业等行业中因工作性质特殊，需连续作业的职工；

（二）地质及资源勘探、建筑、制盐、制糖、旅游等受季节和自然条件限制的行业的部分职工；

（三）其他适合实行综合计算工时工作制的职工。

从上述规定可以看出，综合工时制主要适用工作条件较为特殊，需要连续作业的岗位。在工作时间的计算上，综合工时制与标准工时制的不同之处在于计算周期的不同。标准工时制是以“天”为周期计算工作时间，而综合工时制是以周、月、季、年等为周期计算工作时间。

对于工作时间总量的要求，综合工时制与标准工时制基本相同，只是在具体分配工作时间时，综合工时制会更加灵活。企业可以在符合平均日工作时间和平均周工作时间要求的标准下，灵活安排员工的工作时间，即企业可以安排员工某一天工作超过 8 小时，某一周工作超过 40 小时，但周期内平均下来的实际工作时间不能超过法定标准。

如以周为周期安排综合工时制员工工作，企业可以安排员工周一工作 10 个小时，周二工作 8 小时、周三工作 12 小时、周四工作 10 小时，其他日子休息，这时工作时间总量并未超过 40 小时，那么就是符合法定工作时间标准的。以月、季、年为周期安排综合工时制员工工作时间的，以此类推。

根据综合工时制工作时间的计算方式，下面来具体计算不同周期下综合工时制的标准工作时间。以一年 365 天为标准，一年的双休日合计为 104 天，法定节假日为 11 天，一年的工作天数为 365−104−11=250（天）。

当以年为周期时，工作时间为 250×8=2 000（小时）；以季为周期时，工作时间为 250÷4×8=500（小时）；以月为周期时，工作时间为 250÷12×8=166.67（小时），这里月工作日为 20.83 天。

在安排综合工时制员工工作时，企业可以不区分是否为工作日，还是双休日，但要根据实际情况合理安排员工休息，如集中休息、轮休调休。在综合工时制实行过程中，也存在延长工作时间的情况，根据《工资支付暂行规定》第十三条规定：

经劳动行政部门批准实行综合计算工时工作制的，其综合计算工作时间

超过法定标准工作时间的部分，应视为延长工作时间，并应按本规定支付劳动者延长工作时间的工资。

从上述规定可以看出，综合工时制也存在支付加班工资的情况，另外，在法定节假日安排综合工时制员工工作的，企业需根据《劳动法》的规定支付加班报酬。

4.1.4　特殊工时制需经管理部门批准

不定时工时制和综合工时制都属于特殊的工时制度，这两种工时制度可以让企业根据业务开展的需要更灵活地安排员工的工作时间。但在实行这两种工时制度时，企业不能单方面决定实行特殊工时制度，而需报劳动行政部门审批，审批通过后方可实行。办理特殊工时审批的主要流程如下所示。

- ◆ 第一步：向当地人力资源和社会保障局提出申请并提交相关资料，主要有特殊工时制度申请表、营业执照、法定代表人身份证、申办人提供“现场审查材料”实地复核实行特殊工时制的岗位或员工名册、工会委员会或全体职工大会同意实行特殊工时制度的决议等。
- ◆ 第二步：提交资料后等待审批部门的审核，审批部门在收到申请材料后会作出是否受理的决定，出具受理决定书或不予受理决定书。
- ◆ 第三步：对予以受理的，在必要情况下审批部门会派专人到现场核查。在现场核查过程中，企业需提供现场审查所需的材料。
- ◆ 第四步：现场调查结束后，审批部门会作出批复决定，对具备实行特殊工时制度的企业，出具准予审批决定书。

不同的地区，申请特殊工时制所需的材料和审批流程会有一定的差别，企业可通过当地人力资源和社会保障部门了解审批程序和所需的材料。另外也可以通过当地政务服务网上平台查看特殊工时申请流程，下载申请材料。如通过北京市政务服务网站，可以了解到北京市综合计算工时工作制和不定时工作制办理材料及注意事项，如图 4-1 所示。

3.【办理材料】

(1)《北京市企业实行综合计算工时工作制和不定时工作制申报表》1份(正反面打印在一张纸上);

(2)申请报告1份;

(3)企业成立工会组织的，申报表背面工会意见一栏由工会出具意见，工会主席签字盖工会章;企业没有成立工会组织的，应当提交职工大会意见1份和实行特殊工时制度涉及职工的意见表1份;

(4)《单位实行特殊工时工作制申报情况表》1份;

(5)企业法人营业执照副本(营业执照副本)原件及复印件1份(外地在京分支机构应提交：法人授权书1份、法人营业执照副本复印件1份、本单位营业执照副本原件及复印件1份);

(6)委托书1份;

(7)企业法定代表人身份证原件及正反面复印件1份，外籍法定代表人提供护照原件及复印件1份、就业许可证原件及复印件1份(外地在京分支机构提交分公司负责人的相应材料);

(8)经办人身份证原件及正反面复印件1份;

(9)到期后继续申请特殊工时需提供到期的行政许可决定书复印件1份及审批表复印件1份;

(10)其他应当提交的证明材料。

4.申请材料报送要求【注重事项】

(1)纸张均须使用A4纸。每张纸上都要加盖公章，且达到净、平、整的要求;

(2)字迹工整且清晰，便于识别，不得涂改;

图 4-1

4.1.5 非全日制用工工作时间安排

《劳动合同法》第七十一条规定：非全日制用工双方当事人任何一方都可以随时通知对方终止用工。终止用工，用人单位不向劳动者支付经济补偿。这使得非全日制用工相比全日制用工会更加灵活，用工成本相对而言也更低。

对于非全日制用工的劳动者，企业可以根据工作需要灵活安排工作时间，但平均每天的工作时间，每周的工作时间总量要符合《劳动合同法》第六十八条的规定：

非全日制用工，是指以小时计酬为主，劳动者在同一用人单位一般平均每日工作时间不超过四小时，每周工作时间累计不超过二十四小时的用工形式。

根据上述规定，企业只要保证非全日制用工劳动者平均每天工作时间不超过 4 小时，每周的工作总量不超过 24 小时，那么就是符合规定的。

如企业可以安排非全日制用工劳动者一周内工作 3 天，分别为周一工作 10 小时、周二工作 8 小时、周三工作 6 小时；也可以安排非全日制用工劳动者一周工作 4 天，每天工作 6 小时。这两种工作时间安排，平均每天的工作时间没有超过 4 小时，一周累计的工作时间没有超过 24 小时，因此两种工作时间方案都是可行的。

如果企业安排非全日制员工每周工作 7 天，每天工作 4 小时，虽然平均每天的工作时间没有超过 4 小时，但累计的工作时间超过了 24 小时，这就属于超过了工时上限。

在安排非全日制用工劳动者工作时，要注意避免实际工作时间超过《劳动合同法》规定的工时上限的情况，这可能会带来被认定为全日制用工的法律风险。在司法实务中，部分地区会严格根据工作时间来界定非全日制用工和全日制用工。一旦因实际工作时间超过日、周工作时间法定时限，而导致被认定为全日制用工，企业将面临未签订劳动合同、未缴纳社保等法律责任。

需要注意，理论上非全日制用工是不存在工作日、双休日加班一说的，但在实践中，非全日制用工超过工时限制的，也可能会按照加班加点来处理，但大多数情况更倾向于认定为全日制用工。

因此，为避免超时用工导致非全日制用工被认定为全日制员工，人力资源管理者应严格做好非全日制用工劳动者的工时管理，做好考勤记录，避免经常性地延长非全日制用工劳动者的工作时间，或以“非全日制用工”名义，行全日制用工之实。

对于偶尔超时加班的，要支付超时加班工资。同时与非全日期员工签订劳动合同，在劳动合同中约定工作时间、工资支付方式等。

4.2 员工加班时间的控制与管理

企业因为经营目标、发展等的需要，有时会需要员工加班完成工作任务，此时，就会面临员工的加班管理问题。员工加班管理若处理不当，也会给企业带来一系列的问题和风险，因此合理安排员工加班很重要。

4.2.1 如何安排员工加班才算合理

企业安排员工加班应有一个度，如果加班过多，无疑会增加企业的用工成本，在具体安排员工加班时，可从以下几方面来考虑。

◆ 从工作效率的角度出发

安排员工加班应以不影响工作效率为前提，如果加班导致了员工工作效率降低，这种加班只会带来恶性循环。在日常工作中，企业应避免不必要的加班，鼓励员工做好工作计划，提高日常工作效率，在正常的工作时间内完成工作任务。

因工作需要所开展的必要加班，则在确保加班有效的情况下进行，在安排员工加班时，应给予员工合理的休息时间，以避免员工因疲劳加班而影响工作效率。

◆ 从员工健康的角度出发

加班要考虑员工的身体健康状况，以牺牲员工的健康来换取加班成果是不可取的。企业可结合员工个人的身体情况来合理安排加班时间及频次，以保证员工的身心健康。

◆ 从合理控制加班成本的角度出发

在安排员工加班时，企业也要考虑加班成本。具体可从加班时长、频次、单价上来控制加班成本。另外，企业也要建立加班管理制度来规范加班审批流程，杜绝虚假加班，人为增加加班成本。

◆ 从符合《劳动法》限制性规定的角度出发

《劳动法》第四十一条中，对延长工时时间的时长作出了限制性的规定：

用人单位由于生产经营需要，经与工会和劳动者协商后可以延长工作时间，一般每日不得超过一小时；因特殊原因需要延长工作时间的，在保障劳动者身体健康的条件下延长工作时间每日不得超过三小时，但是每月不得超过三十六小时。

根据上述规定，适用标准工时制的岗位，可以与员工协商延长工作时间，但每日延长的工作时间不得超过一小时。特殊原因下，每日不得超过 3 小时，每月不得超过 36 小时。

知识延伸｜延长工作时间不受《劳动法》第四十一条规定的情形

根据《劳动法》第四十二条：有下列情形之一的，延长工作时间不受本法第四十一条规定的限制：

（一）发生自然灾害、事故或者因其他原因，威胁劳动者生命健康和财产安全，需要紧急处理的；

（二）生产设备、交通运输线路、公共设施发生故障，影响生产和公众利益，必须及时抢修的；

（三）法律、行政法规规定的其他情形。

4.2.2 如何设计合理的加班管理流程

为规范加班流程，避免不必要的加班，或因加班认定产生劳动纠纷，企业应建立符合自身实际的加班管理制度，明确员工的加班审批流程，使加班管理规范、高效。

在实践中，员工加班会涉及多种情形，如员工主动加班、企业安排加班、员工自愿申请加班等。如果企业没有对加班进行明确界定，就容易与员工因加班认定产生争议。因此，企业应在规章制度中明确加班的认定原则，让员工明确哪些情形属于加班，哪些情形不会被认定为加班，如图 4-2 所示。

> 第二章　加班的原则和程序
>
> 第四条　加班系指在规定工作时间外，因本身工作需要或主管指定事项，必须继续工作者，称为加班。加班分为两种：即计划加班和应急加班。正常工作日内因工作繁忙，需要在规定时间外继续工作，称为应急加班。周末或国家法定节假日继续工作，称为计划加班。
>
> 第五条　因工作性质特殊，司机、售后、经营、投资部工程师在正常工作日延时工作和周末继续工作一律视为正常上班，不算加班；但国家法定节假日（元旦、春节、五一、十一）继续工作算加班。
>
> 第六条　内勤人员（含销售部、售后部、经营部、投资部、国际部）在正常工作日因接待公司客户延时工作视为正常上班，不算加班；但周末和国家法定节假日继续工作算加班。

图 4-2

一般来说，企业可以将两种情形认定为加班，一是企业安排员工加班，二是员工自愿加班并经过加班审批的。对于员工因自身原因未在工作时间内完成工作任务，主动延长工作时间的；在非工作时间组织开会、培训、员工活动等情况的，企业可以在《加班管理制度》中明确以上情形不视为加班。

对于加班审批流程，企业可明确规定员工加班需提交加班申请表，由部门负责人签字确认，人力资源部审核后方可进行，且加班过程中需进行考勤打卡，以作为加班证明，如表 4-1 所示为加班申请表。

表 4-1　加班申请表

姓名		职位		所属部门	
加班时段	□工作日加班　□周末加班　□法定节假日加班				
加班原因： 加班地点： 预计工作完成时间（截止日期）：					
拟加班时间（日期及加班时间）：从______日到______日 从______时到______时 自定义时间： 加班总工时：__________小时					
签字审批					

续上表

部门负责人	人力资源部负责人
日期：	日期：
备注： 1. 原则上办公室职能部门人员不允许存在加班，如有加班应优先调休。 2. 所有加班需经人力资源部核准生效。 3. 严禁为了调休而加班，如发现，直属领导承担主要责任，并记过处理。 4. 此表需在加班前提前申请。	

对于企业临时安排的紧急加班，可能存在无法及时提交申请并进行审批的情况，这时企业可以让员工在加班结束后补交加班申请表。对于非特殊原因未提前提交加班申请的，可明确不得事后补填加班申请，并且将不视为加班。

4.2.3　不同工时如何安排员工加班

员工加班，可分为工作日加班、休息日加班和法定节假日加班 3 种，不同工时下，对这 3 种类型加班的认定会有所不同。

◆ 标准工时下的加班管理

对于实行标准工时制度的员工，其加班认定会包含工作日加班、休息日加班和法定节假日 3 种。在标准工时下，安排员工加班要符合《劳动法》规定的时限。工作日加班是指当天的工作时间超过 8 小时后延长工时的，如每天工作时间为朝九晚六的岗位，18:00 后安排员工加班；休息日加班是指在企业统筹规定的公休日安排员工工作，如周末双休的岗位安排员工周末加班；法定节假日加班则是指在国家规定的法定节日安排员工加班。

◆ 不定时工时下的加班管理

对于实行不定时工时制的岗位，不受日延长工作时间和月延长工作时间标准的限制，因此，其不存在工作日加班和休息日加班一说。但如果安排不定时工时制员工在法定节假日工作，则要参考当地的相关规定。不同地区对于在法定休假节日安排不定时工时制员工工作，是否支付加班费有不同的规定，部分地区的工资支付规定中表示不支持，而有的地区则表示支持。

如《深圳市员工工资支付条例》第二十条规定：用人单位安排实行不定时工作制的员工在法定休假节日工作的，按照不低于员工本人正常工作时间工资的百分之三百支付员工加班工资。而《北京市工资支付规定》第十七条规定：用人单位经批准实行不定时工作制度的，不适用本规定第十四条的规定。其中，《北京市工资支付规定》第十四条是关于日标准工作时间以外延长工作时间、在休息日工作、在法定休假日工作的加班费支付标准的规定。

通过上述规定可以看出，对于不定时工时制员工在法定节假日工作的，北京市表示无需支付法定节假日加班费，而深圳市则表示需要支付。

◆ 综合工时下的加班管理

对于综合工时制岗位，根据《工资支付暂行规定》规定：综合计算工作时间超过法定标准工作时间的部分，应视为延长工作时间。

因此，当综合工时制员工的实际工作时间未超过法定标准工作时间时，其不存在工作日加班、休息日加班一说，但如果周期内实际工作时间超过了法定标准工作时间，那就算加班。对于在法定节假日安排综合工时制员工工作的，相关法律法规并未否定不支付加班费，因此会认定为加班。

知识延伸 | 关于加班调休的法律规定

《工资支付暂行规定》第十三条规定：用人单位依法安排劳动者在休息日工作，而又不能安排补休的，按照不低于劳动合同规定的劳动者本人日或小时工资标准的200%支付劳动者工资。从上述规定可以看出，对于休息日安排员工加班的，企业可以进行调休。安排员工调休，可以折抵休息日加班时间，在一定程度上可以减少加班费用的支出。

4.3 维护员工权利的同时要防范请假风险

在日常工作中，员工可能会因为身体、家庭等原因，需要在工作日请假。对于企业来说，如果员工频繁请假，势必会影响正常工作的开展；如果限制员工请假又可能导致员工产生怨言。那么企业要如何应对员工请假呢？

4.3.1　明确员工休病假的正当性

从对员工关心的角度出发，员工确实因身体不适需要请病假的，不论长短，企业应当予以批假。对于需要停工治疗一段时间的，则应按照《企业职工患病或非因工负伤医疗期规定》的规定计算医疗期。医疗期的长短是根据劳动者工作的年限来计算的，具体规定如下：

第二条 医疗期是指企业职工因患病或非因工负伤停止工作治病休息不得解除劳动合同的时限。

第三条 企业职工因患病或非因工负伤，需要停止工作医疗时，根据本人实际参加工作年限和在本单位工作年限，给予三个月到二十四个月的医疗期：

（一）实际工作年限十年以下的，在本单位工作年限五年以下的为三个月；五年以上的为六个月。

（二）实际工作年限十年以上的，在本单位工作年限五年以下的为六个月；五年以上十年以下的为九个月；十年以上十五年以下的为十二个月；十五年以上二十年以下的为十八个月；二十年以上的为二十四个月。

第四条 医疗期三个月的按六个月内累计病休时间计算；六个月的按十二个月内累计病休时间计算；九个月的按十五个月内累计病休时间计算；十二个月的按十八个月内累计病休时间计算；十八个月的按二十四个月内累计病休时间计算；二十四个月的按三十个月内累计病休时间计算。

从上述规定可以看出，在规定的医疗期内用人单位不得与员工解除劳动合同，这是对劳动者因患病或非因工负伤治病休息解雇的一种保护。需要注意，不得与员工解除劳动合同主要针对的是无过失性辞退和经济性裁员。若员工存在过失企业仍可以与其解除劳动合同，另外，企业也可以与医疗期员工协商解除劳动合同。

在计算员工医疗期时，要按照时限内累计的病休时间来计算的，医疗期的起算时间为病休第一天，病休期间包括公休、假日和法定节日。以医疗期为三个月为例，具体计算时，可分两种情况，一是连续休病假，二是间断性休病假。

如员工在 2019 年 6 月 1 日因病停工治疗连续休病假，那么 2019 年 6 月 1 日就是医疗期的起算日子，2019 年 9 月 1 日医疗期届满。如果员工是从 2019 年 6 月 1 日开始间断性休病假，那么在 2019 年 6 月 1 日至 2019 年 12 月 1 日期间，按照病休时间来确定医疗期是否修满，累计病休达 3 个月，视为医疗期期满。需要注意，部分地区对于医疗期的规定会有所不同，企业还需了解当地对医疗期计算标准的规定。

如果医疗期期满了，员工不能从事原工作，也不能从事由用人单位另行安排的工作，那么企业可根据《劳动合同法》第四十条的规定，与员工解除劳动合同。

知识延伸｜医疗期与病假的区别

实践中，不少管理者容易混淆医疗期与病假，实际上两者是有区别的。医疗期是法律概念，有长短限制，强调的是用人单位不得解除劳动合同的时限。病假是生理概念，长短具有弹性，主要根据员工的患病情况来确定，强调的是员工治病休息的事实期间，主要属于是企业内部管理的一部分，企业可以通过规章制度来规定病假的适用范围及流程。如员工因感冒发烧等疾病需短期休假一两天或一周的，就属于请病假。这种情况下，计算医疗期的意义不大，大多数企业也不会按医疗期来计算。而员工因比较重大的疾病需要住院治疗一段时间，那么就可以按照医疗期来计算。

4.3.2　规范员工休病假的程序

在员工病假管理中，令管理者比较头疼的是虚假病假、长期请病假等非客观病假的情形。为避免员工假借病假不上班，或者利用病假从事其他工作，企业可以通过规章制度来规范病假请假程序，具体可以按照以下程序来操作。

◆ 提交申请

对于一般的普通病假，企业可以要求员工提前提交病假申请审批表，经人力资源部审核批准后方可休假。对于无法事先提交申请的情况，可以先行就医，委托他人或通过电话的方式向人力资源部申请病假，病假结束后补交病假申请审批表，如表 4–2 所示为病假申请审批表。

表 4–2　病假申请审批表

姓名		职位		所属部门	
请假理由 申请天数 起止时间	1. 病假理由： 2. 病假天数：__天，起止时间：__年__月__日起至__年__月__日止。 3. 员工声明：因病确需休息治疗，如果申请虚假病假或故意夸大病情，病休期间不在公司所在地休息治疗，或以病假为名探亲访友或从事经营活动，一经发现依据公司规章制度规定属严重违纪行为，病休期间按旷工处理，对情节严重、假期天数较长的直至按规定解除劳动合同。 员工本人 签字：　　　　年　月　日				
部门主管 审批意见	签字（盖章）：　　　　年　月　日				
人力资源部 审批意见	签字（盖章）：　　　　年　月　日				

◆ 销假并提交病假证明

病休假结束后，员工需到人力资源部销假，销假时可要求员工提供病假证明、诊断证明或检查单据等资料。人力资源部需对员工提供的资料进行核实，核实完成后将原件交予员工，复印件留档备查。

在审核病假证明材料时，主要是审核材料的真实性，另外，还要注意查看就诊日期、病情诊断等是否与员工提交的病假申请审批表相符。必要时，企业可到员工就诊医院核查病假材料的真实性。

◆ 明确违规请假、虚假请假的处罚

对于未提前请病假私自离岗缺勤、提供虚假证明材料等行为的，企业可以明确不同的违规处罚方式，如按旷工处理、罚款、解除劳动合同等。

4.3.3 员工请事假，企业可以不批吗

对于请事假，相关法律法规并没有强制性的规定，因此，事假属于企业用工管理的范畴，其批准权在企业，企业可以根据员工请事假的理由来决定是否批假，或者通过规章制度来规范事假请假天数、条件等，如以下内容。

一、事假即因私事或其他个人原因无法正常工作而请的假。

二、员工当月请事假、单次请事假不超过5天。

三、全年累计事假达到20天的，不享受年休假。

对于请事假的程序，企业可要求员工提前提交事假申请审批表，待人力资源部审批通过后方可休假。因特殊情况无法办理请假手续的，可通过电话等方式口头请假，事假结束到岗后补办请假手续。如表 4-3 所示为事假申请审批表。

表 4-3　事假申请审批表

姓名		职位		所属部门	
请假理由 申请天数 起止时间	1. 事假理由： 2. 事假天数：___天，起止时间：__年__月__日起至__年__月__日止。 员工本人 签字：　　　　　年　月　日				

续上表

部门主管 审批意见	签字（盖章）：　　　　　年　月　日
人力资源部 审批意见	签字（盖章）：　　　　　年　月　日

4.4 正确看待员工的带薪休假

合理的休假可以让员工工作更有积极性，企业在进行员工休假管理时，要符合国家法律法规的相关规定，同时也可以结合自身实际情况对员工的休假做出合理的安排。

4.4.1 哪些节日才是法定假日

法定假日是国家统一规定的假期，根据《劳动法》第四十条规定：

用人单位在下列节日期间应当依法安排劳动者休假：

（一）元旦；（二）春节；（三）国际劳动节；（四）国庆节；（五）法律、法规规定的其他休假节日。

法定节假日是员工依法可享受的带薪假期，根据《全国年节及纪念日放假办法》第二条规定，法定节假日具体包含以下节日：

（一）新年，放假1天（1月1日）；

（二）春节，放假3天（农历除夕、正月初一、初二）；

（三）清明节，放假1天（农历清明当日）；

（四）劳动节，放假1天（5月1日）；

（五）端午节，放假1天（农历端午当日）；

（六）中秋节，放假1天（农历中秋当日）；

（七）国庆节，放假3天（10月1日、2日、3日）。

对于女性员工来说，根据《全国年节及纪念日放假办法》第三条规定：妇女节（3 月 8 日），妇女放假半天。由此可见，女性员工可以在妇女节当天享受半天的休假。

知识延伸 | 法定节假日未安排休假，可以调休吗

法定节假日如果无法安排员工休假，根据《劳动法》第四十四条规定：法定休假日安排劳动者工作的，支付不低于工资的百分之三百的工资报酬。根据上述规定，法定节假日是不可以调休的，企业需支付给员工加班工资。

4.4.2 工作未满一年，是否有权休年假

带薪年假是国家法律法规规定的，是员工依法可以享受的假期。根据《劳动法》第四十五条规定：国家实行带薪年休假制度。劳动者连续工作一年以上的，享受带薪年休假。具体办法由国务院规定。

从上述规定可以看出，员工需连续工作一年以上才能享受带薪年假，否则是不能享受带薪年假的。需要注意，这里的工作满一年是指累计工作时间，根据《企业职工带薪年休假实施办法》规定：

第三条 职工连续工作满12个月以上的，享受带薪年休假（以下简称年休假）。

第四条 年休假天数根据职工累计工作时间确定。职工在同一或者不同用人单位工作期间，及依照法律、行政法规或者国务院规定视同工作期间，应当计为累计工作时间。

根据上述规定，连续工作满一年以上并不仅限于在同一企业工作，也可以是在不同企业工作，只要累计的工作时间满一年以上即可。

带薪年假的长短是根据员工的工作年限来计算的，根据《职工带薪年休假条例》第三条规定：

职工累计工作已满1年不满10年的，年休假5天；已满10年不满20年的，年休假10天；已满20年的，年休假15天。

国家法定休假日、休息日不计入年休假的假期。

从上述规定可以看出，员工可以享受的最长年休假为15天，且年休假不含国家法定休假日和休息日。在具体计算员工可享受的带薪年假时，要考虑员工新入职的情况，这时需要根据《企业职工带薪年休假实施办法》第五条的规定，对年休假进行折算：

第五条 职工新进用人单位且符合本办法第三条规定的，当年度年休假天数，按照在本单位剩余日历天数折算确定，折算后不足1整天的部分不享受年休假。前款规定的折算方法为：（当年度在本单位剩余日历天数÷365天）×职工本人全年应当享受的年休假天数。

根据上述规定，具体在折算年休假天数时，应该怎么计算呢？下面来看一个案例。

| 范例解析 |　新入职如何计算带薪年假

在2016年5月至2019年2月底，张先生一直在A公司担任市场专员职位，2019年3月1日，其与A公司解除了劳动关系，同时入职了B公司，其劳动合同期限为两年。2019年11月，张先生向人力资源部申请休带薪年假，人力资源部告诉张先生，其入职未满一年，因此不能享受带薪。

张先生对此表示不认同，他认为虽然自己是3月份才入职公司的，但在此之前已在原公司工作满一年。因此有权享受带薪年假。为此，张先生与人力资源部因是否能享受带薪年假问题产生了争议。

根据上述案例，张先生确实已累计工作满一年，因此根据法律法规的规定，其有权享受5天的带薪年假，但其可以享受的带薪年假需进行折算。张先生是3月1日入职B公司的，因此其2019年度的剩余日历天数为306天，那么张先生可以享受的带薪年假为 306÷365×5=4.19（天），根据不足 1 整天的部分不享受年休假原则，张先生可以享受的带薪年假为 4 天。

在上述案例中，虽然张先生有权休带薪年假，但年休假批准的主动权在于企业，另外，企业也可以在规章制度中明确休年假的细则，如入职不满 6 个月不得休年假。具体根据《职工带薪年休假条例》第五条规定：

单位根据生产、工作的具体情况，并考虑职工本人意愿，统筹安排职工年休假。年休假在1个年度内可以集中安排，也可以分段安排，一般不跨年度安排。单位因生产、工作特点确有必要跨年度安排职工年休假的，可以跨1个年度安排。

因此，针对上述案例，企业可以根据自身情况决定是否批准张先生的年休假请求，只不过企业在安排年休假时，应考虑员工的意愿，并主动告知员工。企业安排的年休假如果是合理的，员工应当服从企业的安排。

知识延伸｜离职员工带薪年假的计算方式

对于离职员工来说，当年度的年休假天数仍需要进行折算，根据《企业职工带薪年休假实施办法》第十二条规定：用人单位与职工解除或者终止劳动合同时，当年度未安排职工休满应休年休假的，应当按照职工当年已工作时间折算应休未休年休假天数并支付未休年休假工资报酬，但折算后不足1整天的部分不支付未休年休假工资报酬。前款规定的折算方法为：（当年度在本单位已过日历天数÷365天）×职工本人全年应当享受的年休假天数-当年度已安排年休假天数。用人单位当年已安排职工年休假的，多于折算应休年休假的天数不再扣回。

4.4.3　什么情况下员工不能享受年假

根据带薪年假相关法律法规规定，员工要享受带薪年假，其累计工作时间需满一年。由于累计工作时间不限于同一用人单位，因此人力资源管理者在计算员工的带薪年休假天数时，还要了解员工的累计工作时间是否达到年休假的要求。

一般来说，员工与原用人单位签订的劳动合同、社会保险缴费记录等，都可以作为工作经历的证明材料，员工如果无法提供相关的证明材料，企业可以规定累计工作时间需从本公司入职日起开始计算。

实践中，还存在企业因生产经营的需要，无法安排员工休年假的情形。针对以上情形，《职工带薪年休假条例》第五条有以下规定：

单位确因工作需要不能安排职工休年休假的，经职工本人同意，可以不安排职工休年休假。对职工应休未休的年休假天数，单位应当按照该职工日工资收入的300%支付年休假工资报酬。

从上述规定可以看出，企业如果无法安排员工休年假，在取得员工同意的情形下，可以不休，但需支付员工日工资收入 300% 的未休年假工资报酬。

除了累计工作时间不满一年无法享受年休假外，根据《职工带薪年休假条例》第四条规定，职工有下列情形之一的，不享受当年的年休假：

（一）职工依法享受寒暑假，其休假天数多于年休假天数的；

（二）职工请事假累计20天以上且单位按照规定不扣工资的；

（三）累计工作满1年不满10年的职工，请病假累计2个月以上的；

（四）累计工作满10年不满20年的职工，请病假累计3个月以上的；

（五）累计工作满20年以上的职工，请病假累计4个月以上的。

对于有以上情形之一的员工，企业可以明确告知其无法休年假，并说明理由。

知识延伸｜注意带薪年假无效规定

为规范年休假管理，部分企业会在规章制度中对年休假的条件、程序等作出规定，但要注意一些常见的无效规定，如年度内年假未休完自动作废；带薪年假只能一次性休完，不能分开休；因岗位工作的特殊性，销售部员工只能享受3天带薪年假。

4.4.4 婚假休多少天还要看具体规定

婚假是指员工在结婚期间依法享受的假期。对于婚假，《劳动法》第五十一条有以下规定：

劳动者在法定休假日和婚丧假期间及依法参加社会活动期间，用人单位应当依法支付工资。

由此可见，婚假也属于带薪假期。对于婚假的具体天数，各地由于具体情况不同，规定也会有所不同。因此，企业要了解当地对于婚假假期的相关规定，如《北京市人口与计划生育条例》（2016 修订）规定：

第十六条 依法办理结婚登记的夫妻，除享受国家规定的婚假外，增加假期七天。

因此北京地区的婚假为 3+7=10（天）。而《重庆市人口与计划生育条例》（2016 修订）第二十六条规定：依法办理结婚登记的夫妻享受婚假十五日。因此重庆地区的婚假为 15 天。

由于调整后的计划生育政策不再鼓励晚婚晚育，因此部分地区的《计划生育条例》开始逐步删除晚婚增加婚假的相关规定，企业在了解当地关于婚假的具体规定时，要依据修正后的《计划生育条例》的规定。

4.4.5 员工产假可以休多少天

产假是女员工在产期前后依法享受的假期。根据《劳动法》第六十二条规定：女职工生育享受不少于九十天的产假。

从上述规定可以看出，女职员可以享受的产假应不少于 90 天，对于产假的具体天数，《女职工劳动保护特别规定》第七条作出了以下规定：

女职工生育享受98天产假，其中产前可以休假15天；难产的，增加产假15天；生育多胞胎的，每多生育1个婴儿，增加产假15天。女职工怀孕未满4

个月流产的，享受15天产假；怀孕满4个月流产的，享受42天产假。

根据上述规定，产假一般为98天，其中，产前可以休假15天。对于产假，各地的规定也会有所不同，如《北京市人口与计划生育条例》（2016修订）第十八条规定：

机关、企业事业单位、社会团体和其他组织的女职工，按规定生育的，除享受国家规定的产假外，享受生育奖励假三十天，其配偶享受陪产假十五天。女职工及其配偶休假期间，机关、企业事业单位、社会团体和其他组织不得降低其工资、予以辞退、与其解除劳动或者聘用合同。

女职工经所在机关、企业事业单位、社会团体和其他组织同意，可以再增加假期一至三个月。

因此，北京地区的产假为98天（正常法定产假）+30天（奖励假期）=128天。从上述规定可以看出，北京对于产假的规定相对灵活，在取得用人单位同意的情况下，还可以增加1~3个月的产假。而《广东省人口与计划生育条例》（2018修正）第三十条规定：

符合法律、法规规定生育子女的夫妻，女方享受八十日的奖励假，男方享受十五日的陪产假。在规定假期内照发工资，不影响福利待遇和全勤评奖。

从上述规定可以看出，广东省女员工可以享受的产假为98天（正常法定产假）+80天（奖励假期）=178天。如表4-4所示为部分地区产假休假天数规定。

表4-4 部分地区产假休假天数规定

地区	法律规定
上海	《上海市人口与计划生育条例》（2016修订）第三十一条： 符合法律法规规定生育的夫妻，女方除享受国家规定的产假外，还可以再享受生育假三十天，男方享受配偶陪产假十天
湖北	《湖北省人口与计划生育条例》（2016修订）第三十三条： 对符合法律法规规定生育的妇女，除享受国家规定的产假外，增加产假30天，其配偶享受15天护理假

续上表

地区	法律规定
河南	《河南省人口与计划生育条例》（2016 修订）第二十七条：符合法律、法规规定生育子女的，除国家规定的产假外，增加产假三个月，给予其配偶护理假一个月
四川	《四川省人口与计划生育条例》（2016 修订）第二十六条： 符合本条例规定生育子女的夫妻，除法律、法规规定外，延长女方生育假 60 天，给予男方护理假 20 天。
江苏	《江苏省人口与计划生育条例》（2016 修订）第二十七条： 自 2016 年 1 月 1 日起，符合本条例规定生育子女的夫妻，女方在享受国家规定产假的基础上，延长产假三十天，男方享受护理假十五天
山东	《山东省人口与计划生育条例》（2016 修订）第二十五条： 符合法律和本条例规定生育子女的夫妻，除国家规定的产假外，增加产假六十日，并给予男方护理假七日
贵州	《贵州省人口与计划生育条例》（2018 修订）第五十五条： 符合政策生育的，除享受国家规定的产假外，女方增加产假 60 天，男方享受护理假 15 天
甘肃	《甘肃省人口与计划生育条例》（2016 修订）第十九条： 符合本条例规定生育子女的，女方享受产假 180 天；男方享受护理假 30 天

从上述地区对于产假的规定可以看出，各地基本上都在国家规定的产假天数的基础上，增加了产假天数，如 30 天、3 个月等。

第五章

薪酬福利，兼顾公平合法与员工激励

薪酬福利是企业中长期激励的重要工具，科学的薪酬福利体系不仅能为企业吸引优秀人才，还能促进企业业务的增长。管理者在具体设计企业的薪酬福利时，要考虑两方面：一是符合国家法律法规关于薪酬福利的相关规定，二是根据企业的经营状况、发展目标和岗位责任来设计薪酬结构。

5.1 合理设计薪酬结构体系

薪酬与员工的切身利益息息相关，因此也是员工在入职前、任职期间尤为关注的问题。合理的薪酬结构体系能促进员工工作的积极性，从而创造高绩效的工作成绩。

5.1.1 员工薪酬设计常见隐患

薪酬结构明确了员工劳动报酬的构成方式，薪酬设计如果不合理合法，也容易给企业带来隐患，如以下一些常见的问题。

◆ 工资构成项目过多

部分企业在设计员工薪酬结构时，会将员工的工资拆分为多个部分，如某企业岗位员工薪酬由基本工资＋绩效奖金＋工龄工资＋月度奖金＋岗位补助＋其他津贴构成，每一项目占一定的比例。这样的薪酬结构设置的项目过于多，从员工激励的角度来看，无法让员工有明确的努力目标。

◆ 劳动合同约定与薪酬制度不一致

劳动报酬是劳动合同的必备条款，部分企业在与员工约定劳动报酬时，存在约定与薪酬制度不一致的情况。由于薪酬制度只是企业内部的规定，因此，当两者出现分歧时，如果员工要求以劳动合同为准，会优先适用于劳动合同的约定。

为避免因劳动合同与薪酬制度不一致产生纠纷，企业在劳动合同中与员工约定工资报酬时，应有一定的灵活性，同时要与薪酬制度保持一致。

◆ 薪酬制度违反法律法规的规定

企业制定的薪酬制度应符合相关法律法规的规定，常见的违反法律法规规定的情形有薪酬水平低于规定的法律底线、降低带薪休假的法定给付标准、加班工资计算标准不符合规定等。

◆ 工资奖金的约定模糊

一般来说，员工的薪酬主要由固定工资和浮动工资构成，部分企业的薪酬标准会存在有约定但约定模糊的情况，如对年终奖的约定，只规定每年根据工作表现发放年终奖，却没有明确年终奖的发放标准。

在实际操作中，这种模糊的规定会给企业带来诸多风险，如员工未到年终提前离职，要求发放年终奖；员工对年终奖的发放金额产生纠纷等。对于薪酬的给付标准，企业应确保规定明确细致。若要降低员工的薪资水平，则要明确降薪的具体情形，并保留相关证据，以应对可能出现的劳动纠纷。

5.1.2 哪些劳动收入属于工资范围

根据劳动部《关于贯彻执行〈中华人民共和国劳动法〉若干问题的意见》，劳动法中的“工资”是指用人单位依据国家有关规定或劳动合同的约定，以货币形式直接支付给本单位劳动者的劳动报酬。

对于工资，企业应明确并不是员工的所有劳动收入都属于“工资”，根据劳动部《关于贯彻执行〈中华人民共和国劳动法〉若干问题的意见》，以下劳动收入不属于工资范围：

（1）单位支付给劳动者个人的社会保险福利费用，如丧葬抚恤救济费、生活困难补助费、计划生育补贴等；

（2）劳动保护方面的费用，如用人单位支付给劳动者的工作服、解毒剂、清凉饮料费用等；

（3）按规定未列入工资总额的各种劳动报酬及其他劳动收入，如根据国家规定发放的创造发明奖、国家星火奖、自然科学奖、科学技术进步奖、合理化建议和技术改进奖、中华技能大奖，及稿费、讲课费、翻译费等。

根据《关于工资总额组成的规定》第四条规定，工资总额由下列六个部分组成：（一）计时工资；（二）计件工资；（三）奖金；（四）津贴和补贴；（五）加班加点工资；（六）特殊情况下支付的工资。

对于工资总额各构成部分的范围，《关于工资总额组成的规定》作出了以下规定：

第五条 计时工资是指按计时工资标准（包括地区生活费补贴）和工作时间支付给个人的劳动报酬。包括：（一）对已做工作按计时工资标准支付的工资；（二）实行结构工资制的单位支付给职工的基础工资和职务（岗位）工资；（三）新参加工作职工的见习工资（学徒的生活费）；（四）运动员体育津贴。

第六条 计件工资是指对已做工作按计件单价支付的劳动报酬。包括：（一）实行超额累进计件、直接无限计件、限额计件、超定额计件等工资制，按劳动部门或主管部门批准的定额和计件单价支付给个人的工资；（二）按工作任务包干方法支付给个人的工资；（三）按营业额提成或利润提成办法支付给个人的工资。

第七条 奖金是指支付给职工的超额劳动报酬和增收节支的劳动报酬。包括：（一）生产奖；（二）节约奖；（三）劳动竞赛奖；（四）机关、事业单位的奖励工资；（五）其他奖金。

第八条 津贴和补贴是指为了补偿职工特殊或额外的劳动消耗和因其他特殊原因支付给职工的津贴，及为了保证职工工资水平不受物价影响支付给职工的物价补贴。（一）津贴。包括：补偿职工特殊或额外劳动消耗的津贴，保健性津贴，技术性津贴，年功性津贴及其他津贴。（二）物价补贴。包括：为保证职工工资水平不受物价上涨或变动影响而支付的各种补贴。

第九条 加班加点工资是指按规定支付的加班工资和加点工资。

第十条 特殊情况下支付的工资。包括：（一）根据国家法律、法规和政策规定，因病、工伤、产假、计划生育假、婚丧假、事假、探亲假、定期休假、停工学习、执行国家或社会义务等原因按计时工资标准或计时工资标准的一定比例支付的工资；（二）附加工资、保留工资。

除劳动部《关于贯彻执行〈中华人民共和国劳动法〉若干问题的意见》中明确了不属于工资范围的劳动收入外，《关于工资总额组成的规定》第十一条也明确了工资总额不包括的项目，管理者可以查看具体的规定。

知识延伸 | 建立内部薪酬体系时的注意事项

企业在建立员工薪酬体系时，还要了解其他法律法规对于工资总额的规定，如财政部《关于企业加强职工福利费财务管理的通知》规定：企业为职工提供的交通、住房、通讯待遇，已经实行货币化改革的，按月按标准发放或支付的住房补贴、交通补贴或者车改补贴、通讯补贴，应当纳入职工工资总额，不再纳入职工福利费管理。

由此可以看出，该规定扩大了应纳入工资总额的补贴范围。另外，《关于企业加强职工福利费财务管理的通知》还明确了职工福利费的具体范围。

而在《〈关于工资总额组成的规定〉若干具体范围的解释》中，则明确了奖金、津贴和补贴的具体范围。对于这些法律法规，人力资源管理者都应有一定的认识。

5.1.3 选择合适的工资结构

企业在与员工约定薪酬标准时，在符合相关法律法规硬性规定的前提下，可以自主决定工资的构成方式。从大多数企业的工资构成方式来看，主要有以下几种类型。

- **固定工资制：**是指员工的工资数额固定，如 5 000 元 / 月，这种工资结构比较单一，一旦在劳动合同中约定好了，企业就不能单方面进行调整。
- **基本工资 + 浮动工资：**是指与员工约定一个基本工资，然后利用浮动工资来实现员工激励。浮动工资一般由奖金、津贴等构成，这种工资结构为复合型工资结构。
- **底薪 + 提成：**是指与员工约定一个基本的底薪，提成部分则根据员工的工作表现来决定，如销售收入、绩效考核成绩等。
- **年薪制：**是指以年为单位来核算员工的工资，对于实行年薪制岗位的员工，其工资收入一般与企业的经营业绩挂钩。

在上述几种工资结构中，固定工资制比较适合工作内容较为单一，工资核算简单的岗位。基本工资 + 浮动工资是大多数企业运用得比较多的，这种工资结构可以弥补固定工资制缺乏激励作用的缺陷。底薪 + 提成工资结构主要适合于需要用业绩来衡量工作好坏的岗位，如销售岗位。年薪制一般针对企业的管理岗位，如总经理、财务总监等，这种工资结构可以使管理岗位的员工专注企业的核心战略目标。

针对以上 4 种工资结构，这里重点介绍运用广泛的基本工资 + 浮动工资制。该种工资结构可以帮助企业发挥用工自主权，使薪酬管理更加灵活。其中，基本工资可根据岗位性质和职级来确定，浮动工资可根据绩效考核或经营状况来调整。如图 5-1 所示为某《薪酬管理制度》中关于薪资标准的规定，可以看出，该企业实行的是基本工资 + 浮动工资制。

第二部分：薪酬标准

一、薪酬结构

管理岗位的薪酬结构主要包括以下两个部分：固定薪酬和效益薪酬。其中，固定薪酬包括基础薪酬、福利补贴；效益薪酬包括绩效薪酬、奖金（含分红等）。

（一）固定薪酬

1. 基础薪酬：按照占基础和绩效薪酬总额的固定比例确定（详见附件一）。

2. 福利补贴：含法定福利、企业福利、综合补贴（包括通讯、餐贴、交通、办公、执业资格、地区、差旅、租房、施工、职称等）（详见附件二）。

（二）效益薪酬

1. 绩效薪酬：按照占基础和绩效薪酬总额的固定比例确定（详见附件一），根据考核结果浮动。

2. 奖金：包括年终奖金、其他奖金和分红等。

图 5-1

5.1.4 怎样合法降低薪酬成本

薪酬成本作为企业用工成本的一部分，不少企业都希望能通过有效的方式来降低该项成本。那么在合理合法的前提下，企业要如何降低用工成本呢？具体有以下操作方法。

◆ 灵活运用工资结构降低成本

在与员工约定工资报酬时，企业可以采用降低固定工资比例，提高浮动工资比例的方式来降低薪酬成本，但不能低于当地规定的最低工资标准。对于浮动工资的部分，通过制订科学合理的绩效考核制度或奖金方案来明确浮动工资的发放条件和标准，以体现员工能力与薪酬收入之间的关系。

对于实行年薪制的员工，同样可以采用基本年薪＋绩效年薪的工资结构，基本年薪每月固定发放，绩效年薪则根据年度考核结果来确定，通过先考核后兑现的方式来让年薪制员工充分发挥工作积极性。

在运用工资结构来降低用工成本时要注意把握一个度，一味地降低固定工资比例，或者采用一刀切的方式对所有岗位员工实行同一结构薪酬标准，都是不可取的。企业应以合法性、公平性、激励性、竞争性原则为基础，来合理设计员工薪酬结构，这样才能在降低用工成本，发挥工资激励作用的同时，促进企业的良性循环。

◆ 科学定员，做到人岗匹配

在人才招聘，员工晋升方面做到科学定员和人岗匹配，也可以帮助企业降低薪酬成本。科学定员、人岗匹配要求人力资源部要做到科学设岗、合理招聘，避免企业中有过多的富余人员增加用工成本，同时，明确各岗位的职责，让人才发挥所长。

另外，企业也可以通过加强员工培训来提高员工的素质能力和业务能力，通过提高员工工作效率来间接降低用工成本。

◆ 适当招聘非全日制员工

相比全日制用工，非全日制员工的用工成本会较低。对于部分岗位，企业可以通过招聘非全日制员工来降低薪酬成本，如电商类企业的物流发货打包岗位，该岗位可以采用小时计酬的方式，电商企业通过招聘非全日制员工来担任物流发货打包岗位是可以降低一定的工资成本的。

◆ 部分业务采用外包制

对于企业的部分业务，可以通过外包的方式来降低用工成本。如部分以线下交易为主的企业，会将网络商城、官方网站外包出去，采用代运营合作的方式来实现商城托管或网站维护。这种方式主要适合内部电商人才短缺，或者没有自身的网络建设维护部门的企业，相比自建网站/商城，招聘运营人员、网页设计人员、客服人员等所花费的成本，采用第三方外包的方式成本会相对较低。

5.2 让工资发放具有法律效力

在企业薪酬管理中，有时会出现工资约定、支付方式看似合理，但实则违反了法律法规规定的情形。那么对于工资相关法律法规又有哪些规定呢？下面具体来看看。

5.2.1 未按时支付工资要承担的法律后果

按时支付员工工资是企业应尽的义务，根据《劳动法》第五十条规定：工资应当以货币形式按月支付给劳动者本人。不得克扣或者无故拖欠劳动者的工资。

根据上述规定，劳动者工资的支付周期为按月支付，具体支付日期为企业与员工约定的日期，在遇到节假日或休息日时，根据《工资支付暂行规定》第七条规定，企业应提前在最近的工作日支付，具体规定如下。

工资必须在用人单位与劳动者约定的日期支付。如遇节假日或休息日，则应提前在最近的工作日支付。工资至少每月支付一次，实行周、日、小时工资制的可按周、日、小时支付工资。

如果企业没有按照约定支付给劳动者工资，根据《劳动合同法》第八十五条规定，企业除要支付逾期未付工资外，还会面临经济赔偿。

用人单位有下列情形之一的，由劳动行政部门责令限期支付劳动报酬、加班费或者经济补偿；劳动报酬低于当地最低工资标准的，应当支付其差额部分；逾期不支付的，责令用人单位按应付金额百分之五十以上百分之一百以下的标准向劳动者加付赔偿金：

（一）未按照劳动合同的约定或者国家规定及时足额支付劳动者劳动报酬的；

（二）低于当地最低工资标准支付劳动者工资的；

（三）安排加班不支付加班费的；

（四）解除或者终止劳动合同，未依照本法规定向劳动者支付经济补偿的。

另外，根据《劳动合同法》第三十八条的规定，企业未及时足额支付劳动报酬，员工还有权单方解除劳动合同。

在上述规定中，管理者要正确理解“未及时足额支付劳动报酬”的含义，对于拖欠工资多少天才算是“未及时”，哪些工资项目未发会认定为“未足额”，《劳动合同法》并没有作出明确的规定。从立法的本意来看，“未及时足额支付劳动报酬”主要针对的是无故拖欠、克扣员工工资的行为。

对于因客观原因所导致延期支付或未足额支付工资的，部分地区的法律法规及司法解释则明确了其不构成“未及时足额支付劳动报酬”，可以延期支付工资，如《江苏省工资支付条例》第四十条规定：

由于不可抗力原因，导致延期支付劳动者工资的，应当在不可抗力原因消除后三十日内支付劳动者工资。用人单位确因生产经营困难，资金周转受到严重影响无法在约定的工资支付周期内支付劳动者工资的，应当以书面形式向劳动者说明情况，在征得工会或者职工代表大会（职工大会）的同意后，可以延期支付工资，但最长不得超过三十日。

另外，《深圳市员工工资支付条例》第十二条也有如下规定：用人单位因故不能在约定的工资支付日支付工资的，可以延长五日；因生产经营困难，需延长五日以上的，应当征得本单位工会或者员工本人书面同意，但最长不得超过十五日。

从江苏省和深圳市《工资支付条例》中的规定可以看出，企业因客观原因导致无法按时支付工资的，可以延期支付，但需要履行民主告知程序。延期支付的天数各地规定有所不同，管理者应遵循当地的规定。

在司法实务中，对于“未及时足额支付劳动报酬”的认定，主要考量企业是否存在主观恶意，当企业存在主观恶意拖延支付或未足额支付员工工资的情形时，员工才能将“未及时足额支付劳动报酬”作为单方面解除劳动合同和主张经济补偿的依据。

另外，员工也不能因企业“未及时足额支付劳动报酬”就擅自离岗，员工同样需遵守企业的规章制度，如《考勤管理制度》，但员工可以提前以书面形式告知企业解除劳动合同，要求企业补发工资，或根据《劳动合同法》的规定向劳动行政部门请求限期支付、向当地人民法院申请支付令。

对于主观恶意的界定，企业还可以参考《最高人民法院关于审理拒不支付劳动报酬刑事案件适用法律若干问题的解释》相关规定，如第三条：

第三条 具有下列情形之一的，应当认定为刑法第二百七十六条之一第一款规定的“数额较大”：

（一）拒不支付一名劳动者三个月以上的劳动报酬且数额在五千元至二万元以上的；

（二）拒不支付十名以上劳动者的劳动报酬且数额累计在三万元至十万元以上的。

知识延伸 | “克扣”“无故拖欠”的法律含义

根据《对〈工资支付暂行规定〉有关问题的补充规定》的通知，“克扣”系指用人单位无正当理由扣减劳动者应得工资（即在劳动者已提供正常劳动的前提下用人单位按劳动合同规定的标准应当支付给劳动者的全部劳动报酬）。不包括以下减发工资的情况：（1）国家的法律、法规中有明确规定的；（2）依法签订的劳动合同中有明确规定的；（3）用人单位依法制定并经职代会批准的厂规、厂纪中有明确规定的；（4）企业工资总额与经济效益相联系，经济效益下浮时，工资必须下浮的（但支付给劳动者工资不得低于当地最低工资标准）；（5）因劳动者请事假等相应减发工资等。

“无故拖欠”系指用人单位无正当理由超过规定付薪时间未支付劳动者工资。不包括：（1）用人单位遇到非人力所能抗拒的自然灾害、战争等原因、无法按时支付工资；（2）用人单位确因生产经营困难、资金周转受到影响，在征得本单位工会同意后，可暂时延期支付劳动者工资，延期时间的最长限制可由各省、自治区、直辖市劳动行政部门根据各地情况确定。其他情况下拖欠工资均属无故拖欠。

5.2.2 应发工资不能低于法律底线

对于不同岗位员工工资的数额，企业可以与员工在劳动合同中进行约定，但不能低于《劳动法》第四十八条规定的底线：

国家实行最低工资保障制度。最低工资的具体标准由省、自治区、直辖市人民政府规定，报国务院备案。用人单位支付劳动者的工资不得低于当地最低工资标准。

根据上述规定，员工工资不能低于当地的最低工资标准。各地由于经济发展水平、平均工资水平等的差异，最低工资标准也会有所不同。另外，最低工资标准也可能出现调整，企业可通过当地人力资源和社会保障部官方网站了解最低工资标准。如表 5-1 所示为截至 2020 年 3 月 31 日，部分地区的最低工资标准。

表 5-1　部分地区最低工资标准（单位：元）

地区	月最低工资标准				小时最低工资标准			
	第一档	第二档	第三档	第四档	第一档	第二档	第三档	第四档
北京	2 200				24			
天津	2 050				20.8			
河北	1 900	1 790	1 680	1 580	19	18	17	16
上海	2 480				22			
江西	1 680	1 580	1 470		16.8	15.8	14.7	
四川	1 780	1 650	1 550		18.7	17.4	16.3	
陕西	1 800	1 700	1 600		18	17	16	

从上表所示的内容可以看出，最低工资标准分为月最低工资标准和小时最低工资标准。其中，月最低工资标准适用于全日制员工，小时最低工资标准适用于非全日制员工。

需要注意，并不是员工的所有劳动收入都会纳入最低工资标准中，根据《最低工资规定》第十二条：

在劳动者提供正常劳动的情况下，用人单位应支付给劳动者的工资在剔除下列各项以后，不得低于当地最低工资标准：

（一）延长工作时间工资；

（二）中班、夜班、高温、低温、井下、有毒有害等特殊工作环境、条件下的津贴；

（三）法律、法规和国家规定的劳动者福利待遇等。

实行计件工资或提成工资等工资形式的用人单位，在科学合理的劳动定额基础上，其支付劳动者的工资不得低于相应的最低工资标准。

劳动者由于本人原因造成在法定工作时间内或依法签订的劳动合同约定的工作时间内未提供正常劳动的，不适用于本条规定。

这里的“正常劳动”是指劳动者按依法签订的劳动合同约定，在法定工作时间或劳动合同约定的工作时间内从事的劳动。劳动者依法享受带薪年休假、探亲假、婚丧假、生育（产）假、节育手术假等国家规定的假期间，及法定工作时间内依法参加社会活动期间，视为提供了正常劳动。

5.2.3 重视工资支付记录避免各执一词

工资支付记录是企业与员工因工资问题产生纠纷时，可以用于举证的重要凭证。根据《工资支付暂行规定》第六条：

用人单位应将工资支付给劳动者本人。劳动者本人因故不能领取工资时，可由其亲属或委托他人代领。用人单位可委托银行代发工资。用人单位必须书面记录支付劳动者工资的数额、时间、领取者的姓名及签字，并保存两年以上备查。用人单位在支付工资时应向劳动者提供一份其个人的工资清单。

实践中，企业向员工支付工资时通常采用两种方式，一是以现金发放；二是采用银行转账 / 代发的方式。无论以何种形式支付工资，在向员工支付工资时，都要将工资清单给予员工核对，待员工确认后再支付工资，同时让员工在工资签收单上签字确认，并存档保管两年以上，以避免在劳动争议中承担举证不利的后果。工资清单就是我们常说的工资条、工资表，一般包括员工的姓名、基本工资、奖金、代扣代缴等内容，如图 5-2 所示。

工资表

编制单位：　　　　公司　　　　　　　　　　　　　　工资月份：　年　　月

姓名	月工资标准	应发工资						应扣工资							实发工资（元）
		岗位工资	考核工资	全勤奖	通讯补贴	加班工资	合计	出勤栏			代缴费用			合计	
								迟到早退	病/事假	旷工	社保	个税	其他		

图 5-2

工资签收单可作为员工认可劳动报酬金额，领取工资的凭证。当员工在工资签收单上签字后，再对工资数额提出异议，一般无法得到法律上的支持，如图 5-3 所示为某企业的工资签收单。

年　月　员工工资签收单

姓名	职位	基本工资	加班工资	个人所得税	应发工资	扣款	实领工资	告知栏	我已认证阅读告知栏的内容，确定并无异议（收款人签名）
								感谢您这个月付出的辛劳！您本月的工资如前所列，请认真核实。若有异议，请不要签字确认，并在三天之内以书面形式提出。签收单一经签字确认，本公司不再另外支付工资表以外的（包括工资、加班费等在内的）其他任何费用	

图 5-3

知识延伸｜代领工资应要求提供委托书

员工本人因故无法亲自领取工资的，企业应要求代领人提供员工本人签字确认的个人工资代领委托书。代领人代领工资时，同样需要在工资签收单上签字确认，然后将个人工资代领委托书和工资签收单一同留存归档。

5.2.4　用实物作为工资支付引发的纠纷

在进行工资支付时，部分企业会将购物卡、实物等作为工资报酬支付给员工，下面来看一个案例。

｜范例解析｜　服装企业将服装作为工资抵扣

某服装企业因经营不善导致订单减少，无法按时支付员工3月份的工资，为解决服装积压问题，企业将生产的服装以每套50元的成本价折抵为员工工资，并告知员工这些服装的市场价都在200元以上，完全可以抵扣员工的应发工资了，员工可以自行进行销售，多卖多得。

该企业员工表示他们没有销路，拿到这些服装无法销售出去。与企业协商无果后，该企业员工向劳动仲裁委员会申请了仲裁。

在上述案例中，企业将服装冲抵工资，这种做法是不符合法律规定的。根据《工资支付暂行规定》第五条：

工资应当以法定货币支付。不得以实物及有价证券替代货币支付。

另外，《劳动法》第五十条也规定工资应当以货币形式按月支付给劳动者本人。因此，企业在支付员工工资时，应以货币进行支付，将企业销售的产品作为工资抵扣给员工、用超市购物卡来抵工资都是违法的。

企业若因经营遇到困难，无法按时支付员工工资，可以与员工协商延期支付，但不得以非货币形式来冲抵工资。实践中，企业可能会通过奖励实物、有价证券等福利来激励员工，这些实物及有价证券属于企业给予员工的福利，并非工资，因此是可行的。

5.2.5 病假员工工资的计算

对于病假期间的员工应该如何发工资，很多企业都存在疑问。根据《关于贯彻执行〈中华人民共和国劳动法〉若干问题的意见》规定：

59.职工患病或非因工负伤治疗期间，在规定的医疗期内由企业按有关规定支付其病假工资或疾病救济费，病假工资或疾病救济费可以低于当地最低工资标准支付，但不能低于最低工资标准的80%。

上述规定中，明确病假工资的最低支付标准。各地对于病假工资的支付标准有不同的规定，企业应遵循当地的规定执行，如《北京市工资支付规定》第二十一条规定：

劳动者患病或者非因工负伤的，在病休期间，用人单位应当根据劳动合同或集体合同的约定支付病假工资。用人单位支付病假工资不得低于本市最低工资标准的80%。

根据上述规定，如果劳动合同或集体合同中约定了病假工资的，那么企业可以按照合同约定来支付病假工资，但最低不能低于最低工资标准的

80%。如果合同中没有约定，企业可以与员工协商确定病假工资，或按企业的规章制度来执行，但同样不得低于最低工资标准的80%。

对于病假工资，部分地区的规定会更为细致，如上海、浙江地区，会根据员工的连续工龄、连续休假时间，按照本人工资的百分比来确定病假工资，以上海为例，根据上海市劳动局《关于加强企业职工疾病休假管理保障职工疾病休假期间生活的通知》规定：

四、职工疾病或非因工负伤连续休假在6个月以内的，企业应按下列标准支付疾病休假工资；连续工龄不满2年的，按本人工资的60%计发；连续工龄满2年不满4年的，按本人工资的70%计发；连续工龄满4年不满6年的，按本人工资的80%计发；连续工龄满6年不满8年的，按本人工资的90%计发；连续工龄满8年及以上的，按本人工资的100%计发。

职工疾病或非因工负伤连续休假超过6个月的，由企业支付疾病救济费，其中连续工龄不满1年的，按本人工资的40%计发；连续工龄满1年不满3年的，按本人工资的50%计发；连续工龄满3年及以上的，按本人工资的60%计发。

本人工资按职工正常情况下实得工资的70%计算。

具体计算时，可按病假工资 =（计算基数 ÷21.75）× 计算系数 × 病假天数来进行计算。假设某员工月工资为5 000元，该员工的连续工龄为3年，病休期间为2020年3月1日至2020年3月20日。

那么该员工的病假工资计算基数为5 000×70%=3 500（元）。根据上海地区病假工资的规定，该员工的病假工资应为3 500÷21.75×70%×15（2020年3月1日至2020年3月20日工作日为15天）=1 689.65（元）。

在上述计算中，之所以病假天数要按15天来计算，这是因为《上海市劳动和社会保障局关于病假工资计算的公告》规定：职工疾病或非因工负伤休假日数应按实际休假日数计算，连续休假期内含有休息日、节假日的应予剔除。

若是北京地区的企业，在企业与员工无任何约定的情况下，病假日工资则按北京最低工资标准 ÷21.75×80% 来计算。

5.2.6　未休带薪年假工资报酬的计算

对于依法享受带薪年假，但企业应工作需要未能安排员工享受带薪年假的，企业应支付员工未休年假的工资报酬，具体的工资报酬根据《企业职工带薪年休假实施办法》的规定执行：

第十条 用人单位经职工同意不安排年休假或者安排职工年休假天数少于应休年休假天数，应当在本年度内对职工应休未休年休假天数，按照其日工资收入的300%支付未休年休假工资报酬，其中包含用人单位支付职工正常工作期间的工资收入。

实践中，部分企业会以员工正常工资作为未休年假的补偿，但这仅针对企业安排了年休假，但员工自愿放弃年休假的情形，根据《企业职工带薪年休假实施办法》第十条规定：

用人单位安排职工休年休假，但是职工因本人原因且书面提出不休年休假的，用人单位可以只支付其正常工作期间的工资收入。

在日常工作中，可能存在员工未主动申请休年假，企业视为员工自愿放弃年休假的情形。在该种情形下，如果企业不能提供员工自愿放弃年休假的证明，那么仍会面临支付日工资收入 300% 的未休年休假工资报酬风险。

因此，为避免以上风险，对于员工自愿放弃年休假的，企业应要求员工书面提交自愿放弃年休假申请书。在自愿放弃年休假申请书中要写明是因员工个人原因放弃年休假，而不是工作原因。

如果在申请书中写明的是：因工作原因无法休假。那么即使员工签署了申请书，企业仍需支付日工资收入 300% 的未休年假工资。如图 5-4 所示为自愿放弃年休假申请书。

自愿放弃年休假申请书

______单位（部门）领导：

本人已熟知《职工带薪年休假条例》《企业职工带薪年休假实施办法》及××公司带薪年休假相关规定，了解个人放弃休假后应享受的工资待遇，但因个人原因，申请放弃本年度未休年休假___天。

申请人：

_____年_____月_____日

图 5-4

5.3 奖金津贴发放中的风险控制

奖金津贴也是员工工资总额的组成部分。在薪酬管理中，企业应在符合相关法律法规规定的同时，对奖金和津贴的范围作出界定，明确发放的方式和条件。

5.3.1 年终奖规则设计存在的漏洞

年终奖是企业在年末时发放给员工的奖金，由于年终奖并不是企业的法定义务，因此其发放数额的多少及发放的标准企业可以自主规定。不少企业在进行年终奖管理时，由于对年终奖缺乏必要的认识，导致年终奖的发放存在以下常见的漏洞。

（1）未明确年终奖发放标准

年终奖并不是企业的法定义务，企业可以根据自身情况与员工约定或不约定年终奖。如果在劳动合同或者规章制度中明确了要发放年终奖，那么年终奖就需按约定发放。

在实践中，未明确年终奖的发放标准是企业年终奖管理中常见的漏洞，如某企业与 A 员工在劳动合同中约定：年终奖根据乙方工作表现来发放。该约定容易导致员工与企业就年终奖发放与否、金额的多少产生争议，另外，如果员工中途离职，也可能因年终奖的发放产生纠纷。

由于年终奖也属于劳动报酬的一部分，因此，对年终奖有约定的，但计发标准不明确的，适用于《劳动合同法》第十八条的规定。如果企业与员工协商不成，且集体合同中也没有对年终奖作出规定的，则按照同工同酬原则来发放年终奖。

若企业在劳动合同或规章制度中明确了年终奖的计发标准，则按照劳动合同和规章制度的规定来执行，如在企业的《年终奖发放制度》中明确规定：年终奖发放前，员工中途离职的，不享有年终奖。那么员工中途离职，企业不用支付离职员工年终奖。

因此，为避免因年终奖的发放产生纠纷，企业应在劳动合同或规章制度中明确约定年终奖的适用范围、发放方式、时间、条件等。按照规章制度执行年终奖发放标准的，需通过民主程序，以保证规章制度对劳动者生效。

（2）年终奖与年底双薪混为一谈

不少企业会将年底双薪与年终奖混为一谈，在实际发放年终奖时，也按照年底双薪来发放。从法律角度来看，年底双薪与年终奖有很大的不同，年底双薪是指员工在年底时可以享有两个月的薪水，即“第 13 个月工资”，本质上属于工资。而年终奖是指员工取得的全年一次性奖金。

对于年终奖和年底双薪，企业都有自主管理权，可以根据自身情况决定是否发放。但年终奖的发放标准一般与企业的经营状况、员工工作绩效有关，而年底双薪的支付标准会根据员工的工资收入来确定，企业在制定薪酬管理制度时，要注意区分两者。

知识延伸 | 注意部分地区对于年终奖的特殊规定

对于年终奖的支付，部分地区的法律法规中有特殊的规定，如《深圳市员工工资支付条例》第十四条规定：员工工资应当从用人单位与员工建立劳动关系之日起计发至劳动关系解除或者终止之日。劳动关系解除或者终止时，员工月度奖、季度奖、年终奖等支付周期未满的工资，按照员工实际工作时间折算计发。

根据上述规定，如果深圳地区的企业在《年终奖管理制度》中规定中途离职员工不享有年终奖，是不成立的。

5.3.2 高温津贴如何发才合理合法

高温津贴是对从事高温作业的员工依法可享受的岗位津贴，有明确的发放对象和标准。根据《防暑降温措施管理办法》第十七条规定：

用人单位安排劳动者在35℃以上高温天气从事室外露天作业及不能采取有效措施将工作场所温度降低到33℃以下的，应当向劳动者发放高温津贴，并纳入工资总额。

上述规定明确了高温津贴的发放对象和标准，由于各地天气的差异，不同地区对于高温津贴的发放标准也有所不同，企业应根据当地规定的标准来发放高温津贴。如北京地区高温津贴的发放时间为 6~8 月，室外露天作业高温津贴金额为每人每月不低于 180 元，在 33℃（含）以上室内工作场所作业的，每人每月不低于 120 元。

而河北地区高温津贴的发放时间则分为两个时间段，冬季取暖期标准不超过 4 个月（含 4 个月）的市、区、县（市），高温津贴的发放时间为 5 月 21 日 ~8 月 31 日，冬季取暖期标准超过 4 个月（不含 4 个月）的市、区、县（市），为 6 月 11 日 ~8 月 20 日。室外露天作业的每人每小时（含加班加点）2 元，室内工作场所作业的，每人每小时（含加班加点）1.5 元。

随着气候的变化，各地的高温津贴标准也可能发生调整，企业在发放员工高温津贴时，要根据当地当年度的高温津贴标准来执行，如上海在 2019 年时将高温津贴的发放标准由 200 元 / 月调整为了 300 元 / 月，发放时间为 6 月 1 日 ~9 月 30 日，具体可通过当地人社部或政务官网查询。

知识延伸 | 给员工发饮料是否可抵高温津贴

根据《防暑降温措施管理办法》第十一条规定：用人单位应当为高温作业、高温天气作业的劳动者供给足够的、符合卫生标准的防暑降温饮料及必需的药品。不得以发放钱物替代提供防暑降温饮料。防暑降温饮料不得充抵高温津贴。因此，企业不能用饮料来冲抵员工的高温津贴。

5.3.3 企业女职工生育津贴的发放

生育津贴是企业女员工可以享受的法定权利，根据《女职工劳动保护特别规定》第八条规定：

女职工产假期间的生育津贴，对已经参加生育保险的，按照用人单位上年度职工月平均工资的标准由生育保险基金支付；对未参加生育保险的，按照女职工产假前工资的标准由用人单位支付。

由此可见，生育津贴的发放分为两种情况，对于已经参加生育保险的女员工，其生育津贴由国家社会保险经办机构发放；对于未参加生育保险的女员工，生育津贴由企业支付。下面重点介绍已参加生育保险的情况。

生育津贴是女职工可以享有的生育保险待遇，根据《社会保险法》第五十六条规定，职工有下列情形之一的，可以按照国家规定享受生育津贴：

（一）女职工生育享受产假；

（二）享受计划生育手术休假；

（三）法律、法规规定的其他情形。

需要注意，生育津贴和产假工资并不等同，产假工资是由企业发放的，而生育津贴是由医疗保险基金支付的。在性质上，生育津贴是生活费用补偿，产假工资是员工休产假期间的工资。虽说两者并不相同，但不代表员工可以同时享受生育津贴和产假工资，因为生育津贴包含产假工资，实践中两者常常合二为一。

生育津贴一般由企业垫付，然后由社会保险经办机构拨付给企业。在具体发放生育津贴或产假工资时，企业应根据就高原则发放。即当生育津贴高于产假工资时，若企业发放了产假工资，还需要将生育津贴余额支付给员工；当生育津贴低于产假工资时，员工在领取生育津贴后，企业应补发产假工资差额。

对于上述处理原则，在各地的《生育保险规定》中一般都有相关规定，如《广东省职工生育保险规定》第十七条规定：

职工按照规定享受产假或者计划生育手术休假期间，其生育津贴由用人单位按照职工原工资标准逐月垫付，再由社会保险经办机构按照规定拨付给用人单位。有条件的统筹地区可以由社会保险经办机构委托金融机构将生育津贴直接发放给职工。

职工已享受生育津贴的，视同用人单位已经支付相应数额的工资。生育津贴高于职工原工资标准的，用人单位应当将生育津贴余额支付给职工；生育津贴低于职工原工资标准的，差额部分由用人单位补足。

职工依法享受的生育津贴，按规定免征个人所得税。

本条所称职工原工资标准，是指职工依法享受产假或者计划生育手术休假前12个月的月平均工资。职工依法享受假期前参加工作未满12个月的，按其实际参加工作的月份数计算。

并不是所有女员工都可以申领生育津贴，只有当企业为女员工累计缴纳生育保险费满 12 个月（有的地区为分娩前生育保险连续缴费满 9 个月，如北京），且符合计划生育相关规定的才能领取生育津贴。

目前，部分地区开通了生育津贴网上申领通道，企业可通过当地社会保险网上服务平台或者政务服务网在线申报。不同地区申领生育津贴所需提供的材料会有所不同，一般需要提供职工生育保险待遇申请表、医学诊断证明书、生育服务证、婴儿出生医学证明等材料。

5.4 按规定标准支付加班工资

当员工在工作中延长了工作时间提供劳动，就会涉及加班工资的支付问题。员工的工资基数会影响加班费的具体金额。另外，根据加班类型的不同，员工加班工资的核算标准也会不同。

5.4.1　不同工时制下的加班费核算

在标准工时制、综合工时制、不定时工时制下，加班费的核算会有所不同，下面具体来看看。

◆ 标准工时制

在标准工时制下，员工加班费的核算分为 3 种情况：一是在工作日安排员工加班，按不低于员工工资 150% 的标准支付加班费；二是在休息日安排员工加班，且不能安排补休的，按不低于员工工资 200% 的标准支付加班费；三是法定休假日安排员工加班的，按不低于员工工资 300% 的标准支付加班费。

假设某标准工时员工的月工资为 5 000 元，企业安排员工在元旦节加班一天，那么该员工的加班类型为法定节假日加班，其加班工资 = 5 000 ÷ 21.75 × 300% × 1=689.66（元）。

对于在工作日安排员工加班的，则需要将日基本工资换算为小时工资，再计算加班工资。同样以员工的月基本工资为 5 000 元为例，假设企业安排员工在周一延长工作 3 小时，那么该员工的加工资 =5 000÷（21.75×8）×150%×3=129.31（元）。

◆ 综合工时制

对于实行综合工时制的员工，其综合计算工作时间超过法定标准工作时间的部分应按不低于员工工资 150% 的标准核算加班费，对于法定节假日安排加班的，同样按不低于员工工资 300% 的标准支付。

假设某综合工时制员工以月为周期计算工时，其工资为 5 000 元 / 月，其工作时长分别为第一周 40 小时，第二周 18 小时，第三周 42 小时，第 4 周 46 小时，那么其加班时长为（40+48+43+46）−166.64=10.36（小时）。该员工加班工资 =5 000÷（21.75×8）×150%×10.36=446.55（元）。

◆ 不定时工时制

对于不定时工时制员工，其不适用于延时加班工资、休息日加班工资的规定，但对法定节假日安排加班的，各地标准不一，具体应根据当地的规定来确定。

5.4.2 计件工资制员工加班费核算

计件工资制是按劳动成果来确定员工工资的一种工资制度，其优势在于可以激励员工多劳多得。这里需要注意，计件工资制不等于不定时工时制，两者不应混淆。

对于实行计件工资制的员工，《劳动法》第三十七条对其劳动报酬的支付标准有以下规定：

对实行计件工作的劳动者，用人单位应当根据本法第三十六条规定的工时制度合理确定其劳动定额和计件报酬标准。

《劳动法》中并没有对计件工资制员工的加班工资作出明确规定，但《工资支付暂行规定》第十三条有以下规定：

实行计件工资的劳动者，在完成计件定额任务后，由用人单位安排延长工作时间的，应根据上述规定的原则，分别按照不低于其本人法定工作时间计件单价的150%、200%、300%支付其工资。

根据上述规定，实行计件工资制的员工也可以获得加班工资，但要满足两个条件：一是员工完成了计件定额任务；二是企业安排员工延长工作时间。实践中，可能存在企业没有与员工约定计件定额标准，采用纯计件的方式来核算员工工资，如只按件数 × 单价来计算工资，这种情况下就存在是否需要支付加班工资的问题。

针对以上情形，一般要将员工工资按标准工时折算，若不低于最低工资标准，则视为企业支付了加班工资。如《广州中院关于审理劳动争议案件的参考意见》（2009 年）第七条：

实行劳动计件工资的，但根据现在证据无法查明正常工作时间工作定额的，且按照劳动者的月工资数额、工作时间和法定加班倍数折算出的月标准工时工资数额不低于当地最低工资标准的，则可视为劳动者在延长工作时间、休息日和法定节假日工作的劳动报酬具有加班工资性质，认定用人单位支付的工资中已包含了加班工资。

为避免员工与企业因计件工资制下加班工资的发放产生纠纷，企业应明确计件定额标准。从员工管理的角度来看，明确的计件定额也能对员工产生约束力，提高工作效率。

在计件定额标准合理的情形下，若员工是因在法定工作时间内没有完成定额任务而延长工作时间的，那么企业不需要支付加班工资。另外，在法定工作时间内，员工超额完成计件定额标准的，企业也无需支付加班工资。

计件工资制下，加班工资是按计件单价的150%、200%、300%来核算的，因此，企业应与员工约定合理的计件单价。另外，在计件工资制下，企业仍需遵循法定工作时间的规定。

知识延伸｜计件工资制下规定的劳动定额标准需合理

对于实行计件工资制的企业，应合理确定员工的劳动定额标准。若劳动定额标准不合理，会面临支付加班费等法律风险。一般认为，合理的劳动定额标准应是能确保绝大部分员工在法定工作时间内能完成工作任务的。如《江苏省工资支付条例》第十一条规定：实行计件工资制的，用人单位确定、调整劳动定额或者计件报酬标准应当遵循科学合理的原则；确定、调整的劳动定额应当使本单位同岗位百分之九十以上劳动者在法定工作时间内能够完成。

5.5 工资调整与扣罚争议处理

工资调整与扣罚是大多数管理者容易头疼的问题，若处理不当，不仅会引起员工的不满及抱怨，还会让企业陷入劳动纠纷。因此，企业调整或扣罚员工工资时，应注意加强法律风险管理。

5.5.1 企业调整岗位工资的两种方式

在企业管理过程中，可能会因为业务转型、薪酬体系优化等，需要对员工的工资进行调整。对员工进行调薪，可以采用两种方式：一是与员工协商一致；二是在符合相关法律法规的规定前提下，单方面对员工工资进行调整。

（1）与员工协商一致

企业对员工进行涨薪、降薪、工资结构的调整，都可以通过协商的方式来进行，双方若协商一致就劳动合同中约定的劳动报酬进行变更，那么新约定的薪酬方案对双方都具有效力。需要注意，变更劳动合同仍需采用书面形式，双方各执一份。如果企业要大范围地进行薪酬调整，那么根据《劳动合同法》第四条的规定，须经过民主协商流程。

用人单位在制定、修改或者决定有关劳动报酬、工作时间、休息休假、劳动安全卫生、保险福利、职工培训、劳动纪律及劳动定额管理等直接涉及劳动者切身利益的规章制度或者重大事项时，应当经职工代表大会或者全体职工讨论，提出方案和意见，与工会或者职工代表平等协商确定。

（2）单方面进行员工工资调整

企业要单方面调整员工工资并不是不可以，但要有理有据，符合法律法规的规定。《劳动合同法》第四十条规定了用人单位提前三十日以书面形式通知劳动者本人或者额外支付劳动者一个月工资后，可以解除劳动合同的情形。在规定的几种情形中，可以看出《劳动合同法》赋予了企业单方面调整员工岗位的权利，包括劳动者不能胜任工作及劳动者患病或者非因工负伤，在规定的医疗期满后不能从事原工作。

员工岗位的调整必然会涉及薪酬的调整，在这种情况下，企业是可以单方面调整员工工资的。

另外，企业也可以在劳动合同或规章制度中明确约定调整员工工资的具体情形，只要该约定不违反法律法规的强制性规定，那么企业就可以在满足薪酬调整的情形下，对员工的工资进行调整，如某企业在薪酬管理制度中对员工调薪事由及调薪幅度作出了以下规定。

二、年度绩效考核调薪

公司每年度的7月1日，针对公司全体员工统一做一次薪酬调整，由管理部负责发放年度绩效考核表给各部门主管（负责人）及上级主管，对员工上一年度的工作绩效进行考核，考核分数分5个等级进行强制分布，根据考核等级确定员工的年度调薪幅度。员工年度绩效考核调薪幅度如下：

考核等级	A 级（优秀）	B 级（良好）	C 级尚可	D 级（一般）
对应分数	90 分及以上	89 分 ~80 分	79 分 ~70 分	69 分 ~60 分
调薪比例	16%~20%	11%~15%	6%~10%	0%~5%
所占人数强制比例	20%	30%	30%	10%
审批权限	部门主管提出申请，人力资源部审核，总经理审批			

一般来说，企业对员工的岗位工资进行上调，员工不会有异议，但如果企业要单方面降薪，就可能得不到员工的认可。因此，企业单方面调薪应有理有据，这样才能让薪酬调整合法有效。

5.5.2 企业可以代扣员工工资吗

根据企业代扣员工工资的情形来看，如果有法律依据代扣工资的，那么就是合法的，反之就是违法行为。根据《工资支付暂行规定》第十五条：

用人单位不得克扣劳动者工资。有下列情况之一的，用人单位可以代扣劳动者工资：

（1）用人单位代扣代缴的个人所得税；

（2）用人单位代扣代缴的应由劳动者个人负担的各项社会保险费用；

（3）法院判决、裁定中要求代扣的抚养费、赡养费；

（4）法律、法规规定可以从劳动者工资中扣除的其他费用。

上述规定明确了企业可以代扣员工工资的几种情形，除了以上几种情形外，符合《工资支付暂行规定》第十六条规定的，也可以代扣员工工资：

因劳动者本人原因给用人单位造成经济损失的，用人单位可按照劳动合同的约定要求其赔偿经济损失。经济损失的赔偿，可从劳动者本人的工资中扣除。但每月扣除的部分不得超过劳动者当月工资的20%。若扣除后的剩余工资部分低于当地月最低工资标准，则按最低工资标准支付。

针对上述规定企业要注意，员工给企业造成经济损失的认定，并不是企业单方面说了算。如果员工不认可自身给企业造成了经济损失，企业代扣员工工资就会引发劳动纠纷。在对由谁造成的经济损失存在争议的情况下，可通过仲裁或诉讼程序来认定。如果员工认可自身原因给企业造成了经济损失，那么企业可以代扣员工的工资，但代扣工资的数额要符合《工资支付暂行规定》第十六条的规定。

5.5.3　工资扣罚规定和法律风险

扣罚员工工资在用工管理中是比较常见的。通常情况下，企业扣罚员工工资都是依据规章制度来执行的，企业要保证扣罚工资的行为合法合理，那么制定的规章制度就要符合相关法律法规的规定且经过民主程序。比较常见的企业扣罚员工工资的情形有以下几种。

（1）请事假

大多数地区的《工资支付规定》中明确了员工请事假企业可以不支付工资，但对于是否可以扣减工资却没有明确的规定。实践中，大多数企业的做法是按规章制度中规定的请事假扣除 × 元的工资。

对于请事假扣减工资的规定，企业应做到合情合理，如果扣减事假工资的规定过于苛刻，就可能涉嫌克扣员工工资。如某企业规定请一天事假扣 3 倍工资，该规定就是不合法的，司法实务中一般会认为该规定剥夺了员工获得劳动报酬的权利。以《江西省工资支付规定》为例，对于事假有以下规定：

第二十四条 劳动者在事假期间，用人单位可以不支付工资，但不得扣减事假以外其他期间的工资。

由此可见，企业规定请一天事假扣 3 倍工资就属于扣减了员工事假以外其他期间的工资，是违法规定。员工如果请事假，企业可以规定请一天事假扣减当天的日薪，或者根据企业的具体情况来规定扣减工资的数额，但需合情合理。另外，如果企业设有全勤奖，也可以规定请事假要扣减全勤奖。

（2）请病假

不少企业认为员工在病假期间并未提供劳动，因此请病假也要扣减工资，如规定病假期间按病假天数全额扣减日岗位工资。员工请病假，企业可以不支付全额工资，但扣减后员工所得的工资，应符合法律法规关于病假工资的规定，具体可参考前面章节的内容。

（3）员工违纪

为了规范员工的行为，企业通常会在规章制度中规定员工违纪扣罚工资的情形及数额，如上班迟到罚 × 元、旷工罚 × 元、绩效考核不合格罚 × 元等。

对于员工违纪企业是否可以扣罚工资，还存在争议，部分地区规定企业可以对违纪员工进行经济处罚，如《深圳市员工工资支付条例》第三十四条：

用人单位可以从员工工资中扣减下列费用：

（一）员工赔偿因本人原因造成用人单位经济损失的费用；

（二）用人单位按照依法制定的规章制度对员工进行的违纪经济处罚；

（三）经员工本人同意的其他费用。

用人单位每月扣减前款第（一）、（二）项费用后的员工工资余额不得低于最低工资。

而在《企业职工奖惩条例》废止后，相关法律法规并没有统一规定企业拥有“罚款”权，但同时也没有禁止企业不得通过规章制度对违纪员工进行“罚款”，因此，如果企业因员工违纪对其进行工资扣罚，存在一定的法律风险。

在司法实务中，针对企业对违纪员工扣罚工资而产生的劳动争议，也存在不同的裁判看法。建议企业结合当地相关规定及裁判精神来确立员工违纪的处罚规定，如当月累计旷工 7 天，可以辞退员工，对于存在争议的“罚款”则最好不予设定。

从员工管理的角度来看，扣罚工资并不是企业唯一可实行的内部管理手段，企业还可通过建立结构工资制、绩效奖金制度的方式来实现员工工作行为的管理，因为奖金或绩效工资是企业设立的一种奖励，因此若员工违反相关规章制度时，企业可以相应地扣减奖金或绩效工资。

另外，对于严重违反企业规章制度的员工，企业可以根据《劳动合同法》第三十九条的规定与员工解除劳动合同。如果员工因自身的违纪行为给企业造成了经济损失，那么企业可以扣减员工工资。需要注意，这里的扣减工资是用于赔偿企业的损失，而不是“罚款”。

（4）未提前 30 天通知辞职

根据《劳动合同法》第三十七条规定：劳动者提前三十日以书面形式通知用人单位，可以解除劳动合同。劳动者在试用期内提前三日通知用人单位，可以解除劳动合同。

根据上述规定，员工辞职需提前通知企业。而对于员工急于辞职，而没有提前告知的行为，不少企业会以未履行告知义务为由扣除员工的部分工资。企业需明确，因员工即辞即走而扣减员工工资是不合法的。虽然《劳动合同法》第九十条规定：

劳动者违反本法规定解除劳动合同，或者违反劳动合同中约定的保密义务或者竞业限制，给用人单位造成损失的，应当承担赔偿责任。

根据上述规定，部分企业会以员工违法解除劳动合同，给企业造成了损失为由而扣其工资。但这里需明确一个前提条件，就是企业应提供证据证明损失存在，且员工的辞职行为与损失存在因果关系，否则是不能主张损失赔偿的。在不能举证的情况下，而扣除辞职员工工资是违法行为。而在实践中，员工即辞即走往往也很难举证证明其对企业造成了损失。

另外，企业在规章制度中规定“自动离职不支付剩余未付工资”“急辞扣除 50% 基本工资”也是违法的。

（5）停工停产

企业在经营过程中，可能会出现停工、停产的情况。在停工、停产期间，企业往往会扣减员工工资或者直接停发工资，以减轻自身的经济损失。那么这种做法是否合法呢？根据《工资支付暂行规定》第十二条：

非因劳动者原因造成单位停工、停产在一个工资支付周期内的，用人单位应按劳动合同规定的标准支付劳动者工资。超过一个工资支付周期的，若劳动者提供了正常劳动，则支付给劳动者的劳动报酬不得低于当地的最低工资标准；若劳动者没有提供正常劳动，应按国家有关规定办理。

也就是说，如果企业的停工、停产不是员工造成的，那么企业仍需支付员工工资，停工、停产在一个工资支付周期内的不能扣减员工工资。如企业因办公室装修停工了 15 天，这属于非劳动者原因造成的停工，企业是需要足额支付员工这 15 天工资的。

第六章

社会保险，做好保险风险应对和管控

社会保险是国家建立的一项基本的社会保障体系，对企业和员工都有重要的意义，企业应当按照国家的法律法规为员工办理社会保险，并在员工有需要的时候，保证员工能够享受到社会保险待遇。

6.1 依法办理社会保险

社会保险是社会保障制度的一个最重要的组成部分，通过国家立法强制建立社会保险基金，能对劳动关系的劳动者在丧失劳动能力或失业时给予必要的物质帮助。所以企业必须根据国家规定，为员工缴纳社会保险，这样才能留住人才，让员工有安全感。

6.1.1 社会保险的五大险种

社会保险主要项目包括养老保险、医疗保险、失业保险、工伤保险和生育保险，需要用人单位和劳动者本人共同缴纳，企业人力资源部只有清楚了解这五大险种才能真正明白社会保险对企业与员工的重要意义。

◆ 养老保险

养老保险是劳动者在达到法定退休年龄退休后，从政府和社会得到一定的经济补偿、物质帮助和服务的一项社会保险制度，其主要目的是为保障老年人的基本生活需求，为其提供稳定可靠的生活来源。其具备以下 3 个基本特点。

①由国家立法强制实行，企业和个人都必须参加，符合养老条件的人，可向社会保险部门领取养老金。

②养老保险费用来源一般由国家、单位和个人 3 方或单位和个人双方共同负担。

③养老保险具有社会性，影响很大，享受人多且时间较长，费用支出庞大。

◆ 医疗保险

医疗保险一般指基本医疗保险，是为了补偿劳动者因疾病风险造成的经济损失而建立的一项社会保险制度。通过用人单位与个人缴费，建立医疗保险基金，参保人员患病就诊发生医疗费用后，由医疗保险机构对其给予一定的经济补偿。

所有用人单位，包括企业（国有企业、集体企业、外商投资企业和私营企业等）、机关、事业单位、社会团体、民办非企业单位及其职工，都要参加基本医疗保险。

参加基本医疗保险的单位及个人，必须同时参加大额医疗保险，并按规定按时足额缴纳基本医疗保险费和大额医疗保险费，才能享受医疗保险的相关待遇。

◆ 失业保险

失业保险是国家通过立法强制实行的，由用人单位、职工个人缴费及国家财政补贴等渠道筹集资金建立的失业保险基金，对因失业而暂时中断生活来源的劳动者提供物质帮助的制度。失业保险的待遇包括以下 4 个方面。

①按月领取的失业保险金。

②领取失业保险金期间的医疗补助金。

③失业人员在领取失业保险金期间死亡的丧葬补助金和供养其配偶直系亲属的抚恤金。

④为失业人员在领取失业保险金期间开展职业培训、介绍的机构或接受职业培训、介绍的本人给予补偿，帮助其再就业。

◆ 工伤保险

工伤保险也称职业伤害保险，是指劳动者在工作中或在规定的特殊情况下，遭受意外伤害或患职业病导致暂时或永久丧失劳动能力及死亡时，劳动者或其遗属从国家和社会获得物质帮助的一种社会保险制度。

工伤保险费由用人单位缴纳，对于工伤事故发生率较高的行业，工伤保险费的征收费率高于一般标准，这样可以保障特殊行业员工的工伤保险待遇，并让企业加强风险意识，降低员工伤亡的概率。

工伤保险相较于其他社会保险，需要由专门的机构对工伤情况进行认定，而工伤保险的补偿待遇主要包括医疗、康复所需费用，也包括保障基本生活的费用。

◆ 生育保险

生育保险是通过国家立法规定，在职女性因生育子女而导致劳动力暂时中断时，由国家和社会及时给予物质帮助的一项社会保险制度。生育保险待遇主要包括两项：一是生育津贴；二是生育医疗待遇。

生育保险基金由用人单位缴纳的生育保险费及其利息及滞纳金组成。所有用人单位（包括各类机关、社会团体、企业、事业、民办非企业单位）及其职工都要参加生育保险。生育保险由用人单位统一缴纳，职工个人不缴纳生育保险费。

通过对 5 项社会保险的了解，可见基本的社会保险对员工本人和社会运转都有重要的意义，所以企业要重视社会保险。

6.1.2 不按规定缴纳社保的法律风险

用人单位为员工缴纳社会保险是法律明确规定的义务，也是整个社会的共识，凡是正规的企业都会依照当地的社保缴纳标准为本单位员工缴纳社保，否则便会承担一定的法律风险。而在《劳动法》与《社会保险法》中都对企业缴纳义务作了规定。

（1）员工有权解除劳动合同，并要求用人单位支付赔偿金

若是企业未为员工缴纳社会保险，员工有权按《劳动合同法》规定解除劳动合同并让企业支付经济补偿金。

《劳动合同法》第三十八条规定：用人单位有下列情形之一的，劳动者可以解除劳动合同：（三）未依法为劳动者缴纳社会保险费的。

第四十六条规定：有下列情形之一的，用人单位应当向劳动者支付经济补偿：（一）劳动者依照本法第三十八条规定解除劳动合同的。

（2）劳动行政部门与社保机构对用人单位进行行政处罚

除了员工个人主张外，一旦相关机构督查到企业没有按照规定为员工缴纳社会保险，企业需要补缴相关费用，包括以下一些。

①社会保险费补足金额。

根据《社会保险法》第六十二条规定：用人单位未按规定申报应当缴纳的社会保险费数额的，按照该单位上月缴费额的百分之一百一十确定应当缴纳数额；缴费单位补办申报手续后，由社会保险费征收机构按照规定结算。

②未缴滞纳金。

根据《劳动法》第一百条规定：用人单位无故不缴纳社会保险费的，由劳动行政部门责令其限期缴纳；逾期不缴的，可以加收滞纳金。

③欠缴罚款。

根据《社会保险法》第八十六条规定：用人单位未按时足额缴纳社会保险费的，由社会保险费征收机构责令限期缴纳或者补足，并自欠缴之日起，按日加收万分之五的滞纳金；逾期仍不缴纳的，由有关行政部门处欠缴数额一倍以上三倍以下的罚款。

④拍卖公司资产抵缴社会保险费。

根据《社会保险法》第六十三条规定：用人单位未按时足额缴纳社会保险费的，由社会保险费征收机构责令其限期缴纳或者补足。

用人单位逾期仍未缴纳或者补足社会保险费的，社会保险费征收机构可以向银行和其他金融机构查询其存款账户；并可以申请县级以上有关行政部门作出划拨社会保险费的决定，书面通知其开户银行或者其他金融机构划拨社会保险费。用人单位账户余额少于应当缴纳的社会保险费的，社会保险费征收机构可以要求该用人单位提供担保，签订延期缴费协议。

用人单位未足额缴纳社会保险费且未提供担保的，社会保险费征收机构可以申请人民法院扣押、查封、拍卖其价值相当于应当缴纳社会保险费的财产，以拍卖所得抵缴社会保险费。

6.1.3　员工自愿放弃社保也存在风险

张某大学刚刚毕业，由于是文学专业的学生，所以选择了一家新媒体文化企业工作。入职后，公司人力资源部曾多次通知张某尽快办理社保，不过刚刚进入职场的张某觉得自己工资低，每月还要再扣除一部分的社保费用，很不划算，于是提出想要以现金代替社保缴纳。

人力资源部为了工作简便，也同意了张某的意见，为了保险起见，张某签订了自愿放弃社保协议书，这样公司以现金的形式将每月应缴纳的社保费用发放给员工。不过，一年以后，张某在上班途中出了车祸，需要进行手术，并在医院治疗了一个月，医疗费、住院费共计13 246元，由于张某没有什么经济能力，由其家人、朋友垫付。

出院后，张某便回到公司要求公司支付相关费用。公司认为自己已将社保费用通过现金形式发放，自身并不承担任何责任。所以双方闹上法庭，仲裁委和一审法院认为公司未缴社保导致张某不能报销医疗费用，需承担责任，最后判决公司需支付张某医疗费用13 246元。

从上例可知，由于缴纳社保是法律强制性规定的义务，就算员工自愿放弃社保，公司也要承担未为员工缴纳社保的法律风险，且还要赔偿相应的损失。

根据《劳动法》第七十二条规定：用人单位和劳动者必须依法参加社会保险，缴纳社会保险费。

所以员工一旦入职，企业就要为其缴纳社保，而在招聘员工时难免会遇到不愿缴纳社保的员工。这时，企业 HR 就要通过一些有效的方法来保证说服员工。

- 以缴纳社保作为录用条件，提出员工上交社保办理材料的要求。
- 完善企业的社保缴纳规定，对于不按时上交有关办理材料的员工，公司可以解除劳动合同。

6.1.4　如何为员工依法办理社会保险

员工与企业签订劳动合同，正式入职后，企业就要根据相关规定为其办理社保，具体流程如图 6–1 所示。

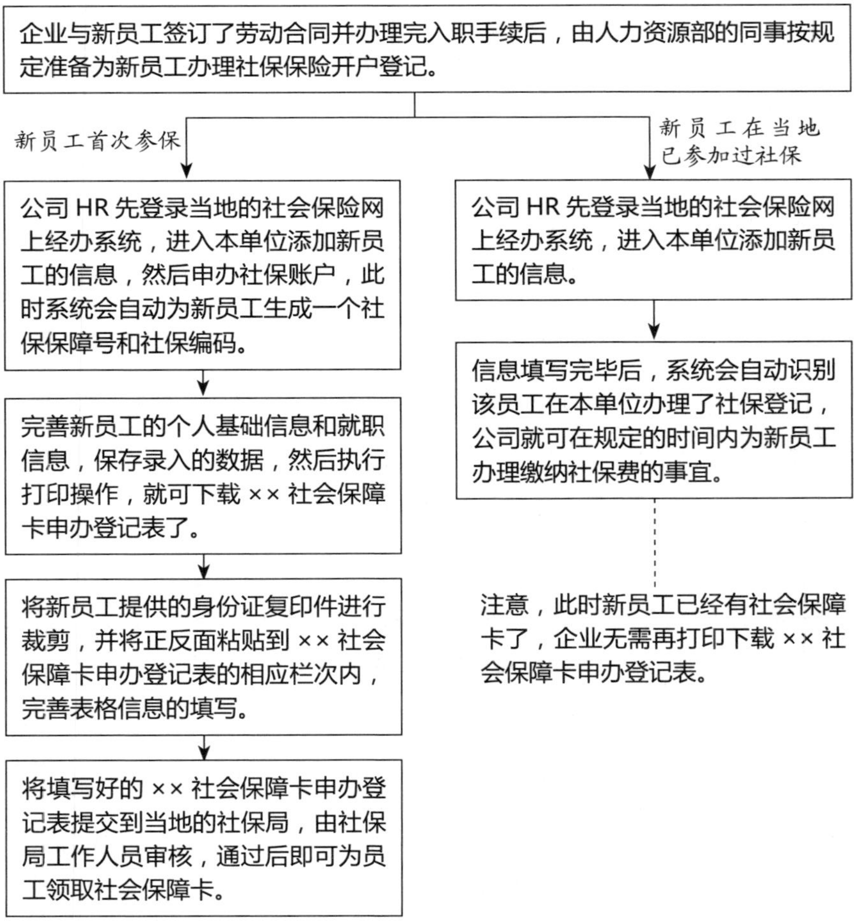

图 6–1

现在，由于网上系统的发展，企业办理社保手续已经非常简便了，只要在网上填写好资料，再到社保局进行审核就可以了。

6.1.5 试用期员工可以约定不缴纳社保吗

李某最近被应聘到某食品公司担任行政主管，按照公司的惯例需要李某通过3个月的试用期考核，在此期间公司没有为李某缴纳社保。在通过考核正式入职后，李某向公司提出为其缴纳试用期的社保费用，却遭到了公司的拒绝。

于是，李某向人事劳动争议仲裁委员会申请仲裁，要求公司替自己缴纳试用期的社保费用。

上述案例中的企业做法是正确的吗？是否会违反国家有关法律呢？这一点是企业人力资源部需要重点了解的。

首先要明确试用期内员工与企业是否存在劳动关系，根据《劳动合同法》第十条规定：

已建立劳动关系，未同时订立书面劳动合同的，应当自用工之日起一个月内订立书面劳动合同。

而根据《劳动合同法》第十九条规定：

劳动合同期限三个月以上不满一年的，试用期不得超过一个月；劳动合同期限一年以上不满三年的，试用期不得超过二个月；三年以上固定期限和无固定期限的劳动合同，试用期不得超过六个月。

同一用人单位与同一劳动者只能约定一次试用期。

所以企业必须按照法律规定与员工约定试用期，并且劳动合同内进行约定，这样便建立的用工关系。在建立用工关系后，企业就要为员工缴纳社保了。根据《社会保险法》第五十八条规定：

用人单位应当自用工之日起三十日内为其职工向社会保险经办机构申请

办理社会保险登记。未办理社会保险登记的，由社会保险经办机构核定其应当缴纳的社会保险费。

这样，企业人力资源部可以了解到试用期是包含在劳动合同期限内的，企业要履行为员工缴纳社保费用的义务。

知识延伸｜企业委托第三方代缴社会保险

根据《中华人民共和国社会保险法》第五十七条规定：用人单位应当自成立之日起三十日内凭营业执照、登记证书或者单位印章，向当地社会保险经办机构申请办理社会保险登记。社会保险经办机构应当自收到申请之日起十五日内予以审核，发给社会保险登记证件。

从上述法律规定可以了解到，企业办理社会保险登记需遵循属地管理，即办理登记和进行缴费的都是用人单位。如果用人单位委托第三方账户缴纳社保费用是不符合法律规定的，用人单位最好避免此种情况出现，否则极易存在诉讼风险。

6.2 企业职工基本养老保险

职工基本养老保险是社会保险中的一个险种，一般来说用人单位应按照国家规定的本单位职工工资总额的比例缴纳基本养老保险费，计入基本养老保险统筹基金。

6.2.1　基本养老保险缴费的比例

为了保障居民年老后基本的生活水准，企业需要依照国家规定为员工缴纳社保，其中最重要也是最基本的就是养老保险。

职工基本养老保险分两个部分缴纳，一部分由用人单位缴纳，另一部分由职工本人缴纳。在新的政策下，企业缴纳部分的费率最高为16%，个人缴纳部分的费率为 8%，具体比例由省、自治区和直辖市人民政府确定。而缴费金额可通过如下公式计算：

缴费金额=缴费基数 × 缴费比例（即保险费率）

由公式可知，要计算缴纳的保费，除了需要知道保险费率，还需要确定缴费基数。而缴费基数指企业或职工个人用于计算缴纳社会保险费的工资基数，以这个基数乘以规定的费率，可得出企业或个人应缴纳的保费金额。

缴费基数会随着地区和经济水平的不同，有所区别。一般是按照职工上一年度 1 月至 12 月的所有工资性收入所得的月平均额来进行确定，每年确定一次，确定后一年内不得变动。

在实际缴纳时，当地的社保缴纳系统会直接计算出需要公司和个人缴纳的金额，公司不仅需要缴纳单位缴纳部分，还需要垫付员工个人缴纳部分金额，再从员工当月工资中扣除个人缴纳部分。如果国家规定的缴费基数或保险费率有变，或是特殊情况下对企业的减免政策，系统都会自动核算出对应的缴费，员工还可在支付宝中从查看单位和个人缴纳的社保金额，如图 6-2 所示。

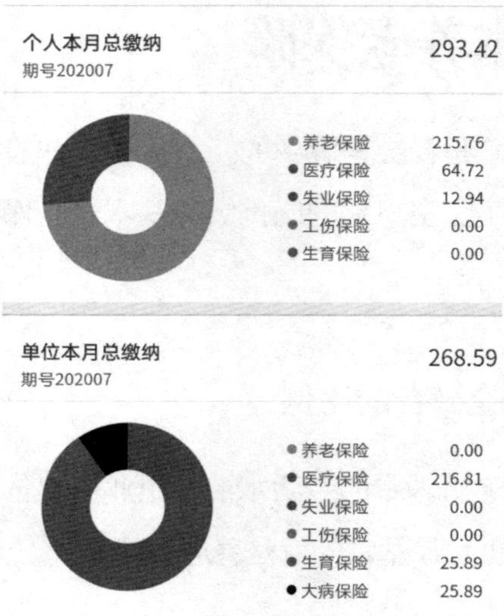

图 6-2

从上图我们可以得知，企业在缴纳养老保险时，系统并不会单独核算基本养老保险的计提与缴纳，而是与其他的社保项目一起核算。

不过，用人单位也可了解到社保的缴纳没有想象中那么复杂，企业只需按照当地的有关规定进行申报，相关社会保险经办机构会根据用人单位的申报，依法核定单位的社保缴费基数。

6.2.2　认识企业补充养老保险

企业补充养老保险是指由企业根据自身经济实力，在国家规定的实施政策和实施条件下为本企业职工所建立的一种辅助性的养老保险。它居于多层次的养老保险体系中的第二层次，由国家宏观指导、企业内部决策执行。

企业补充养老保险与基本养老保险既有区别又有联系。其区别主要体现在两种养老保险的层次和功能上的不同，其联系主要体现在两种养老保险的政策和水平相互联系、密不可分。

社会不断发展，不少城镇居民对物质文化生活的追求越来越高，加之老龄化人口比率不断攀升，社会、企业和员工个人对于养老保险也越来越看重，除了基本的养老保险，很多员工还希望自己的退休生活的收入水平不会降得太多。企业补充养老保险在某种程度上能够提高员工的退休生活质量，在基本养老的基础上，使员工的退休生活能更加富足。

企业补充养老保险也叫企业年金，关于企业年金有以下 3 点特点，用人单位应该有所了解。

①企业补充养老保险既不是社会保险，也不是商业保险，不具有强制性和盈利性，只是一项企业福利制度，可作为企业人力资源战略规划部分，为企业吸引更多优秀人才。

②企业补充养老保险的责任主体是企业，所以由企业或职工承担因实施

企业补充养老保险产生的所有风险，政府不直接干预企业补充养老保险的管理和基金运营，其主要职责是制定规则，依规监管。

③企业要建立补充养老保险必须依法参加了养老保险并履行缴费义务，且必须具有相应的经济负担能力。

可能很多用人单位会有一个错觉，即补充养老保险除了能提高员工退休生活质量，对于企业来说，并没有什么用处。其实不然，很多大企业或是发展中的企业都会设置企业年金，主要有两方面的意义。

- ◆ 增强企业竞争力，补充养老保险能够将员工的利益与企业的利益相结合，使优秀人才更愿意为企业付出，企业在无形之间就能获得人力资本。
- ◆ 增强企业凝聚力，通过提高对员工的保障来完善企业效益的分配和管理。

而企业在充足的资金支持下，可以考虑建立补充养老保险机制，而目前的企业补充养老保险有以下一些方面需要注意。

①采用个人账户积累模式。

②一般情况下，只有企业缴费，职工个人不缴费。

③缴费来源主要是企业的自有基金、奖励与福利基金，基本不能享受税收优惠政策。

④积累基金只能存银行、买国债，不能进行市场化投资。

⑤企业自愿建立，国家不强制。

6.3 企业职工基本医疗保险

企业职工基本医疗保险同样是社会保险制度中的险种之一，参保人员可以在患病就诊时得到医疗保险经办机构给予一定的经济补偿，在某种程度上能够减轻个人生活的负担。

6.3.1 未缴医疗保险员工生病的赔偿

周某在一家物业公司当保安，双方签订了劳动合同，期限为2020年3月15日至2022年3月15日。公司并未给他购买医疗保险，周某也一直没有提出异议。2020年6月，周某在上班时间由于处理住户纠纷，被小区宣传架砸伤，立即到医院治疗。由于周某腿部受伤，所以在医院医治了1个月，共花费了15 000元的医疗费。

因无力负担，周某要求公司承担医疗费用，却遭到了拒绝，周某便申请仲裁。

上例中，企业未依法为员工缴纳医疗保险，所以由仲裁庭依法判决该物业公司赔偿周某的相关医疗费用，包括如下 3 项。

①周某在生病住院期间所发生的医药费 15 000 元。

②周某在住院期间的月工资。

③周某出院后还需在家休息两个月，这期间的工资也需用人单位支付。

由此可见，企业不给员工购买医疗保险，不仅需要赔偿员工的医疗费用，还要负担员工在养病期间的生活补助费用，可谓得不偿失。

仲裁的几大要点，包括医疗期的确定、累计修养时间的确定、病历假期工资的确定及经济补偿金的确定，所涉及的相关法律法规如下。

根据《企业职工患病或非因工负伤医疗期规定》第三条规定：

企业职工因患病或非因工负伤，需要停止工作医疗时，根据本人实际参加工作年限和在本单位工作年限，给予三个月到二十四个月的医疗期：

（一）实际工作年限十年以下的，在本单位工作年限五年以下的为三个月；五年以上的为六个月。

（二）实际工作年限十年以上的，在本单位工作年限五年以下的为六个月；五年以上十年以下的为九个月；十年以上十五年以下的为十二个月；十五年以上二十年以下的为十八个月；二十年以上的为二十四个月。

第四条规定：医疗期三个月的按六个月内累计病休时间计算；六个月的按十二个月内累计病休时间计算；九个月的按十五个月内累计病休时间计算；十二个月的按十八个月内累计病休时间计算；十八个月的按二十四个月内累计病休时间计算；二十四个月的按三十个月内累计病休时间计算。

第五条规定：企业职工在医疗期内，其病假工资、疾病救济费和医疗待遇按照有关规定执行。

若要补偿员工在伤病期间的工资，则根据《中华人民共和国劳动保险条例实施细则修正草案》第十六条规定：

工人职员疾病或非因工负伤停止工作连续医疗期间在六个月以内者，根据劳动保险条例第十三条乙款的规定，应由该企业行政方面或资方按下列标准支付病伤假期工资：本企业工龄不满二年者，为本人工资百分之六十；已满二年不满四年者，为本人工资百分之七十；已满四年不满六年者，为本人工资百分之八十；已满六年不满八年者，为本人工资百分之九十；已满八年及八年以上者，为本人工资百分之一百。

若是用人单位因伤病与劳动者解除劳动合同，还需要按《劳动合同法》的相关规定向员工支付经济补偿金，至于支付多少也有法律条款规定，根据《劳动合同法》第四十七条规定：

经济补偿按劳动者在本单位工作的年限，每满一年支付一个月工资的标准向劳动者支付。六个月以上不满一年的，按一年计算；不满六个月的，向劳动者支付半个月工资的经济补偿。本条所称月工资是指劳动者在劳动合同解除或者终止前十二个月的平均工资。

6.3.2 基本医疗保险的缴费比例

基本医疗保险需要企业和个人分别缴纳保险费，与养老保险一样，该险种应缴纳保费金额需通过缴费基数和缴费比率来计算。

不过，全国各地不同地区适用的基本医疗保险费率和具体缴费基数都是不同的。当然，用人单位也不必太过困扰，只需按照缴费系统的提示缴纳即可。

需要注意的是，按照国家有关规定，职工个人缴纳的基本医疗保险全部划入个人账户，而单位缴纳的医保的一部分（一般占单位缴费的30%左右）划入个人账户。在职工生小病时，可以直接用医疗保险的个人账户支付医药费；如果需要住院治疗，就可利用基本医疗保险报销治疗费用。

知识延伸｜已退休员工基本医疗保险由谁缴

国家对医疗保险的缴费年限是有要求的，城镇职工基本医疗保险的缴费年限也是累计计算的，一般法律规定的缴纳年限是，男性满25年，女性满20年。根据《中华人民共和国社会保险法》第二十七条规定：

参加职工基本医疗保险的个人，达到法定退休年龄时累计缴费达到国家规定年限的，退休后不再缴纳基本医疗保险费，按照国家规定享受基本医疗保险待遇；未达到的，可以缴费至国家规定年限。

如果退休时没有达到法定的缴费年限，由用人单位造成的，需由用人单位进行补缴；如果是由个人造成的，须由个人继续缴至规定年限。

城镇职工医疗保险一般分为基本医疗保险费用和大病统筹费用两部分。员工退休前，由用人单位和个人共同缴费。员工正常退休，并满足缴纳年限后，可以不用再缴纳基本医疗保险费用，并享受医保报销待遇。不过大病统筹费用在退休后，也可以继续由个人缴纳，与用人单位无关。

6.4 企业职工失业保险

失业保险是指国家通过立法强制实行的，可以保障因失业暂时没有生活来源的居民的基本生活。对于企业职工来说，失业保险对其职业生涯是一种保护，能够带给其安全感。

6.4.1 失业人员领取失业金的条件

失业保险需要用人单位和职工个人分别缴纳，同样需要确定缴费基数和缴费比率，而不同地区失业保险缴费比率和缴费基数是不同的，用人单位实际操作时，可按当地社保缴纳系统规定进行缴纳。

在单位为员工缴纳了失业保险后，员工在什么情况下能够享受失业保险待遇呢？需要同时满足以下几个条件。

- 按规定参加了失业保险，所在单位和个人已按规定履行缴费义务满1年。
- 非因本人意愿中断就业的。
- 已办理失业登记，并有求职要求的。

其中，属于非因本人意愿中断就业的情况有以下一些。

- 终止劳动合同的。
- 被用人单位解除劳动合同的。
- 被用人单位开除、除名和辞退的。
- 因用人单位以暴力、威胁或者非法限制人身自由的手段强迫劳动、与用人单位解除劳动合同的。
- 因用人单位未按照劳动合同约定支付劳动报酬或者提供劳动条件，与用人单位解除劳动合同的。
- 法律法规另有规定的。

对于失业保险金的领取期限，相关法律法规也有规定，根据《社会保险法》第四十六条规定：

失业人员失业前用人单位和本人累计缴费满一年不足五年的，领取失业保险金的期限最长为十二个月；累计缴费满五年不足十年的，领取失业保险金的期限最长为十八个月；累计缴费十年以上的，领取失业保险金的期限最长为二十四个月。重新就业后，再次失业的，缴费时间重新计算，领取失业保险金的期限与前次失业应当领取而尚未领取的失业保险金的期限合并计算，最长不超过二十四个月。

需要用人单位和员工引起注意的是，失业人员领取失业保险金无等待期，但有最长给付期。

6.4.2 员工离职了，失业保险金去哪里领

员工离职后，一时之间找不到工作，便可以申领失业保险金，不过该去哪里领取呢？用人单位可顺便提醒员工，以免员工不清楚失业金的领取地点，带来不必要的麻烦。

一般来说，失业人员若是符合失业保险金申请条件，根据《失业保险金申领发放办法》第六条规定：

失业人员应在终止或者解除劳动合同之日起60日内到受理其单位失业保险业务的经办机构申领失业保险金。

当然，申请失业保险金，还需要提供失业人员相关材料，根据《失业保险金申领发放办法》第七条规定：

失业人员申领失业保险金应填写《失业保险金申领表》，并出示下列证明材料：（一）本人身份证明；（二）所在单位出具的终止或者解除劳动合同的证明；（三）失业登记；（四）省级劳动保障行政部门规定的其他材料。

当然，不同地区需提交的具体材料可能会有所不同，到时可以酌情补充。在失业人员领取失业保险金期间，发生何种情况应终止领取失业保险待遇呢？主要有以下 7 种情况。

①重新就业的。

②应征服兵役的。

③移居境外的。

④享受基本养老保险待遇的。

⑤被判刑收监执行或者被劳动教养的。

⑥无正当理由，拒不接受当地人民政府指定的部门或者机构介绍的工作的。

⑦由法律、行政法规规定的其他情形的。

6.5 企业职工生育保险

生育保险对于女性职工来说是一种非常重要且不能缺少的保险，能够让其在怀孕和分娩期间享受基本的经济和医疗保障。

6.5.1 生育保险的领取条件

生育保险和社保中的其他险种一样，需要通过缴费费率和缴费基数核算，且会因地区不同而不同。值得注意的是，生育保险由用人单位为职工缴纳，员工个人不需要缴纳。

企业为员工缴纳了生育保险，那么在什么样的情况下员工才能享受生育保险待遇呢？主要需要同时具备以下几个条件。

- ◆ 用人单位已为职工缴纳一定时间的社保。由于各地政策不同，所以要求缴纳的期限也不同，如北京市要求连续缴纳社保9个月，广州市要求累计缴纳社保1年，上海市要求生产当月在缴纳社保即可。
- ◆ 已办理参保备案，并在当地生育。
- ◆ 当地人社局要求的其他条件。

而职工享受的生育保险待遇包括生育医疗费和生育津贴，根据《企业职工生育保险试行办法》第六条规定：

女职工生育的检查费、接生费、手术费、住院费和药费由生育保险基金支付。超出规定的医疗服务费和药费（含自费药品和营养药品的药费）由职工个人负担。

女职工生育出院后，因生育引起疾病的医疗费，由生育保险基金支付；其他疾病的医疗费，按照医疗保险待遇的规定办理。女职工产假期满后，因病需要休息治疗的，按照有关病假待遇和医疗保险待遇规定办理。

6.5.2 生育保险应该如何报销

企业为员工缴纳了生育保险，员工只要满足相关条件就能享受生育保险待遇，不过很多人未必清楚报销生育保险的时间和流程，下面来看看具体的报销情况。

一般来说，员工可以在生产后的次月办理报销手续，最迟不要超过3个月。申请人需要提供相关材料到当地社保局办理报销手续。工作人员受理核准后，便会尽快支付生育医疗费和生育津贴。至于需要提供的材料，包括以下一些。

- ◆ 本人社保卡（必要）。
- ◆ 本人当地的银联储蓄卡（必要）。
- ◆ 生育女职工、计划生育手术职工本人身份证（原件及复印件）。

◆ 生育医疗费用票据、费用清单、门诊病历、出院小结等原始资料。

◆ 出院记录。

◆ 生育服务证。

◆ 出生证明。

由于地区的不同，可能会要求提供不同的材料，到时需要根据各地不同的规定提交相应的材料即可。

6.6 企业职工工伤保险

在日常的生活工作中，难免会出现什么意外情况，尤其是从事高危行业的职工，面临危险的概率可能比普通人高出几倍。为了保障员工的人身安全，让其安心为企业工作，用人单位会为员工购买工伤保险。

这样，员工在工作中或上下班途中受到伤害，导致暂时或永久失去劳动能力时，员工能够获得一定的物质帮助。

6.6.1 什么情形可以认定为工伤

员工在工作中受到伤害，需要物质支持当然要申请工伤保险，不过为了防止有人捏造事实，骗取工伤保险金，无论是用人单位还是社保机构，都需要对工伤事实进行认定。而确定工伤情况，首先要了解工伤情况的基本范围包括哪些？

根据《工伤保险条例》第十四条规定：

职工有下列情形之一的，应当认定为工伤：

（一）在工作时间和工作场所内，因工作原因受到事故伤害的；

（二）工作时间前后在工作场所内，从事与工作有关的预备性或者收尾性工作受到事故伤害的；

（三）在工作时间和工作场所内，因履行工作职责受到暴力等意外伤害的；

（四）患职业病的；

（五）因工外出期间，由于工作原因受到伤害或者发生事故下落不明的；

（六）在上下班途中，受到非本人主要责任的交通事故或者城市轨道交通、客运轮渡、火车事故伤害的；

（七）法律、行政法规规定应当认定为工伤的其他情形。

第十五条规定：

职工有下列情形之一的，视同工伤：

（一）在工作时间和工作岗位，突发疾病死亡或者在48小时之内经抢救无效死亡的；

（二）在抢险救灾等维护国家利益、公共利益活动中受到伤害的；

（三）职工原在军队服役，因战、因公负伤致残，已取得革命伤残军人证，到用人单位后旧伤复发的。

根据《企业职工工伤保险试行办法》第八条规定：

职工由于下列情形之一负伤、致残、死亡的，应当认定为工伤：

（一）从事本单位日常生产、工作或者本单位负责人临时指定的工作的，在紧急情况下，虽未经本单位负责人指定但从事直接关系本单位重大利益的工作的；

（二）经本单位负责人安排或者同意，从事与本单位有关的科学试验、发明创造和技术改进工作的；

（三）在生产工作环境中接触职业性有害因素造成职业病的；

（四）在生产工作的时间和区域内，由于不安全因素造成意外伤害的，或者由于工作紧张突发疾病造成死亡或经第一次抢救治疗后全部丧失劳动能力的；

（五）因履行职责遭致人身伤害的；

（六）从事抢险、救灾、救人等维护国家、社会和公众利益的活动的；

（七）因公、因战致残的军人复员转业到企业工作后旧伤复发的；

（八）因公外出期间，由于工作原因，遭受交通事故或其他意外事故造成伤害或者失踪的，或因突发疾病造成死亡或者经第一次抢救治疗后全部丧失劳动能力的；

（九）在上下班的规定时间和必经路线上，发生无本人责任或者非本人主要责任的道路交通机动车事故的；

（十）法律、法规规定的其他情形。

应该认定为工伤或者视同工伤的情况已经一目了然，那么哪些情况又不能视作工伤呢？

根据《企业职工工伤保险试行办法》第九条规定：

职工由于下列情形之一造成负伤、致残、死亡的，不应认定为工伤：

（一）犯罪或违法；

（二）自杀或自残；

（三）斗殴；

（四）酗酒；

（五）蓄意违章；

（六）法律、法规规定的其他情形。

按法律规定来看，在工作中因为意外事故、工作内容受伤或死亡的都可以认定为工伤，可以享受工伤保险待遇。

6.6.2　员工发生工伤了要怎么办

如果很不幸，在工作场所发生了意外，员工受到了伤害，需要就医和申请工伤保险，用人单位和员工需要做些什么，才能将伤害降到最低，让员工得到最大的帮助。主要有两件重要的事项需要用人单位及时做出反应。

（1）及时送医

在事故伤害发生后的第一时间，企业的部门主管、负责人应该拨打急救电话，将受伤员工及时送医救治，最好是社保定点医院。当然，如不能满足条件先就近医治，等情况稳定后再转院也可。

（2）及时申请工伤认定

用人单位和员工都有申请工伤认定的资格，从公司的利益和人道主义来看，公司都应该及时申请工伤认定。根据《工伤保险条例》第十七条规定：

职工发生事故伤害或者按照职业病防治法规定被诊断、鉴定为职业病，所在单位应当自事故伤害发生之日或者被诊断、鉴定为职业病之日起30日内，向统筹地区社会保险行政部门提出工伤认定申请。遇有特殊情况，经报社会保险行政部门同意，申请时限可以适当延长。

用人单位未按前款规定提出工伤认定申请的，工伤职工或者其直系亲属、工会组织在事故伤害发生之日或者被诊断、鉴定为职业病之日起1年内，可以直接向用人单位所在地统筹地区劳动保障行政部门提出工伤认定申请。

按照本条第一款规定应当由省级社会保险行政部门进行工伤认定的事项，根据属地原则由用人单位所在地的设区的市级社会保险行政部门办理。

用人单位未在本条第一款规定的时限内提交工伤认定申请，在此期间发生符合本条例规定的工伤待遇等有关费用由该用人单位负担。

如果用人单位不能及时申请工伤认定，需要依法承担相应的工伤待遇有关费用，这对企业来说是一种损失，千万不要抱有侥幸心理。

6.6.3 按规定提交工伤认定申请

用人单位为员工申请工伤认定时，一定要按照相关法律规定，有条不紊地进行，其中包括确定申请流程和提交规定资料。

首先，单位主管提交相关材料到社保行政部门，根据《工伤保险条例》第十八条规定：

提出工伤认定申请应当提交下列材料：

（一）工伤认定申请表；

（二）与用人单位存在劳动关系（包括事实劳动关系）的证明材料；

（三）医疗诊断证明或者职业病诊断证明书（或者职业病诊断鉴定书）。

工伤认定申请表应当包括事故发生的时间、地点、原因及职工伤害程度等基本情况。

工伤认定申请人提供材料不完整的，社会保险行政部门应当一次性书面告知工伤认定申请人需要补正的全部材料。申请人按照书面告知要求补正材料后，社会保险行政部门应当受理。

其次，等待社会保险行政部门对事故伤害进行调查核实，用人单位在必要时应积极予以协助。若是职工或者其近亲属认为是工伤，用人单位不认为是工伤的，用人单位需承担举证责任。

最后，在社会保险行政部门作出工伤认定的决定，并接到书面通知后，按认定结果给予员工工伤保险待遇。

知识延伸｜劳动能力鉴定

若是职工发生工伤，经治疗伤情相对稳定后存在残疾、影响劳动能力的，还需进行劳动能力鉴定。劳动能力鉴定由用人单位、工伤职工或者其近亲属向设区的市级劳动能力鉴定委员会提出申请，并提供工伤认定决定和职工工伤医疗的有关资料。

6.6.4　员工工伤保险待遇申领

虽然受到工伤的员工在工伤认定后可以享受工伤保险待遇，但是由于工伤认定级别的不同，工伤保险待遇也有所区别。一般来说，员工可享受到的工伤保险待遇有一次性伤残补助金、一次性就业补助金、一次性医疗补助金和停工留薪期工资。下面来了解具体的保险待遇有哪些?

根据《工伤保险条例》第三十条规定:

治疗工伤所需费用符合工伤保险诊疗项目目录、工伤保险药品目录、工伤保险住院服务标准的，从工伤保险基金支付。

职工住院治疗工伤的伙食补助费，及经医疗机构出具证明，报经办机构同意，工伤职工到统筹地区以外就医所需的交通、食宿费用从工伤保险基金支付，基金支付的具体标准由统筹地区人民政府规定。

工伤职工治疗非工伤引发的疾病，不享受工伤医疗待遇，按照基本医疗保险办法处理。

工伤职工到签订服务协议的医疗机构进行工伤康复的费用，符合规定的，从工伤保险基金支付。

除了治疗费用、伙食补助费用以外，工伤员工所需的辅助器具费用、停工留薪期工资、护理费用也在工伤保险待遇内。根据《工伤保险条例》第三十二条规定:

工伤职工因日常生活或者就业需要，经劳动能力鉴定委员会确认，可以安装假肢、矫形器、假眼、假牙和配置轮椅等辅助器具，所需费用按照国家规定的标准从工伤保险基金支付。

第三十三条规定:

职工因工作遭受事故伤害或者患职业病需要暂停工作接受工伤医疗的，在停工留薪期内，原工资福利待遇不变，由所在单位按月支付。

生活不能自理的工伤职工在停工留薪期需要护理的，由所在单位负责。

当然，工伤保险待遇还包括因伤致残应该享受的待遇。根据致残级别，待遇会有所区别，根据《工伤保险条例》第三十五条规定：

职工因工致残被鉴定为一级至四级伤残的，保留劳动关系，退出工作岗位，享受以下待遇：

（一）从工伤保险基金按伤残等级支付一次性伤残补助金，标准为：一级伤残为27个月的本人工资，二级伤残为25个月的本人工资，三级伤残为23个月的本人工资，四级伤残为21个月的本人工资。

（二）从工伤保险基金按月支付伤残津贴，标准为：一级伤残为本人工资的90%，二级伤残为本人工资的85%，三级伤残为本人工资的80%，四级伤残为本人工资的75%。伤残津贴实际金额低于当地最低工资标准的，由工伤保险基金补足差额。

（三）工伤职工达到退休年龄并办理退休手续后，停发伤残津贴，按照国家规定享受基本养老保险待遇，基本养老保险待遇低于伤残津贴的由工伤保险基金补足差额。

职工因工致残被鉴定为一级至四级伤残的，由用人单位和职工个人以伤残津贴为基数，缴纳基本医疗保险费。

第三十六条规定：

职工因工致残被鉴定为五级、六级伤残的，享受以下待遇：

（一）从工伤保险基金按伤残等级支付一次性伤残补助金，标准为：五级伤残为18个月的本人工资，六级伤残为16个月的本人工资；

（二）保留与用人单位的劳动关系，由用人单位安排适当工作。难以安排工作的，由用人单位按月发给伤残津贴，标准为：五级伤残为本人工资的70%，六级伤残为本人工资的60%，并由用人单位按照规定为其缴纳应缴纳的各项社会保险费。伤残津贴实际金额低于当地最低工资标准的，由用人单位补足差额。

经工伤职工本人提出，该职工可以与用人单位解除或者终止劳动关系，由工伤保险基金支付一次性工伤医疗补助金，由用人单位支付一次性伤残就业补助金。一次性工伤医疗补助金和一次性伤残就业补助金的具体标准由省、自治区、直辖市人民政府规定。

第三十七条规定：

职工因工致残被鉴定为七级至十级伤残的，享受以下待遇：

（一）从工伤保险基金按伤残等级支付一次性伤残补助金，标准为：七级伤残为13个月的本人工资，八级伤残为11个月的本人工资，九级伤残为9个月的本人工资，十级伤残为7个月的本人工资；

（二）劳动、聘用合同期满终止，或者职工本人提出解除劳动、聘用合同的，由工伤保险基金支付一次性工伤医疗补助金，由用人单位支付一次性伤残就业补助金。一次性工伤医疗补助金和一次性伤残就业补助金的具体标准由省、自治区、直辖市人民政府规定。

用人单位需要注意的是，并不是申请了工伤认定后，企业就不需要支付任何费用了，一次性伤残就业补助金就是由用人单位支付的。而因工伤致死的员工，根据第三十九条规定：

职工因工死亡，其近亲属按照下列规定从工伤保险基金领取丧葬补助金、供养亲属抚恤金和一次性工亡补助金：

（一）丧葬补助金为6个月的统筹地区上年度职工月平均工资；

（二）供养亲属抚恤金按照职工本人工资的一定比例发给由因工死亡职工生前提供主要生活来源、无劳动能力的亲属。标准为：配偶每月40%，其他亲属每人每月30%，孤寡老人或者孤儿每人每月在上述标准的基础上增加10%。核定的各供养亲属的抚恤金之和不应高于因工死亡职工生前的工资。供养亲属的具体范围由国务院社会保险行政部门规定；

（三）一次性工亡补助金标准为上一年度全国城镇居民人均可支配收入的20倍。

伤残职工在停工留薪期内因工伤导致死亡的，其近亲属享受本条第一款规定的待遇。

一级至四级伤残职工在停工留薪期满后死亡的，其近亲属可以享受本条第一款第（一）项、第（二）项规定的待遇。

虽然工伤待遇的条件有明文规定，但实际认定时却并非易事。下面通过具体的案例，来看看工伤保险待遇如何认定。

| 范例解析 | 如何认定工伤保险待遇

赵某在汽车零件生产工厂打工，由于工厂业绩一直很好，所以需要员工轮流加班，公司会根据工人的加班情况，给予一定的加班补偿，所以员工并未对加班事宜有所怨言。2020年4月的某个周末，赵某在车间工作的时候，不慎被生产机器压断了手指，车间主任即刻将赵某送医救治。

在救治期间，企业为赵某垫付了一部分医疗费，但由于周某伤势严重所以很难再继续工作，赵某及其家人向公司要求支付一次性伤残就业补助金，工厂负责人认为赵某并非在上班时间受伤，所以拒绝为其申请工伤认定，也拒绝为其支付相关的医疗费用和补偿费用。

上述案例中，赵某虽然是在周末发生意外事故，不过由于该工厂一直要求员工加班提高工作业绩，所以支付了加班费，所以默认赵某是在工作时间且在工作场所中因工作业务发生意外，当然能被认定为工伤。用人单位不仅要为其申请工伤认定，还要支付工伤疗养期间的部分工资，及解除劳动合同的一次性伤残就业补助金。

用人单位要注意，对于依法应该承担的责任是不能存侥幸心理的，一旦员工提出仲裁，对企业的危害更大，不仅要依法支付相关费用，对于企业自身的名誉损失会非常大。作为企业负责人尤其应该熟悉相关法律，了解自身应该承担的责任，这样企业才能长久地发展。

| 范例解析 | 何为工作场所

李某是某广告设计公司的员工，按照该公司规定每天的上班时间是

9:00～18:00，上下班皆需打卡。2020年5月11日，李某像平时一样到公司上班，在早上8:40便进入公司大楼，却不慎摔倒骨折。李某立即被送往医院就医，并在医院治疗了一段时间。回到工作岗位后，李某向公司提出申请工伤认定。部门主管却表示，由于李某并不是在工作场所，上班时间受伤，所以不能申请工伤认定。

上例所示的情况，乍一看好像公司主管有理有据，李某既没有到达公司，又不是在工作时间受伤，所以不用承担医疗责任。不过根据《工伤保险条例》第十四条第（二）项规定：工作时间前后在工作场所内，从事与工作有关的预备性或者收尾性工作受到事故伤害的，应当认定为工伤。

李某 8:40 出现在公司大楼是为了打卡上班，这是为了遵守公司打卡考勤的规定，是正式工作的预备性工作，符合有关法律条文规定，所以应该由单位申请工伤认定。

6.6.5　工伤认定表填写范例

根据《工伤保险条例》规定，企业为员工申请工伤保险认定需要准备一些材料，其中最关键的就是工伤认定申请表，其样式基本统一，由劳动和社会保障部制定。

企业人事部相关人员应该了解工伤认定申请表的基本内容和填写规范，一般来说，工伤认定申请表包括以下 3 个方面的内容。

- ◆ 工伤职工基本信息，姓名、性别、年龄、地址、身份证号码、联系方式、所在单位名称、工作岗位、参加工作时间、申请工伤时间、事故时间、受伤害部位、受伤经过等。
- ◆ 用人单位基本信息，单位名称、地址、联系人、联系电话及用人单位意见等。
- ◆ 劳动保障行政部门审查资料情况和受理意见。

相信地区不同，工伤认定申请表的格式和内容也会有些微差别，不过用人单位在下载工伤认定申请表时，可以看到表后附注的“填表说明”，要严格按照该说明规范填写表格。如图 6–3 所示为某市工伤认定申请表的填表说明。

填表说明：

1.用钢笔或签字笔填写，字体工整清楚。

2.申请人为用人单位的，在首页申请人处加盖单位公章。

3.受伤害部位一栏填写受伤害的具体部位。

4.诊断时间一栏，职业病者，按职业病确诊时间填写；受伤或死亡的，按初诊时间填写。

5.受伤害经过简述，应写明事故发生的时间、地点，当时所从事的工作，受伤害的原因以及伤害部位和程度。职业病患者应写明在何单位从事何种有害作业，起止时间，确诊结果。

6.申请人提出工伤认定申请时，应当提交受伤害职工的居民身份证；医疗机构出具的职工受伤害时初诊诊断证明书，或者依法承担职业病诊断的医疗机构出具的职业病诊断证明书（或者职业病诊断鉴定书）；职工受伤害或者诊断患职业病时与用人单位之间的劳动、聘用合同或者其他存在劳动、人事关系的证明；用人单位依法清册登记的相关证书复印件或者注册登记行政主管部门出具的注册登记信息查询证明。

有下列情形之一的，还应当分别提交相应证据：

（一）职工死亡的，提交医疗机构或者公安机关出具的死亡证明；在工作时间和工作岗位，突发疾病死亡或者在 48 小时之内经抢救无效死亡的，还应提交医疗机构的抢救记录等材料，以及在工作岗位上初始突发疾病的相关证据材料。

（二）在工作时间和工作场所内，因履行工作职责受到暴力等意外伤害的，提交公安部门的证明、人民法院生效裁判文书或者其他有效证明。

（三）因工外出期间，由于工作原因受到伤害或者发生事故下落不明的，应提交公安机关的证明或者相关部门的有效证明。

（四）在上下班途中，受到非本人主要责任的交通事故或者城市轨道交通、客运轮渡、火车事故伤害的，提交公安机关交通管理部门、法律法规授权组织出具的具有结论性意见的责任认定文书或者人民法院生效的裁判文书。

（五）在抢险救灾等维护国家利益、公共利益活动中受到伤害的，提交民政部门或者其他相关部门出具的有效证明。

（六）属于因战、因公负伤致残的转业、复员军人，旧伤复发的，提交《革命伤残军人证》及劳动能力鉴定机构对旧伤复发的确认材料。

7.申请事项栏，应写明受伤害职工或者其近亲属、工会组织提出工伤认定申请并签字。

8.用人单位意见栏，应签署是否同意申请工伤，所填情况是否属实，经办人签字并加盖单位公章。

9.社会保险行政部门审查资料和受理意见栏，应填写补正材料或是否受理的意见。

10.此表一式二份，社会保险行政部门、申请人各留存一份。

图 6–3

第七章

绩效管理，用科学的考核体系来规避风险

绩效管理中因为要对员工进行考核，所以会有相应的奖惩措施。如果奖惩不合理，或是绩效考核标准设置不合理，都有可能引起员工的不满。为了避免相关法律风险，管理者要注意对有关内容进行约定。

7.1 推行绩效管理的风险防范

绩效管理作为一种科学的、先进的管理方法，越来越被不同的企业所接受，不仅能提高员工的工作效率，还能提高员工的工资水平，最终提高企业的竞争力，对企业和员工来说是双赢的。

可是在很多企业推行绩效管理的过程中，却会涉及一些法律风险，需要人力资源部引起重视。

7.1.1 对绩效管理应有的正确认知

绩效管理是对企业的一种管理方法，很多企业管理者和员工都对这种管理方法不能正确认识，容易简单地理解为对员工进行绩效考核，并通过绩效考核控制员工的工资。

实际上，绩效管理并不是一个简单的管理方式，其代表了一种全新的管理观念，强调组织目标和个人目标的一致性，强调组织和个人同步成长，且以人为本，在绩效管理的各个环节中都需要管理者和员工的共同参与。

绩效管理的过程通常被看作一个循环，这个循环分为 4 个环节，即绩效计划→绩效辅导→绩效考核→绩效反馈，所以绩效考核并不是绩效管理的最终目的，而是其中一个环节。绩效管理的特点主要包括表 7-1 所示的 4 点。

表 7-1　绩效管理的特点

特点	具体内容
系统性	绩效管理是一个完整的系统，由人力资源部门牵头，却不是人事部门的专利，需要公司上下的配合，包括计划、组织、领导、协调、控制在内的每一个环节都要互相配合，才能有好的效果

续上表

特点	具体内容
目标性	绩效管理是一种目标管理，需要做一个科学的计划来激励所有人朝着共同的目标努力，管理层需要通过目标对员工进行管理，员工工作起来也更有序，才能实现企业的战略规划和远景目标
重沟通	绩效管理是建立企业和员工共同目标的过程，所以沟通在绩效管理中起着重要的作用。从制订绩效计划开始，到对员工的帮助，再到最后的绩效反馈，沟通贯穿绩效管理的整个过程。没有有效的沟通，绩效管理只会流于形式，最后影响整个效果。 所以对于管理人员和人力资源部的相关人员，掌握一定的沟通技巧是非常重要的
重过程	绩效管理是从长远发展来建立的一种管理方式，其并不要求员工立时提高自己，而是希望在一个又一个循环的过程中，达到提升自己的目的，所以绩效管理更重视达成目的的过程，而不仅仅关注结果，更要了解造成结果的因素

根据绩效管理的特点和流程，我们可以清楚地知道其对人力资源的影响，及与人力资源的关系，如图 7-1 所示。

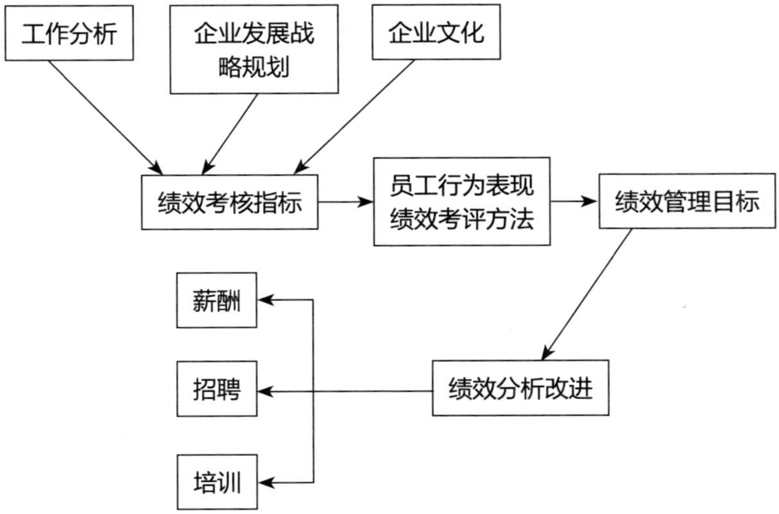

图 7-1

7.1.2 绩效管理实施过程中的法律风险

绩效管理需要设计绩效目标，并鼓励员工达成绩效目标，所以绩效管理对员工是有要求的，且要求更高。当然其中会涉及一些奖惩措施，在某种程度上可能会损害员工的利益。而随着《劳动合同法》的不断修订，我国更加重视保护劳动者的权益，企业需要依法保障劳动者的基本权益。

如果企业在推进绩效管理的过程中没有把握好度，那么就有可能导致相关法律风险，违反相关法律条文。作为企业负责人或人力资源部人员，在设计绩效管理计划时，一定要预设可能导致法律风险的情况，熟悉有关法律条文。那么在此过程中会涉及的法律条文和风险主要有哪些呢？

（1）试用期的约定

一般来说，企业在招聘员工时会约定试用期，并在试用期内对员工进行考核。若考核合格则转正，考核不合格则辞退，这样企业的人力成本会大大减少。

不过对于试用期的约定，《劳动合同法》内有详细约定，企业不能凭自身的情况随意约定试用期，这样是无效的。根据《劳动合同法》第十九条规定：

劳动合同期限三个月以上不满一年的，试用期不得超过一个月；劳动合同期限一年以上不满三年的，试用期不得超过二个月；三年以上固定期限和无固定期限的劳动合同，试用期不得超过六个月。同一用人单位与同一劳动者只能约定一次试用期。以完成一定工作任务为期限的劳动合同或者劳动合同期限不满三个月的，不得约定试用期。试用期包含在劳动合同期限内。劳动合同仅约定试用期的，试用期不成立，该期限为劳动合同期限。

如下例所示便是试用期的约定不合理导致的法律风险。

| 范例解析 |　约定过多的试用期

杨先生去某公司应聘行政岗位，该公司实行了绩效管理制度，从试用期开始便要进行考核。在签订劳动合同时，HR告知杨先生，公司会对其工作能力进行一系列考核。杨先生表示能够接受，并与该公司签订了两年的劳动合同，不过有3个月的试用期。

然而在3个月试用期满后，该公司通知杨先生其未通过公司的考核，所以要与其解除劳动合同。杨先生觉得自己的权益受到侵害，于是向劳动局申请仲裁，要求公司支付超过法定试用期的正式工资，并恢复劳动关系。

根据《劳动合同法》第八十三条规定：

用人单位违反本法规定与劳动者约定试用期的，由劳动行政部门责令改正；违法约定的试用期已经履行的，由用人单位以劳动者试用期满月工资为标准，按已经履行的超过法定试用期的期间向劳动者支付赔偿金。

上例中两年的劳动合同，其试用期不得超过两个月，但该公司却约定了 3 个月的试用期，多出的一个月是无效试用期，应该按合同约定的正式工资支付给杨先生。且在第 3 月与员工解除劳动关系，需按正式合同约定解除，杨先生有权要求恢复劳动关系。

（2）员工奖惩的设计

绩效考核是绩效管理的一个重要环节，绩效考核的结果会决定员工的职位异动、薪酬变化，所以在设计时一定要公平、合理，以免处理结果让员工觉得不公正，而怀有不满。尤其是在解雇员工时，一定要有理有据，否则员工容易申请仲裁。根据《劳动合同法》第四十条规定：

有下列情形之一的，用人单位提前三十日以书面形式通知劳动者本人或者额外支付劳动者一个月工资后，可以解除劳动合同：（二）劳动者不能胜任工作，经过培训或者调整工作岗位，仍不能胜任工作的。

该法律条文规定，不能胜任工作的可解除劳动合同，但如何确定员工不能胜任工作，需要企业举证，这时就要通过一些绩效标准来证明，所以绩效考核的标准设计要多加考虑。根据《劳动合同法》第三十五条规定：

用人单位与劳动者协商一致，可以变更劳动合同约定的内容。变更劳动合同，应当采用书面形式。变更后的劳动合同文本由用人单位和劳动者各执一份。

若依据绩效考核标准，对员工进行降职降薪，也可能违反上述法律条文。岗位调整势必要更改劳动合同的内容，若是企业单方面作出决定，则很有可能违反《劳动合同法》。

7.1.3 绩效管理中的法律风险防范

在了解了企业实施绩效管理的法律风险后，人力资源部应该懂得如何规避和预防这些法律风险。俗话说“对症才能下药”，针对可能发生的法律风险，人力资源部应该逐个“击破”，才能达到绩效管理的真正目的。

◆ 合理安排试用期期限

人事部严格按照《劳动合同法》的规定约定试用期期限，并在试用期内对员工做出考核，如不达标，应在试用期内解除合同关系。正式录用后，轻易解除劳动关系，就要承担相关法律风险。

◆ 考核内容围绕工作项目

企业若要根据绩效考核的结果对员工进行处理，其前提是绩效考核的目标和标准是围绕员工的工作项目进行的，所以人力资源部应该设计各个岗位的岗位说明书，清晰阐述每个岗位的工作职责。

只有这样，才能设计出反映员工工作能力的绩效考核内容，也只有这样的考核结果做出的员工现状调整才具备说服力。

◆ 公开绩效管理制度性文件

绩效管理并不是公司单方面的工作项目，需要员工的配合，所以在推行绩效管理之前，人事部最好将绩效管理的方式、内容、目标、奖惩、反馈等制定出制度性的文件，并通过公告或部门分发的形式告知全体员工知晓。

如果可行，可以让员工签署书面文件，表示了解并赞同绩效管理的相关内容。

◆ 绩效考核标准尽量量化

涉及具体的绩效考核，考核的方式和标准多种多样，有主观性的考核，也有客观性的考核。对人事部来说，应该注重可量化的考核指标，客观性强的考核方式（如 KPI 考核法），避免以某管理者的主观意见作为考核结果，主观性的考核意见只能作辅助意见（如 360° 考核法）。

◆ 考核材料齐全

绩效考核一定要有自己的体系，即考核过程中的相关文件资料，应该有规律地保存起来，这样一旦公司牵涉进仲裁中，可以将证明员工无法胜任工作的实质证据提交出来。

这类文件资料包括工作汇报、绩效考核表、业绩统计表、客户投诉信等，一些材料要有员工本人的签字。

◆ 程序公正

如果要通过考核的结果来证明员工不能胜任工作，首先就要保证考核的结果是有效的。如何能确定考核结果的有效性呢？最基本的便是考核程序的公平、公正和公开，只有满足这个前提，才能提出自己的合理观点。

◆ 不可直接解雇

根据法律条文规定，员工不能胜任岗位时，公司需先调整其岗位，若还是不能胜任，则提出解除合同。所以，企业不能仅凭绩效考核结果不达标就解雇员工，要首先进行调岗，并在此基础上进行考核，若还是不合格，再解除劳动合同。

7.1.4　合理化绩效管理制度推行程序

由于绩效管理的推行可能会令企业陷入一些法律风险，所以要制定完善的绩效管理制度，并反复修改，使制度规定与法律条文没有冲突，这样按照制度实施绩效管理工作时，就能有效预防风险。如图 7–2 所示为设置绩效管理制度的一般流程。

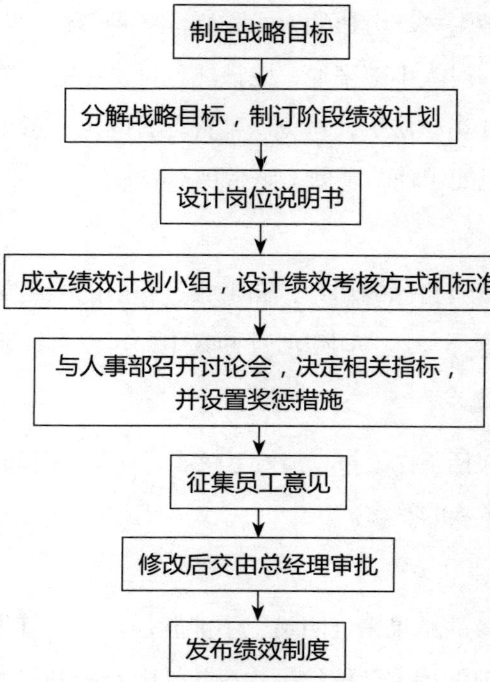

图 7–2

制定绩效管理制度的时候，当然不会一次达标，需要不断地修改才能使绩效管理制度逐渐合理化。如下例所示。

| 范例解析 | 绩效管理制度改进过程

××公司绩效管理制度

第一部分 总则

……

第三部分 绩效考核体系

十、考核类别

1.常规考核：按固定周期实施，以工作业绩达成为考核目标。

2.关键事件考核：对于工作亮点、暗点事件进行绩效加减分，计分纳入本期考核成绩。

（修改前："3.上司评定考核：由上司对员工表现进行描述打分，计入考核成绩中。"）

十一、绩效考核标准

绩效结果指考评最终得分，即常规考核、关键事件考核两项得分和，采取百分制核算。依据考核分数划分为"卓越、优秀、良好、合格、基本合格（需提升）、不合格"6个等级，考核等级对应系数将用于员工月绩效工资的发放。

等级	考核分数	绩效考核系数	分布比例
卓越	考核分数≥ 100 分	1.2	10%
优秀	100 分＜考核分数≤ 95 分	1.1	
良好	95 分＜考核分数≤ 90 分	1	
合格	90 分＜考核分数≤ 80 分	0.9	10%
基本合格	80 分＜考核分数≤ 70 分	0.8	
不合格	考核分数＜ 70 分	0	

（修改前：1.绩效结果≥100分以上者，即认定为超出绩效目标，绩效工资系数为1.2。

2.95分≤绩效结果＜100分者，即认定为绩效目标完成优秀，绩效系数为1.1。优秀及以上人员部门强制分布比例原则上不得高于10%。

3.90分≤绩效结果＜95分者，即认定为绩效目标完成良好，绩效系数为1。

4.80分≤绩效结果＜90分者，即为基本达到绩效目标，考核等级为合格，绩效系数为0.9。合格及以下人员部门强制分布比例不得低于10%。

5.70分≤绩效结果<80分者，为勉强达到绩效目标，绩效系数为0.8，工作需改进，考核结果在此档次的员工，须与其上级共同制订绩效改进计划书，并提报到人力资源管理中心备案。

6.绩效结果<70分者，即认定为“不合格”，绩效系数为“0”。）

对于不合格的员工，公司将对其进行调岗、培训或留岗观察。若调岗、培训或留岗观察后绩效结果仍低于80分者，公司有权与员工解除劳动合同。（修改前：“对于不合格员工，公司给予3次机会，若3次绩效考核不达标，则与其解除劳动合同。”）

十二、绩效结果运用

1.薪酬调整及升降级

（1）当年度内员工月度考核连续3次达到“优秀”（含卓越）的，员工薪酬可上调一档，从统计月度的下一月开始执行。

（2）当年度内员工月度考核累计有4次及以上“优秀”（含卓越）的，员工薪酬可上调一档，从下一年度开始执行。

（3）两年以内员工月度考评结果均为“良好”或以上的，员工薪酬可上调一档，从下一年度开始执行。

（4）当年度内员工月度考核连续两次为“基本合格”的，原则上员工薪酬降一档，从统计月度的下一月开始执行，同时取消当年度评优评先及晋级资格。

（5）当年度内员工月度考核结果累计有两次“基本合格”的，原则上员工薪酬降一档，从下一年度开始执行，同时取消当年度评优评先及晋级资格。

（6）当年度内月度考核结果有“不合格”的，原则上员工薪酬降两档，从统计月度的下一月开始执行，同时进入留用观察或转岗，留用观察或转岗期间考核仍不达标的，公司将与其解除劳动合同。

……

第四部分 绩效申诉

十三、绩效考核的过程中，人力资源管理中心受理绩效考核事项的申诉，并组织绩效考评小组进行裁决。

十四、员工收到绩效结果5个工作日内若无绩效申诉，即认定绩效结果有效，将作为绩效结果应用的依据。

（修改前：无）

第五部分 附则

十五、各业务部门、下属单位可根据公司绩效管理制度相关原则，同时结合业务部门实际情况，制定相应的考核办法、实施细则，提报人力资源管理中心审核、备案后方可执行。

十六、本规定的解释权、监督执行权归公司人力资源管理中心。本规定自颁布之日起生效。

7.2 设计科学合理的绩效考核体系

绩效考核体系是由一组既独立又相互关联并能较完整地表达评价要求的考核指标组成的评价系统。建立绩效考核体系，有利于评价员工工作状况，是进行员工考核工作的基础，也是保证考核结果准确、合理的重要因素。

而绩效考核体系中最重要的就是考核指标，它能够反映业绩目标的完成情况、工作态度、能力等级，是绩效考核体系的基本单位。

7.2.1 考核指标不合理企业要承担风险

郭某是一家鞋业公司的销售员，刚刚入职满一年。2019年年底，公司进行绩效考核结果核算时，发现郭某的业绩完成率仅有70%，根据公司的绩效目标要求，销售员的年度限售量需达到5 000双。而郭某远远没有达到绩效考核的标准，被公司核定为绩效考核不合格，并以没有胜任工作的能力为由与郭某解除了劳动合同。

郭某认为该公司的做法是不合理的，且违反了相关法律条文的规定，因此向劳动局提起了劳动仲裁，要求公司恢复劳动关系，并按照劳动合同的约定支付其工资和年终奖金。

上例中公司制定了销售员的年度销售量，如果员工未达标就要予以辞退，这就会造成两个方面的问题，一是年度销售量的制定是否合理，二是是否能根据绩效考核结果直接辞退员工。

答案显然是不能的，就年销售量 5 000 双来说，这意味着销售员每月需卖出 416 双鞋，每天需要卖出 14 双鞋。若不是拉到大客户，普通的营业点很难达到每人每天卖出 14 双鞋的要求。这样不合理的绩效指标，将很难被劳动局接受，最终企业要承担违法辞退的责任。

所以人事部在设计绩效考核指标时，要遵守“SMART”原则，具体内容如下所示。

- S（Specific）：明确的、具体的。指标要清晰、明确，让考核者与被考核者能够准确地理解目标。
- M（Measurable）：可量化的。目标、考核指标要量化，即能够数字化。尽量避免“比较好、还不错”这类词，不具备可量化性，将导致标准的模糊，容易出现误差。
- A（Attainable）：可实现的。目标、考核指标都必须是付出努力能够实现的，既不过高也不偏低。比如对销售员的考核，去年要求销售收入为 1 000 万元，今年要求为 5 000 万元，若是销售环境不变，就是一个完全不能实现的指标，没有实际意义。

◆ R（Relevant）：实际性的、现实性的，而不是假设性的。要具备现有的资源，且存在客观性。

◆ T（Time bound）：有时限性的。无论目标、指标都要在规定的时间内完成，时间一到，就要核算考核结果。如要求 100 万元的销售额，如果仅仅只有这些内容是不够的，应该规定在多长时间内完成 100 万元的销售额，如半年销售额需达到 100 万元。

7.2.2　用绩效考核工具设计考核体系

一般来说，设计绩效考核体系需要经过 8 个基本步骤，如图 7-3 所示。

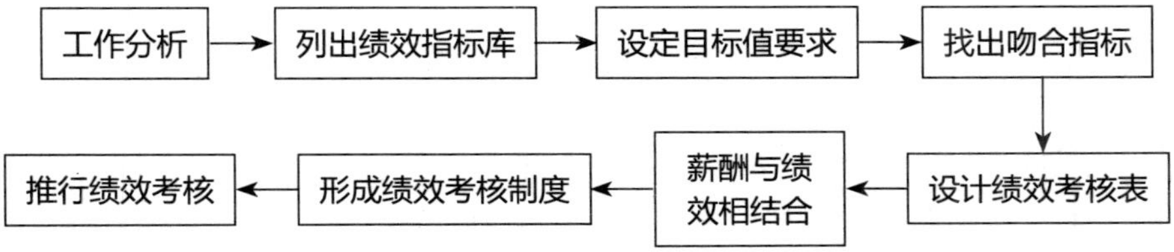

图 7-3

而工作分析、列出绩效指标库的各项工作，人力资源部可以通过绩效考核工具进行。常用的有效的绩效考核工具有哪些呢？

◆ SWOT 分析法

SWOT 分析即基于内外部竞争环境和竞争条件下的态势分析，就是将与研究对象密切相关的各种主要内部优势、劣势和外部的机会和威胁等，通过调查列举出来，并依照矩阵形式排列，然后用系统分析的思想，把各种因素相互匹配起来加以分析，从中得出一系列相应的结论，而结论通常带有一定的决策性。

SWOT 分析法具体包括 4 个方面的内容，S（Strengths）——优势、W（Weaknesses）——劣势，O（Opportunities）——机会、T（Threats）——威胁。

SWOT 分析可以从企业自身出发，对其战略发展目标进行分析确定。从两部分入手：一是 SW，主要用来分析内部条件；二是 OT，主要用来分析外部条件。

◆ PDCA 循环

PDCA 指 Plan（计划）、Do（执行）、Check（检查）和 Action（处理）4 个阶段，PDCA 循环就是按照这样的顺序进行质量管理，并且循环不止地进行下去的科学程序。

在企业管理活动中，要求把各项工作按照作出计划、计划实施、检查实施效果，然后将有效的纳入标准，无效的留到下一循环去解决，这也是企业管理各项工作的一般规律。具体含义如下所示。

P（Plan）计划。包括方针和目标的确定，及活动规划的制定。

D（Do）执行。根据已知的信息，设计具体的方法、方案和计划布局；再根据设计和布局，进行具体运作，实现计划中的内容。

C（Check）检查。总结执行计划的结果，分清哪些对了，哪些错了，明确效果，找出问题。

A（Action）处理。对总结检查的结果进行处理，对成功的经验加以肯定，并予以标准化；对于失败的教训也要总结，引起重视。对于没有解决的问题，应留到下一个 PDCA 循环中去解决。

将 PDCA 循环运用到绩效考核体系的设计上，4 个实施阶段具体如表 7-2 所示。

表 7-2 PDCA 循环实施阶段

实施阶段	具体内容
计划阶段	要通过各项企业调查，搞清工作任务的基本要求，确定工作目标、工作计划等

续上表

实施阶段	具体内容
设计和执行阶段	实施上一阶段所规定的内容，根据绩效指标开展各项工作，包括产品设计、人员培训等工作
检查阶段	主要是在计划执行过程之中或执行之后，检查执行情况，看是否符合计划的预期效果
处理阶段	主要是根据检查结果，采取相应的改进措施。总结成功的经验，尽可能纳入标准。对于遗留的问题，不能放任不理，应该留到下一个PDCA 循环去解决

◆ 5W2H 分析法

5W2H 分析法又叫七问分析法，广泛用于企业管理和技术活动，对于决策和执行性的活动措施也非常有帮助，也有助于弥补考虑问题的疏漏。

通过 5 个以 W 开头的英语单词和两个以 H 开头的英语单词进行设问，发现解决问题的线索，寻找发明思路，进行设计构思，从而搞出新的发明项目，如下所示。

① What——是什么？目的是什么？做什么工作？

② Why——为什么要做？可不可以不做？有没有替代方案？

③ Who——谁？由谁来做？

④ When——何时？什么时间做？什么时机最适宜？

⑤ Where——何处？在哪里做？

⑥ How——怎么做？如何提高效率？如何实施？方法是什么？

⑦ How much——多少？做到什么程度？数量如何？质量水平如何？费用产出如何？

如果将 5W2H 分析法运用到绩效考核体系的设计上，那么这 7 项设问的具体内容如下。

①What——具体的绩效考核指标有哪些？

②Why——为什么要确定这些指标？及指标的重要性。

③Who——确定绩效考核体系的小组成员？

④When——绩效考核指标的时间期限是？

⑤Where——从哪些方面制定绩效考核指标？绩效考核体系应该包括哪些部分？

⑥How——如何设计绩效考核指标的具体分值或等级？

⑦How much——收集资料、整理数据要花费多少精力和人力？计划绩效考核体系的成本是多少？

7.2.3 考核指标需围绕岗位工作职责

在设计绩效指标时，一般都是按照岗位的划分来设计的，只有针对岗位的特性才能设计合理的绩效指标，所以企业首先要做的是为各个岗位设置岗位说明书，而其中最重要的内容便是岗位职责，通过基本的岗位职责来分析绩效指标，可谓有理有据。如下所示为某公司营销副总的岗位职责介绍。

1.对公司整体销售、市场、渠道业绩及顾客满意度负责（整体业绩含本部、渠道；市场业绩含市场份额、占有率）。

2.销售流程管理及管理工具的运用（客源管理、销售展厅管理、业绩管理、顾客关系管理）。

3.管理（管理考核制度的建立）及顾客抱怨的协同处理。

4.产品库存管理，包括产品订购计划的审批、库存产品调拨管理及超期库存产品的促销。

5.利润管理，包括销售价格管控、成交产品还款掌控等。

6.市场、渠道业绩管理，包括广告促销、市场分析及渠道销售及市场相关活动的管理。

7.人员管理（销售人员面试、招聘；销售人员战力规划；销售人员的业务培训及日常指导）。

8.销售团队的激励（目标、榜样、评判、许诺、物质激励等）。

9.按时提交公司销售、市场、渠道分析与发展计划报告。

10.完成总经理临时下达的任务。

通过该岗位职责，我们要如何设计岗位绩效考核指标呢？

首先从岗位来说，营销副总既是管理岗位又要对营销业绩负责，所以可以先从两大方面来划分需要考核的内容，一是营销业绩，二是管理。

从营销方面来看，营销副总要开拓市场，完成业绩、做好销售计划及安排销售工作，可从销售指标完成率、工作计划完成情况和成本控制指标来考核。接着需要对这三大指标类型进行具体划分，结合公司实际销售情况列出具体指标。

而从管理角度来看，主要对人际关系、客户关系、销售流程、销售市场等进行管理，那么可从管理费用控制、销售管理和市场管理进行考核。当然，还要划分具体的绩效指标，以对其进行更加精确的考核。

除了依据岗位职责分析绩效考核指标外，对于每个指标的权重和分值也需要设置清楚，不然就没有任何重点了。而一般来说，业绩指标的权重要高于管理指标，但也不能过分拉大两者的差距，容易导致被考核人员，重视业绩，忽略管理方面的工作。

最终我们能设置出怎样的考核指标呢？可通过表 7–3 所示的绩效指标表来展现。

表 7-3　营销副总绩效考核指标表

考评内容	指标类型	具体指标		分值	考核者	依据来源
实际业绩（65%）	销售指标完成率（40%）	本部	批售 25%	25	绩效考评小组	各公司销售数据
			零售 60%			
			业务服务 5%			
			二手产品 10%			
		渠道销售任务完成率		15		
	工作计划完成情况（5%）	年度、季度工作计划执行		5	绩效考评小组	各公司渠道及年度报表
	成本控制指标（20%）	销售折让（价格）		5	绩效考评小组	各公司财务报表
		销售佣金		5		
		广告促销费用控制		10		
内部管理（35%）	管理费用控制（5%）	办公费用		5		
		业务费用				
	销售管理（15%）	销售流程 45%		5	绩效考评小组	自评 20%，管理者占 80%
		销售 50%		5		
		业务服务 5%		5		公司服务报表
	市场管理（10%）	广告宣传规划及执行		5	绩效考评小组	各公司广告促销方案及评估
		促销规划及执行		5		
	其他（5%）	下属培训、能力发展效果（评分标准见附表）		5	绩效考评小组	各公司相关文件

7.2.4　定性化考核指标如何约定才有效

定性指标是指不能直接量化而需通过其他途径实现量化的评估指标。企业在设计绩效考核指标时，多是定性指标和定量指标相结合。不过，对于定性指标来说，有一个明显的劣势，即容易带入评估者的主观意见，影响评估的客观性。

定性指标的缺点运用在实际的考核中，容易造成以下一些情况。

- 考核结果出现偏差，难以反映被考核者的实际业绩情况，引起被考核者的不满。
- 考核结果都差不多，无法拉开被考核者之间的差距。
- 员工不接受考核结果，如辞退员工，很可能使员工申请劳动仲裁，维护自己的合法权益。

实施绩效考核是为了更好地管理企业，如果因此给企业带来纠纷和麻烦，反而得不偿失，造成企业内部关系紧张。如下例所示。

|范例解析| 定性指权重过高，绩效考核结果不具备说服力

某企业根据本年度的绩效考核标准对员工今年工作情况进行了汇总打分，赵某是该公司的行政人员，其绩效评估多是由上级、下级还有同事评价得出，在其绩效考评表上评估负责人汇总其他人的意见，得出最终的考核意见，即“工作态度有问题，不能利用先进的机器，学习能力弱，难以配合同事完成工作。”

根据年度绩效考核的最终结论，部门领导决定对赵某进行调职。赵某到新岗位任职后，经过一个季度的熟悉后，开始展开正式的工作，而在半年度的绩效考核中，赵某的绩效考核依然不理想。新的部门领导作出评价，认为赵某不能胜任该岗位工作。

于是该企业与赵某解除了劳动合同，赵某心中愤愤不平，觉得公司的绩效考评结果没有任何依据，对自己是不公平的，于是向劳动委员会申请仲裁，请求企业重新为其安排工作，并赔偿其经济损失。

上例中，企业的做法合乎法律规定，按照绩效考核→调岗→绩效考核→解除合同的流程来安排员工。不过，却有一处争议，即对员工的考核是否合理，由于对赵某的考核上，定性指标所占的权重相对较高，又没有其他的辅助材

料，很难凭此绩效考核结果认定员工不能胜任此工作。

根据赵某与公司签订的合同条款，对岗位、岗位职责、工作内容等都做了约定，如果没有经过双方协商一致，对于合同条款的内容不能随意更改，所以工作岗位和工作内容也是不能随意更改的。

根据关于《中华人民共和国劳动法》若干条文的说明第二十六条规定：

有下列情形之一的，用人单位可以解除劳动合同，但是应当提前三十日以书面形式通知劳动者本人：

（一）劳动者患病或者非因工负伤，医疗期满后，不能从事原工作也不能从事由用人单位另行安排的工作的；

（二）劳动者不能胜任工作，经过培训或者调整工作岗位，仍不能胜任工作的；

（三）劳动合同订立时所依据的客观情况发生重大变化，致使原劳动合同无法履行，经当事人协商不能就变更劳动合同达成协议的。

本条第（二）项中的“不能胜任工作”，是指不能按要求完成劳动合同中约定的任务或者同工种、同岗位人员的工作量。用人单位不得故意提高定额标准，使劳动者无法完成。

根据该法律条款，员工是否胜任工作要根据劳动合同中约定的内容来看，如果劳动合同中没有对岗位的工作标准作出规定，那么也一定要围绕员工的岗位职责作出绩效考核。

而该公司的绩效考核结果显然没有以工作内容为依据 ，几乎全是主观性的评价，如工作态度有问题、学习能力弱等。这样作出的绩效考核结果显然是有失偏颇的。

虽然上例中企业的绩效考核是不符合规范的，但企业要明白这并不意味着企业不能设置自己的考核体系和考核指标，但要遵守国家的法律法规，制定严格、具体的绩效考核标准，最好的办法就是加重定量指标的权重。

不过在实际操作中，由于企业环境、岗位特性、工作内容的不同，使得定性指标必不可少，为了让定性指标发挥有效性，企业可从以下4个方面入手。

①绩效考核评估应将主观评价与客观数据相结合。

②绩效考核应当尽可能地收集辅助材料。

③绩效考核应当要求员工确认，员工心甘情愿的在绩效考核表上签字。

④建立相应的补偿机制，根据不同的情况给予员工合理的补偿金或者采取其他补偿措施，包括培训、调岗等。

7.2.5　考核相关内容未经确认带来的风险

周某是某公司的HR，负责公司各项人事工作，包括员工的绩效考核。对于该公司的行政人员来说，人事部门确定了360°绩效考核方式，考核内容如下表所示。

考核内容	权重	评分等级	分值
工作态度	15%	优秀	90 ~ 100
工作能力	25%	及格	60 ~ 89
工作成果	60%	不及格	60 以下

对于绩效考核评分低于60分的，公司有权对其做出降职降薪或调岗处理。该绩效考核方式实行一段时间，出现一些问题。

某行政部员工在一个季度内的考核得分分别是50分、60分、57分，通过求平均值计算得出其该季度的绩效考核评分为55.67分，最终评定为考核不及格，要对员工进行换岗处理。不过在换岗之前，需要员工确认绩效考核的结果。

令人事部困扰的是，该名员工拒绝在绩效考核确认表上签字，周某与其多次沟通无解后，人事部直接通知部门主管做出对该员工调岗的工作安排。

该名员工于是向劳动委员会申请仲裁，要求公司收回调岗的决定，最后，劳动委员会以绩效考核未被员工认可判公司撤销调岗决定。

由上例可知，对员工进行绩效考核一定要让员工知晓，并且让员工认可绩效考核的结果，否则可能会为企业带来不必要的纠纷。

而这在另一方面可能会给企业施行绩效管理带来阻碍，其实企业管理者也不用过于担心，根据《中华人民共和国劳动合同法》第四条规定：

用人单位应当依法建立和完善劳动规章制度，保障劳动者享有劳动权利、履行劳动义务。用人单位在制定、修改或者决定有关劳动报酬、工作时间、休息休假、劳动安全卫生、保险福利、职工培训、劳动纪律及劳动定额管理等直接涉及劳动者切身利益的规章制度或者重大事项时，应当经职工代表大会或者全体职工讨论，提出方案和意见，与工会或者职工代表平等协商确定。在规章制度和重大事项决定实施过程中，工会或者职工认为不适当的，有权向用人单位提出，通过协商予以修改完善。用人单位应当将直接涉及劳动者切身利益的规章制度和重大事项决定公示，或者告知劳动者。

所以企业是可以根据公司的情况来制定基本的员工规范手册、绩效考核制度。不过在具体实施时，要注意以下问题。

- ◆ 制定绩效考核制度后，通过部门会议、通知等方式让员工知晓，绩效考核的流程、方式、指标和结果应用。
- ◆ 绩效考核结果出来后，第一时间告知员工知晓，并得到员工的签字确认。
- ◆ 将员工自评纳入考核机制中，提高员工认可度。
- ◆ 绩效管理机制要避免繁杂、保证公平、公正、公开。
- ◆ 建立绩效申诉渠道，员工对绩效结果不认可的可进行申诉。

其中，绩效申诉渠道的建立，还需要企业提前制定好申诉的基本规定，包括流程、提交资料、申诉期限、受理部门等内容。如下所示为某公司绩效考核申诉管理规定，可供借鉴参考。

绩效考核申诉管理规定

1.范围

在被考核者对绩效考核结果有异议的情况下，员工可进行申诉，由人力资源部协调处理员工的申诉，并给予员工解决的方案。

2.申诉条件

员工有权在考核期间或公示考核结果3个工作日内直接向人力资源部申诉，逾期视为默认考核结果，不予受理。

3.申诉形式

员工向人力资源部申诉时需要以书面形式提交申诉报告或申诉表（附件），人力资源部负责将员工申诉统一记录备案，并将员工申诉报告和申诉记录提交人力资源部主管。

4.申诉流程

步骤	涉及人员	步骤说明
1	员工	员工对本部门主管绩效评定和考核的结果，向人力资源部提出申诉，将申诉原因和理由记入员工申诉表
2	人事专员	受理员工申诉，向员工直接上级、同事了解情况，进行调查核实，并将调查情况写入员工申诉表中
3	员工、直接上级及部门同事	签字确认员工申诉表调查结果
4	人力资源部经理	根据了解的实际情况和公司制度，出具第三方解决意见
5	人力资源部经理	与考核人面谈解释原因，并在员工申诉表上签署意见
6	人力资源部经理	与员工面谈解释原因，并在员工申诉表上签署意见
7	人力资源部人事信息档案管理员	将员工申诉表归入员工绩效考核档案中，在作出人事决定时结合员工绩效考评得分综合评价员工绩效

5.确保考核质量，对有偏差的员工绩效考核及时纠正并追究相关人员责任。

6.特殊规定

（1）人力资源部在接到申诉后10个工作日内必须对申诉人确认并对其申诉报告进行审核，最终将处理意见提交总经理、副总经理。如逾期没有受理，申诉人可直接向总经理、副总经理再次提起申诉，总经理、副总经理责令人力资源部处理，并对人力资源部的逾期行为进行处罚。

（2）总经理、副总经理根据人力资源部提交的资料，决定是否召开由申诉人、申诉人的绩效考核人、人力资源部经理组成的申诉评审会；如不需召开申诉评审会，则由人力资源部将结果反馈给申诉人。

（3）如果员工申诉内容属实，申诉评审会需要重新进行绩效考核，此次考核结果即为该员工的考核成绩，考核结果存档并反馈申诉人本人。

（4）申诉评审会还需要确定绩效考核人对员工考核过程中是否存在不公平现象。如果发现绩效考核人在考核过程确有不公平行为，企业将采取相应的处罚措施。

（5）如果申诉人对评审会考核结果仍不满意，必须在得到评审结果后10个工作日内向人力资源部提交要求二次评审的书面报告，否则视为默认。总经理将根据具体情况，决定是否进行二次评审，程序同一次评审，总经理或其全权代表出席。

（6）对于二次评审结果，以总经理或其全权代表的最终评审意见为准。

附件：

申诉人		部门		申诉时间	
申诉内容及依据	申诉内容				
	申诉依据				
调查情况及协调结果	调查结果				
	协调结果				
所属部门负责人签字：		申诉人签字：		人力资源部签字：	

7.3 绩效考核面谈辅助风险控制

绩效面谈是绩效管理过程中不可缺少的一个环节，能真正发挥绩效考核的作用，并加深各级主管与下属之间的理解。不过只有掌握了绩效面谈的技巧或是有经验的管理者，才能真正发挥绩效面谈的有效性。

不少管理者不但不能利用绩效面谈改进绩效管理，反而遭到员工的抵制和不满，这还是由于对绩效面谈缺乏一定的了解。

7.3.1　绩效面谈的重要作用

绩效面谈的主要内容就是管理者要对员工的绩效表现进行交流与评价，确定员工本周期绩效表现，然后根据结果，与员工做一对一、面对面的绩效沟通。将员工的绩效表现通过正式的渠道反馈给他们，让员工对自己表现好的方面和不好的方面都有一个全面的认识，以便在下一个绩效考核周期做得更好，达到改善绩效的目的。绩效面谈与绩效考核的关系如图 7–4 所示。

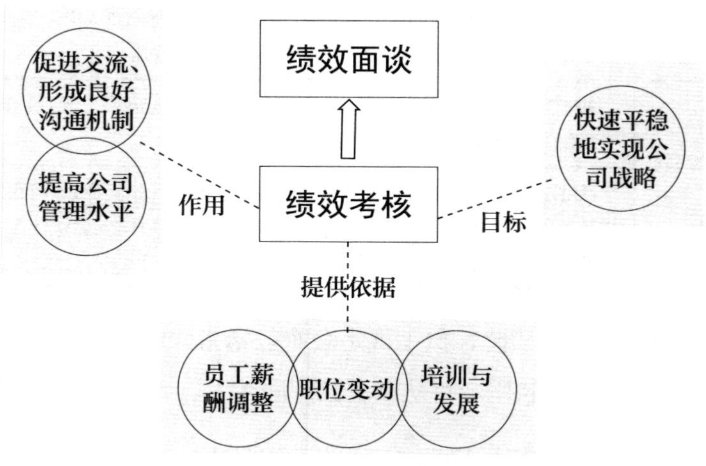

图 7–4

而绩效面谈一般包括如下所示的几个作用。

◆ 根据员工的不足指导员工接下来的工作内容，对需改进的方面进行总结，提醒员工注意。

◆ 指出员工的优势，让员工在今后的工作中加以利用。

◆ 通过员工的优点激励员工。

◆ 设置下一阶段的绩效目标，建立绩效改善方案。

◆ 对上一考核周期的考核结果与员工达成一致意见，了解员工的真实想法。

7.3.2 如何有效开展绩效面谈

管理者要开展绩效面谈，首先要做好相应的准备，不然面谈时容易前言不搭后语，浪费双方时间。如表 7-4 所示。

表 7-4 面谈准备的实施方面

准备方面	具体内容
面谈时间	管理者应在面谈开始前便决定好面谈时间，尽量不要安排在考勤时间前后，最好选择双方都有空闲的时间，并提前 3 天通知员工，征询员工的意见
面谈场所	选择面谈场所时要以清净、不受打扰为原则，避免面谈中途被打断。当然面谈场所也不宜太过开放，一般选择小型会议室或接待室
面谈资料	提前准备好员工绩效考评表，连同员工日常表现记录、员工工作总结、员工岗位说明书等一并备齐，以防面谈有用
面谈程序	为了让绩效面谈更加有的放矢，管理者最好一开始就计划好面谈的基本流程及各阶段的时间分配，只有计划好如何开始、先谈什么、后谈什么、如何结束，才能更好地利用短暂的面谈时间

在正式开始绩效面谈时，员工肯定会有些紧张，所以管理者其中一个责任便是营造轻松的谈话氛围。可从以下几方面入手。

①管理者的服饰无需太正式，一般的工作服或是衬衫即可。

②管理者不可太严肃，随和、自然一些，否则会无端给员工压力。

③注意座位安排，不能双方距离不能太近，也不能太远，双方最好为90° 直角而坐。

④主动关闭自己的手机，尊重员工。

⑤面谈开始时可聊些轻松的话题，如天气、最近的工作，以便过渡到下一阶段。

真正进行面谈时，管理者要掌握好面谈的进程，不能浅尝辄止短短几分钟便谈完了，也不能喋喋不休没有重点，耗费员工几个小时的时间。具体应按图 7–5 所示的步骤进行。

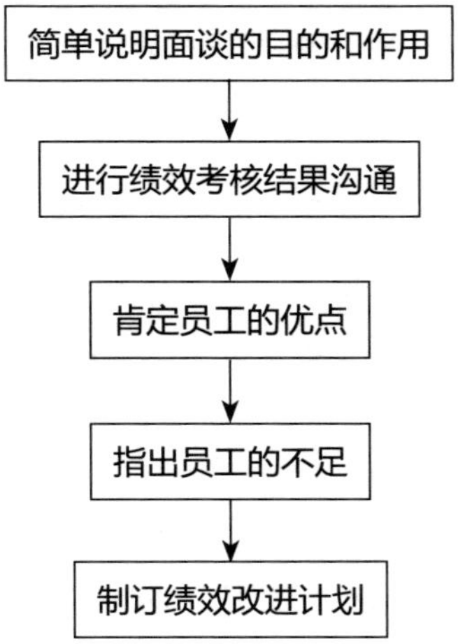

图 7–5

各项面谈程序完成时应立即停止面谈，不要做无谓的工作，普通员工面谈时间一般以 30 ～ 60 分钟为宜，中层主管一般以 60 ～ 120 分钟为佳。

7.3.3　绩效面谈证据的搜集

绩效面谈虽然只是简单地交谈，但是管理者也要注意自己的行为，不做失当的行为，造成员工的不满，还有可能被员工投诉。

最常见的失控情况就是管理者与员工沟通其不足和缺点时，如果管理者不注意表达方式，太过直接，又不注意员工情绪，很可能导致员工出现抵触、不配合的情绪和行为，所以管理者在面谈时要掌握以下两个要点。

◆ 收集证据支持绩效结果

员工绩效成绩不好，进行面谈的管理者不能只以绩效考核结果为准，还要给出相关依据才能让员工信服。最好有事实依据，如员工考勤记录、客户投诉记录、关键事件记录等。否则员工很有可能拒绝考核结果和相关惩罚规定，阻碍绩效管理的实施。

◆ 表达温和

就算员工的绩效成绩很差，管理者也要注意用词，不要使用极端化的语言，可能对员工造成人身侮辱。

根据《劳动法》第九十六条规定：用人单位有下列行为之一，由公安机关对责任人员处以十五日以下拘留、罚款或者警告；构成犯罪的，对责任人员依法追究刑事责任：（二）侮辱、体罚、殴打、非法搜查和拘禁劳动者的。

根据《劳动合同法》第八十八条规定：用人单位有下列情形之一的，依法给予行政处罚；构成犯罪的，依法追究刑事责任；给劳动者造成损害的，应当承担赔偿责任：（三）侮辱、体罚、殴打、非法搜查或者拘禁劳动者的。

所以管理者一定要注意自己的言行，不要使用绝对化的词语，如“总是、从来、从不、完全、极差、太差、决不、从未、绝对”等。避免以下的语句出现在对话中。

“你对工作从不尽心，总是马马虎虎”。

“你这个季度的业绩太差了，简直是一塌糊涂”。

“你的工作贡献从未令人满意过，照这样下去，在公司绝对没有任何发展前途”。

因此，管理者在面谈时要多使用中性字眼，而且还要注意用相对缓和的语气。

7.4 如何合规运用绩效考核结果

进行绩效考核，得出绩效结果并不是最终的目的，而是要好好地利用绩效结果，改善员工现状和企业管理问题。

7.4.1 将考核结果运用于培训管理

在绩效考核结果出来后，有的员工考核优秀，自然也有员工考核不及格或差强人意。对于考核成绩没有达到平均线的员工，企业不能放任不管，而要根据每个员工的不足进行培训，设计培训计划，明确培训主题、重点及考核方向。

所以绩效考核结果的运用在员工培训上是相得益彰的，而管理者首先要做的就是对员工绩效成绩不好的原因进行分析，可能包括工作态度有问题、工作技能没有达到标准、工作经验不足等。

而在规划培训时，人力资源部要和各部门通力合作制订出科学合理的培训方案，最重要的是要吸取各部门领导和员工的意见。下例为某公司绩效结果培训运用。

1.年度考核完成15个工作日内，人力资源部将每个员工的业绩考核文件及员工能力状况进行统计分析，制订针对不同员工的年度培训计划，并向总经理汇报。

2.总经理批准全体员工年度培训计划后，人力资源部应在1个月内制订各岗位员工年度能力培训方案。

3.对于工作业绩或者工作能力某一方面优秀，但是另一方面有待改善的员工，人力资源部将与这些员工进一步沟通，了解培训需求，确定有针对性的培训方案。

在设计具体的培训计划时，不能不考虑以下要点。

培训要系统。如果培训太过单一、片面，起到的效果是微乎其微的，所以不能今天培训这样，明天培训那样，而应该分析判断部门员工或企业员工的薄弱项有哪些，然后统一培训，制作完整的培训计划。一般可通过列示大纲来展开规划。

培训也要有奖惩。企业花时间进行培训自然是为了员工能有进步，并提高工作效率，让企业经营能更上台阶。如果员工不当回事，反而觉得浪费自己的时间，就显得培训多此一举了。所以企业除了要详细地说明培训的意义之外，还要设置培训奖惩制，并通过考试来验证员工的培训效果。

培训方式多样。管理者要知道培训的方式不止有传统的课程培训和试卷测验，根据岗位的不同，管理者可设计不同的培训方式。如实操类岗位，更适合在实际岗位上边培训边操作；而在外跑业务拉投资的岗位，更适合情景模拟的培训方式。设计对了培训方式才能让培训的效果达到最大。

分批培训。员工的水平不一样，培训的内容和标准也是不一样的，所以要进行分批培训，有针对性地设计课程内容。以免难易程度不同，让有的员工难以理解，有的员工又觉得过于简单。

7.4.2 将考核结果运用于调岗调薪

绩效考核结果的最基本的作用便是调岗调薪。根据绩效考核结果，可将员工划分为不同的绩效考核等级，如 ABCDE。根据这些等级，可对员工的工资、岗位薪酬、绩效薪酬等进行划分，或进行岗位异动。

◆ 工资发放

一般来说，绩效考核结果都会与员工工资挂钩，这也是绩效考核引起员工重视的原因之一。如下例所示为利用绩效考核结果发放工资。

员工业绩工资的发放

1.高管人员的季度考核等级与业绩工资挂钩，本季度考核等级影响下一季度每月的业绩工资发放额。

季度考核等级	S	A	B	C	D
季度绩效系数	150%	125%	100%	60%	30%

业绩工资发放额=季度绩效系数×业绩工资基数

2.部门负责人与普通员工的季度考核等级与业绩工资挂钩，本季度考核等级影响下一季度每月的业绩工资发放额。

季度考核等级	S	A	B	C	D
季度绩效系数	130%	115%	100%	80%	50%

业绩工资发放额=季度绩效系数×业绩工资基数

◆ 岗位异动

调薪只是最基本的绩效结果运用，如果员工能力有限，已经不能胜任工作，或是不宜留在原岗位，就要对员工进行调岗处理。调岗有几种类型：升职、降职、换岗、辞退，而调岗的依据来自绩效考核管理的结果。如下例所示为调岗应用。

一、员工晋升

年度绩效考核结果是人力资源部决定员工是否晋升的重要依据，对考核成绩优秀的员工，人力资源部通过与该员工绩效面谈了解员工晋升潜力，最终制订员工晋升提案并上报考核委员会。

下一年度的绩效商讨会，公司领导根据公司发展需要和岗位空缺情况，讨论员工晋升提案，最终决定员工晋升名单及员工晋升岗位。人力资源部以人事通报形式发布晋升员工名单，并以书面形式通知晋升者。

二、工作调动

如果被考核人认为在别的岗位更能发挥其能力并能提高工作业绩，该员工可在年度绩效考核结束后1个月内提出工作调动要求。

人力资源部通过对该员工的工作业绩、工作能力和工作态度的年度考核情况作综合评估。

如果人力资源部认为该员工符合目标岗位的要求，则将情况通报考核委员会，同时通知该员工所在部门的经理和目标部门的经理，让其三者协商。经所在部门经理和目标部门经理同意后，考核委员会批准后予以实施。

三、辞退

根据员工年度考核结果，对于考核等级连续两年为D的，公司可以终止与员工签订的年度劳动合同。

人力资源部在每年年度考核结束之后，提交连续两年为D的员工名单，考核委员会决定是否辞退。

7.4.3　试用期考核不合格的证据搜集

李某是成都市某营销公司广告设计部新招入的设计师，刚毕业一年，与公司签订了两年的劳动合同，并约定了一个月的试用期。在试用期内，李某工作能力有限，设计的广告内容没有通过主管的考核。

所以在试用期满前，公司人力资源部主管与其解除了劳动关系。李某不服，认为该公司的解雇没有按照国家规定进行，于是提起劳动仲裁。劳动局认为，该公司没有提供李某不能胜任工作的直接证据，所以属于违法解除劳动合同。

上述案例在日常的人事活动中经常出现，而这种情况的处理关键就在于用人单位是否能凭主观意见认定员工不符合录用条件。

虽然试用期并非正式入职，但是企业也不能随意解除与员工的劳动关系，根据《劳动合同法》第三十九条规定：

劳动者有下列情形之一的，用人单位可以解除劳动合同：（一）在试用期间被证明不符合录用条件的。

所以企业必须提供合理的能够证明员工不符合录用条件的依据或证据。所以管理者要注意收集相关资料以证明辞退决定是合法的。那么，具体要如何操作呢？

（1）约定录用条件

在签订劳动合同时一定要约定好录用条件相关条款（包括岗位职责），这样才能在产生纠纷的时候，找到依据。录用条件一定要是书面呈现的，并且是员工知道且认可的，一般会在劳动合同或员工手册中提及。

管理者要注意写入劳动合同中的录用条件条款，只需双方签字便可；若只在员工手册中详细列示，那么需将员工手册进行公示，并让员工熟知，再签字确认。录用条件一般包括以下几方面内容。

◆ 工作能力条件，包括所需工作技能、学历、工作经验。
◆ 员工身体素质和特殊健康要求。
◆ 工作态度要求和基本的工作准则（如考勤）。
◆ 纠纷处理条款，即在法律法规上进行要求。

如下例所示为某公司劳动合同中关于录用条款的相关内容，可作借鉴。

一、试用期内劳动者有下列情形之一，即属于不符合录用条件：

1.向用人单位提交伪造、变造、骗取的学历、学位、职称证书、资格（技能）证书，及有关单位或组织出具的各种文书或证明文件等的；向用人单位提交的工作和社会经历、入职声明中所载内容存在不实的；就和用人单位存在利害关系的事项提供虚假证明或进行虚假描述的。

2.隐瞒现仍处于传染期的疾病。

3.隐瞒和其他单位存在劳动关系的事实。

4.和用人单位签订劳动合同后的10日内未向本单位提交社保和档案转移手续，及配合单位办理社保关系的。本项如和《劳动合同书》的相关约定发生冲突，则以《劳动合同书》的约定为准。

5.试用期内有任何违法犯罪行为，或受到《治安管理处罚法》处罚的。

6.在试用期内请假天数（如事假、病假、婚丧假、孕产假等）超过试用期天数（按自然月历天数计算）的1/30的。

7.一次性给用人单位造成损失达到300元的。

8.工作中因失误、技能缺陷使其他有工作流程关系的岗位在1个工作日内采取返工、停工达到4小时，或延长工作时间超过两个小时的。

（2）试用期考核

虽然员工刚入职，进行绩效考核作用不大，但是试用期的考核尤为关键，可以从侧面了解到员工是否有胜任工作的能力。对于试用期员工的考核，显然不适用一般的考核体系，所以企业应该专门设计试用期考核方案。

当然，试用期考核的内容、标准、方式、评分方式等都要事先告知员工，并且其没有表达反对意见，可在劳动合同中约定，也可以单独成册并让员工签字认同。在考核结束后，也要在第一时间将绩效考核结果告知员工，并使其接受。如下例所示为某公司劳动合同的附件内容。

试用期对录用条件的考核

1.本单位将不晚于劳动者的试用期满前5日对其进行试用期考核。

2.人力资源部专员、试用期内劳动者所在部门负责人、用人单位负责人组成的考评小组对劳动者进行“主观试题书面考核”。该考核的权重占百分制考核的20%。如试用期内劳动者从事的是管理岗位，该考核的权重占百分制考核的50%。

3.由试用期内劳动者所在部门的劳动者对其团体合作精神、敬业程度进行“民主评价”。该评价视同考核，其权重占百分制考核的10%。

4.试用期内劳动者所从事的岗位设立“试用期绩效考核”机制，以下情形若出现的，视为该月的绩效考核分数为零。

技术岗位：工作中因失误、技能缺陷给用人单位的生产资料造成的损失达200元。

销售岗位：月销售额未达到原标准的。

勤务岗位：因工作原因遭到本单位或外单位相关人员书面投诉，经查属实的。

5.“试用期百分制考核”达到80分（含）的劳动者属于符合录用条件范围；否则不属于符合录用条件范围。

6.单位向试用期内劳动者送达试用期百分制考核表后，并不意味着劳动者的劳动合同随即转正或随即解除。对符合录用条件的劳动者，单位会在试用期内向其送达试用期劳动合同转正通知书；如一直未送达，则视为其试用期满后劳动合同自行转为正式劳动合同。对不符合录用条件的劳动者，单位会向其送达试用期内解除劳动合同通知书，但最终试用期劳动合同的解除以向其送达解除劳动合同的证明为准。

7.本试用期录用条件作为劳动合同的附件。

8.本试用期录用条件经职工代表大会、全体职工讨论，相互听取了意见和采纳彼此的方案，经职工代表平等协商确定后，并向全体劳动者进行公示后已生效。

（3）解雇期限

企业认为员工不符合录用条件，要解除与员工的劳动合同，除了有凭有据以外，还要注意解雇期限一定要在试用期内，而且还应该是法律规定的试用期内。根据《劳动合同法》第十九条规定：

劳动合同期限三个月以上不满一年的，试用期不得超过一个月；劳动合同期限一年以上不满三年的，试用期不得超过二个月；三年以上固定期限和无固定期限的劳动合同，试用期不得超过六个月。

一旦超出试用期，企业就不能以试用期的相关规定来解除劳动合同了，而要以正式员工的相关法律法规来办理辞退手续。

7.4.4 注意考核结果扣罚工资的合理性

用人单位实行绩效考核一般都要与工资挂钩，既然是绩效考核，就有相应的奖惩机制，首当其冲的便是员工工资。一般来说，绩效考核成绩好的，工资便高，那绩效考核成绩不合格的，企业能够扣罚其工资吗？

一般来说，根据《工资支付暂行规定》第十五条规定：

用人单位不得克扣劳动者工资。有下列情况之一的，用人单位可以代扣劳动者工资：

（一）用人单位代扣代缴的个人所得税；

（二）用人单位代扣代缴的应由劳动者个人负担的各项社会保险费用；

（三）法院判决、裁定中要求代扣的抚养费、赡养费；

（四）法律、法规规定可以从劳动者工资中扣除的其他费用。

这是否意味着企业不能依照绩效考核对员工工资进行扣除呢？来看下面一个案例。

| 范例解析 | 劳动合同中未约定绩效考核内容，企业实施绩效考核无效

罗某是某单位的销售员，与该公司签订两年的合同，在该公司已经工作了一年。不过最近，该公司的业绩有所下滑，为了提高销售业绩，公司决定为每个销售员制订绩效考核方案，规定每月销售指标。达标的员工进行绩效奖励，未达标的员工进行绩效惩罚。

实行绩效考核的当月罗某没有达到业绩标准，所以依照绩效考核制度扣除了原薪酬的5%。罗某不满，于是提起劳动仲裁。

上述案例中的公司显然是违反了相关法律，最大的问题就是没有在劳动合同中约定绩效考核的内容，在员工工作一年以后，才开始推行绩效考核，属于变更合同内容。公司必须按照劳动合同中约定的金额支付员工工资。

通过上例能够给管理者以启示，要点如下。

①要对员工进行绩效考核，应该提前在劳动合同中约定绩效工资，且要保证员工每月所得工资不能低于当地最低工资标准。

②绩效考核制度及相关内容应该进行公示，让全体员工知道了解，并签字确认。

③考核结果不及格需要作出扣罚工资的决定时，需要员工的确认签字，否则很难赢得仲裁。

除了上述案例外，还有另一种比较严重的情况，即员工在工作中出错造成企业经济损失的，根据《工资支付暂行规定》第十六条规定：

因劳动者本人原因给用人单位造成经济损失的，用人单位可按照劳动合同的约定要求其赔偿经济损失。经济损失的赔偿，可从劳动者本人的工资中扣除。但每月扣除的部分不得超过劳动者当月工资的20%。若扣除后的剩余工资部分低于当地月最低工资标准，则按最低工资标准支付。

所以，管理者一定要注意，重要的内容都需要在劳动合同中约定清楚，才能依合同内容对员工进行相关处罚。

7.4.5　末位淘汰并不等于不胜任本职工作

有很多企业在进行绩效考核时，会使用“末位淘汰”的方式来激励员工。

末位淘汰即根据绩效考核结果，对员工进行排名或把员工划分为三大类，排在最后的便进行相应的处罚。

这种考核方式看似能有效激励员工，使员工永远保持竞争力，以免被淘汰，不过从法律上来讲却有很大的问题。下面来看一个案例。

| 范例解析 | 末位淘汰考核机制不能作为解雇员工的依据

周某是某公司行政部的行政人员，在进入公司的时候，双方签订了劳动合同，并将末位工资制的内容放入了合同条款中，周某没有反对。

在进入公司一年以后，周某的绩效水平一直保持在中等水平，所以年末进行绩效总结时，没有纳入部门淘汰名单中。可是第二年，随着工作内容发生改变，周某的绩效成绩经常垫底，在该年年末时，由于综合平均成绩在末位，所以公司便对她作出了解雇决定。

周某觉得这种考核形式很不合理，所以拒不接受，并向劳动局提起仲裁。最后劳动局判公司撤销解雇决定。

根据《劳动合同法》第三十九条规定：

劳动者有下列情形之一的，用人单位可以解除劳动合同：

（一）在试用期间被证明不符合录用条件的；（二）严重违反用人单位的规章制度的；（三）严重失职，营私舞弊，给用人单位造成重大损害的；（四）劳动者同时与其他用人单位建立劳动关系，对完成本单位的工作任务造成严重影响，或者经用人单位提出，拒不改正的；（五）因本法第二十六条第一款第一项规定的情形致使劳动合同无效的；（六）被依法追究刑事责任的。

第四十条规定：

有下列情形之一的，用人单位提前三十日以书面形式通知劳动者本人或者额外支付劳动者一个月工资后，可以解除劳动合同：

（一）劳动者患病或者非因工负伤，在规定的医疗期满后不能从事原工作，也不能从事由用人单位另行安排的工作的；（二）劳动者不能胜任工作，经过培训或者调整工作岗位，仍不能胜任工作的；（三）劳动合同订立时所依据的客观情况发生重大变化，致使劳动合同无法履行，经用人单位与劳动者协商，未能就变更劳动合同内容达成协议的。

末位淘汰不符合以上两条规定的任意一点，而且末位淘汰是一种考核机制，并不能从实际指出员工不能胜任工作，只能说明员工的工作能力不如其他员工。

而根据关于《中华人民共和国劳动法》若干条文的说明的有关规定：

本条第（二）项中的“不能胜任工作”，是指不能按要求完成劳动合同中约定的任务或者同工种、同岗位人员的工作量。用人单位不得故意提高定额标准，使劳动者无法完成。

若是劳动合同只约定了末位淘汰，而没有对工作内容、工作量进行约定，是不能直接证明员工无法胜任工作。

所以管理者要慎用末位淘汰机制，不仅可能产生负面的激励影响，还有可能违反国家法律。

7.4.6　保留辅助证明材料避免举证不足

在前面的内容中，我们也提到了绩效考核结果的依据非常重要，企业依据绩效结果对员工做出相应处理，那么企业就要保证处理是合规合法的，且负有举证责任。

如果发生劳动争议和纠纷，企业只能提供绩效考核结果，却没有相应的辅助证明材料，很难被劳动仲裁机构采信。常见的辅助证明材料包括考勤记录、客户投诉信等。至于如何收集汇总并保存相关资料，可以采取如下所示的一些方法。

◆ 资料分类

绩效资料可按部门、考核形式、考核内容进行分类，再在同类中继续分类，如行政部－考勤表。分类后，需要对资料进行编号，这样可方便查找，编号方式以分类方式为主，如部门编号 XZ1，再到资料类型 KQ，再到小组 01，再加上员工编号，最终编号为 XZ1−KQ−015342。

◆ 资料归档

对于重要绩效资料，收集分类后就要进行归档，应依编号顺序以活页方式装订于相关类别的档夹内，并视实际需要使用“见出纸”注明编号，以便翻阅。档夹的背脊应标明档夹内所含资料的分类编号及名称，以便查档。

企业最好把所有资料予以扫描，做成电子文档。资料目录与纸质一致，查找方便。

第八章

规章制度，企业内部重要的法律文件

规章制度是企业用来规范劳动者工作标准、行为的文件。在应对劳动争议纠纷时，企业的规章制度常常会作为重要的证据材料提交给审理机构，但只有合法合规的规章制度才能作为劳动争议案件审理的依据。因此，对企业来说，制定一套合法有效的规则制度格外重要。

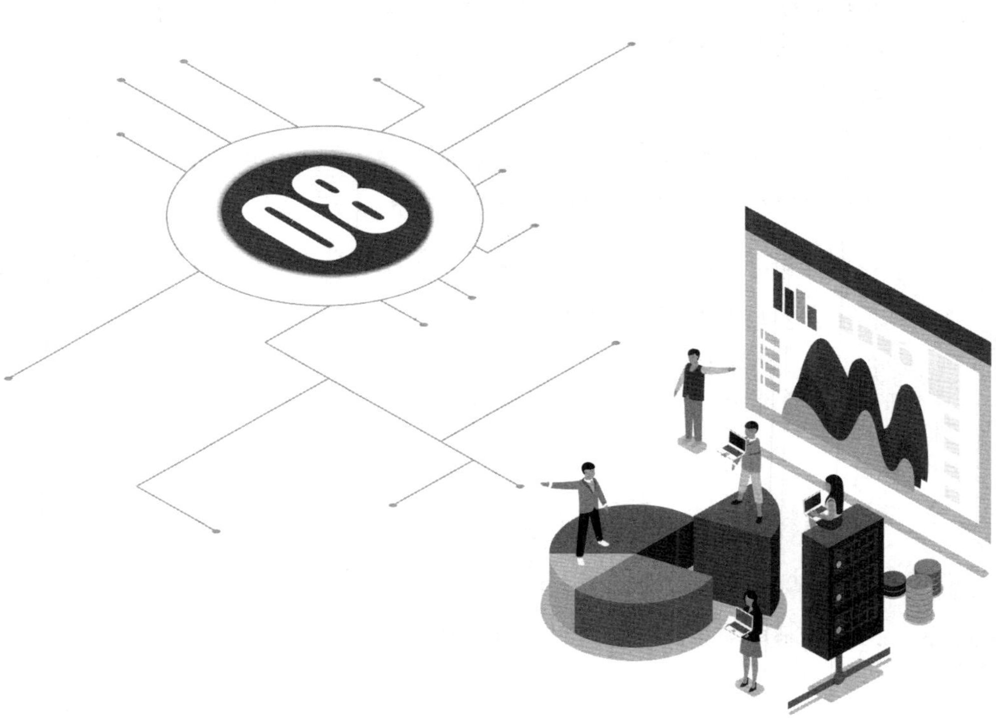

8.1 制定合法有效的规章制度

规章制度涉及员工内部管理的各个层面，是企业内部重要的“法律文件”，但无效的规章制度无法对员工产生法律约束力，企业应注意规章制度内容及程序的合法性。

8.1.1 企业规章制度所具有的法律效力

从企业内部管理的角度来看，规章制度明确各个岗位的工作职责及管理规范，根据《劳动合同法》第四条：

第四条 用人单位应当依法建立和完善劳动规章制度，保障劳动者享有劳动权利、履行劳动义务。

用人单位在制定、修改或者决定有关劳动报酬、工作时间、休息休假、劳动安全卫生、保险福利、职工培训、劳动纪律及劳动定额管理等直接涉及劳动者切身利益的规章制度或者重大事项时，应当经职工代表大会或者全体职工讨论，提出方案和意见，与工会或者职工代表平等协商确定。

在规章制度和重大事项决定实施过程中，工会或者职工认为不适当的，有权向用人单位提出，通过协商予以修改完善。

由此可见，《劳动合同法》赋予了企业建立和完善规章制度的权利，那么企业要怎么保证规章制度具有法律效力呢？在制定规章制度的过程中，企业应做到以下几点。

（1）内容合法

内容合法是指规章制度的内容不能违背相关法律法规及政策的规定，如企业在规章制度中规定员工统一不缴纳社会保险，这样的规定就是不合法的。在具体制定规章制度时，可在符合法律法规和政策规定的前提下，结合企业实际来确定规章制度的具体内容。

除合法性外，规章制度的内容还应兼顾合理性，如规章制度规定迟到3分钟即视为旷工，这样的规定就不太合理。在劳动争议案件中，不合理的规章制度会面临无法作为审理依据的风险。实践中，企业可从以下几方面来把握规章制度的合理性。

- **符合企业经营特点：**规章制度中对工时、福利、薪酬等的规定不能照搬其他企业的规定，应符合企业经营的特点。如某营销公司为体现营销人员的专业性，在规章制度中要求所有营销人员在工作期间统一穿西装、打领带，这样的规定就是合理的。
- **罪责罚相适应：**罪责罚相适应是指对员工违纪行为的处罚规定不能扩大违纪情节或加重违纪责任。如规章制度规定迟到5分钟即视为严重违纪，可单方面与员工解除劳动合同，这样的规定就明显不合理，难以保障员工的权益。
- **应符合情理：**规章制度的内容应符合普遍的社会情理，不应强人所难。如规章制度规定员工必须无条件加班，或者规定员工下班后仍需穿职业装，这样的规定就有违情理。

（2）程序合法

程序合法是指规章制度应经民主协商程序制定。从《劳动合同法》第四条的规定可以看出，企业在制定或修改规章制度的内容时，对于涉及劳动者切身利益的，应经职工代表大会或全体职工讨论，提出方案和意见，与工会或者职工代表平等协商确定。未经民主程序制定的规章制度，会面临无效风险。

对于大型企业来说，由于员工人数较多（100人以上），一般由企业选举产生的职工代表参与规章制度的制定或修改。对于中小型企业来说，员工人数较少（不足100人），可通过举行全体职工大会来制定或修改规章制度。

（3）公示公告

公示公告是指企业将通过民主程序制定的规章制度告知员工的过程。在面对劳动纠纷时，很多企业常常会因为无法提供曾经向员工公示规章制度的证据而导致败诉。因此，企业应明确规章制度公示告知的程序，同时还应注意留存公示的证据。

知识延伸｜规章制度可作为劳动争议案件审理的依据

根据《最高人民法院关于审理劳动争议案件适用法律若干问题的解释（一）》：第十九条 用人单位根据《劳动法》第四条之规定，通过民主程序制定的规章制度，不违反国家法律、行政法规及政策规定，并已向劳动者公示的，可以作为人民法院审理劳动争议案件的依据。

8.1.2 企业制定规章制度要分 3 步走

从《劳动合同法》中关于规章制度内容的规定可以看出，企业制定或修改规章制度主要分 3 步走。

◆ 职工代表大会或者全体职工讨论

在经职工代表大会或者全体职工讨论前，一般由人力资源部拟定规章制度草案，再通过会议进行讨论。为确保规章制度确立的程序是合规的，在召开职工代表大会或者全体职工讨论会时，应让参加协商的人员在会议签到表上签到，如表 8-1 所示。

表 8-1 会议签到表

会议名称					
会议时间	年　月　日　时　分				
参加部门					
主持人		主办部门		地点	

续上表

序号	签名	序号	签名	序号	签名
1		4		7	
2		5		8	
3		6		9	

◆ 提出方案和意见

在会议过程中，参加协商的人员会在会议上发言，此时，会议记录人员应做好员工意见的汇总记录，如表 8–2 所示。

表 8–2 规章制度意见汇总表

序号	条文内容	意见内容	提出人
1			
2			
3			
4			
5			
参会人员签字：			

在会议过程中，还应整理好会议纪要，会议结束后让参加协商的人员签字确认。同时，将形成的会议纪要、规章制度意见汇总表整理归档。另外，也可以将现场的会议视频进行存储保留，以作为规章制度经过民主程序制定的依据。

◆ 与工会或者职工代表平等协商确定

在充分听取员工的意见后，结合提出的方案和意见对规章制度草案进行修改。该过程中应做好协商程序的书面记录，如规章制度表决汇总表，如表 8–3 所示。

表 8-3　规章制度表决汇总表

<table>
<tr><td rowspan="2">序号</td><td rowspan="2">表决内容</td><td colspan="3">表决结果</td><td>结果</td></tr>
<tr><td>赞成数</td><td>弃权数</td><td>反对数</td><td>是否通过</td></tr>
<tr><td>1</td><td></td><td></td><td></td><td></td><td></td></tr>
<tr><td>2</td><td></td><td></td><td></td><td></td><td></td></tr>
<tr><td>3</td><td></td><td></td><td></td><td></td><td></td></tr>
<tr><td></td><td></td><td></td><td></td><td></td><td></td></tr>
<tr><td></td><td></td><td></td><td></td><td></td><td></td></tr>
<tr><td colspan="6">参会人员签字：</td></tr>
</table>

协商过程中所形成的规章制度表决汇总表应让参加协商的人员签字确认。

8.1.3　规章制度公示公告的方式

公示公告是保证规章制度对员工具有约束力的重要程序，常用的公示公告方式有以下几种。

- **电子邮件送达**：通过电子邮件向员工发送规章制度，在发送电子邮件时，应注明让员工阅读并回复，同时保留好发送记录和员工回复的记录。
- **传阅签字**：在企业内部进行规章制度的传阅，让完成阅读的员工在阅读确认表上签字确认。在阅读签字表中可写明“本人已认真阅读并知晓了公司的相关规章制度、规范、流程等，并承诺严格遵守”。
- **员工手册签收确认**：将规章制度制作成《员工手册》发放给员工，并让员工签收，如图 8-1 所示为《员工手册》收阅确认书。

《员工手册》收阅确认书

员工姓名：　　　　　　　　　　　　所在部门：

一、本人已阅读××××有限公司的《员工手册》，并已充分了解并承诺遵守该手册中载明的各项准则。

二、本人认可：凡违反任何该《员工手册》中要求的行为，可构成警告、纪律处分、辞退相应处分的事由。

三、本人知悉：对该《员工手册》中所规定的事项如有任何疑问，将向部门负责人或人力资源部咨询。

员工签字：______________　　　　收阅日期：________年_____月_____日

图 8-1

◆ **劳动合同附件**：将规章制度作为劳动合同附件，并在劳动合同中约定劳动者已详细阅读并承诺遵守规章制度，如“甲方提醒乙方注意公司的规章制度，乙方在签订本合同前已经仔细地阅读且知晓了甲方根据国家法律、法规及甲方实际制定的《员工手册》和其他规章制度，并承诺在工作中自觉遵守，且作为处理双方之间劳动争议的依据”。

◆ **公告栏公示**：在企业网站、OA 系统、公告栏公示规章制度，让员工自行阅读。这种方式的举证难度较大，企业最好通过拍照或录像的方式进行公示记录，同时让员工在一定期限内完成规章制度的阅读，并在阅读确认表上签字，如图 8-2 所示为企业在自身的新媒体平台上公示规章制度。

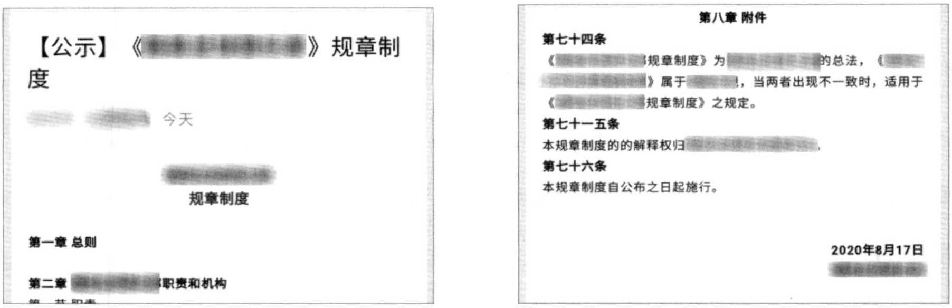
【公示】《[redacted]》规章制度

[redacted] 今天

[redacted]

规章制度

第一章 总则

第二章 [redacted]职责和机构

第八章 附件

第七十四条

《[redacted]规章制度》为[redacted]的总法，《[redacted]》属于[redacted]，当两者出现不一致时，适用于《[redacted]规章制度》之规定。

第七十一五条

本规章制度的的解释权归[redacted]。

第七十六条

本规章制度自公布之日起施行。

2020年8月17日

[redacted]

图 8-2

◆ **培训学习**：开展规章制度培训学习，让参加培训的员工签到，也可以在完成培训学习后对员工进行规章制度考核。在规章制度培训签到表中要明确培训的内容是《员工手册》或其他规章制度。

8.1.4 规章制度审核的重点

在规章制度正式公示前，企业有必要对规章制度进行法律审核，以防范规章制度可能存在的风险点。对规章制度进行审核，首先需审查内容，具体包括以下几方面。

- ◆ 审查规章制度是否与现行法律法规及政策规定相抵触。
- ◆ 审查规章制度中条文的表述是否严谨，应避免内容存在歧义。
- ◆ 审查规章制度的内容是否属于员工内部管理的范畴。
- ◆ 审查规章制度的通用条款是否对全体员工都具有普遍的约束性。
- ◆ 审查规章制度的非通用条款是否在与通用性条款相适应的情况下对员工有针对性。
- ◆ 审查规章制度与劳动合同是否存在冲突。
- ◆ 审查规章制度名称的命名，如章程、标准、办法等，了解命名是否规范。

对规章制度的内容进行审核后，还需要对规章制度的可操作性进行审核，了解规章制度的落地执行是否具有可操作性，如企业的规章制度规定员工每天都要培训学习并进行绩效考核，在不考虑该规定可操作性的情况下，企业并不需要对该规定进行修改。但从实际来看，每天进行培训学习和考核是不现实的，因此企业有必要对该规定进行修改。

除以上审查要点外，企业还有必要对规章制度的程序及生效日期进行审查。审查规章制度制定和修改的程序是否合法合规，同时，了解规章制度生效日期的规定是否有遗漏。一般来说，规章制度的生效日期大多是“颁布之日”，如规定“本制度自颁布之日生效”，另外，企业也可以规定“本制度自××××年××月××日起施行”，若规章制度的生效日期不明会影响制度的有效性。

知识延伸｜规章制度与劳动合同存在冲突的优先性判断

根据《最高人民法院关于审理劳动争议案件适用法律若干问题的解释（二）》：第十六条 用人单位制定的内部规章制度与集体合同或者劳动合同约定的内容不一致，劳动者请求优先适用合同约定的，人民法院应予支持。

8.2 指导在职员工的员工手册

员工手册是企业规范内部管理的重要文件，其内容涵盖企业管理的各个方面。通过员工手册，劳动者可以更好地了解企业的组织结构、企业的文化及自身的岗位职责。

8.2.1　员工手册应包含哪些内容

《员工手册》是根据企业自身内部管理的需要制定的，其内容及编排并无定规，一般来说，《员工手册》由以下部分构成。

◆ 目录和前言

目录主要展示《员工手册》的主体内容，前言一般阐述企业的目标、文化理念等内容，主要目的是激发员工向上、进取，同时也让员工感受到企业的精神文化。

◆ 企业概况

企业概况部分主要介绍企业的基本情况，如发展情况、组织机构设置、经营范畴、战略目标、历史大事记等。通过企业概况可以让员工了解到企业的实力及竞争力，让员工快速认识企业。

◆ 劳动人事管理制度

劳动人事管理制度是《员工手册》的重点内容，主要包含企业的各种规章制度，如招聘录用制度、新员工录用考核制度、薪酬与福利制度、考勤制度、绩效管理制度、员工培训与发展制度、保密制度等。

规章制度的内容与员工密切相关，因此员工在阅读《员工手册》时也会重点了解该部分的内容。《员工手册》中规章制度既有对大多数企业普遍适用的通用性制度，如考勤与休假管理制度、绩效管理制度、办公环境与秩序管理制度，也有根据本企业自身特点而制定的具有特殊性制度，如品牌管理制度、对外担保管理制度等。

一般来说，对员工具有普遍约束力，与员工岗位工作和切身利益关联性较高的制度都应包含在《员工手册》中。

◆ 行为规范

行为规范主要包括员工基本素质、工作行为的要求，如工作中的坐姿、站姿，对外交流的规范等。不同类型的企业对于行为规范的要求会有所不同，如服务行业一般会对员工的站姿、着装、见面礼仪等有要求，而加工制造行业由于很少需要对外交流，因此对于员工的站姿、见面礼仪等不会有太高的要求或者不要求。

◆ 附则

附则是《员工手册》的辅助性内容，一般为《员工手册》适用范围、生效日期、修订权、解释权的规定或者其他补充性的内容等。

8.2.2 如何制订适合自身的员工手册

在制定《员工手册》时，应首先确定《员工手册》的基本框架，在确定主框架后，再完善次框架。如图 8-3 所示为某企业《员工手册》目录，可以看出该企业员工手册的基本框架。

××××××员工手册

目　录

前　言……3
上　篇　××企业文化……5
第一章　××概况……6
第一节　××简介……6
第二节　××××××LOGO 释义……7
第四节　××大事记……9
第二章　企业理念……19
第一节　企业宗旨……19
第二节　企业精神……19
第三节　工作作风……19
第四节　战略目标……20
第三章　员工行为规范……21
第四章　员工修身准则……28
第一节　总则……28
第二节　基本素质……28
第三节　综合能力……30
第四节　综合水平……31
第五节　附则……32
附：《员工修身准则》……33
下　篇　××规章制度……40
第五章　人事规章制度……41
第一节　聘用……41
第二节　薪酬与福利……43
第三节　考勤制度……45
第四节　考核激励机制……47
第五节　员工培训与发展……52
第六节　沟通与交流……53
第七节　离职……54
第六章　行政财务及其他规章制度……55
第一节　办公环境与秩序管理制度……55
第二节　信息系统管理制度……58
第三节　档案管理规章制度……62
第四节　差旅费用管理制度……63
第五节　品牌管理制度……65
后记……67

图 8-3

确定了《员工手册》的基本框架后，人力资源部可草拟《员工手册》的内容，在草拟过程中要注意避免闭门造车，而应结合企业实际，与相关部门充分交流沟通，广泛听取员工的意见，避免《员工手册》不切实际。根据企业类型的不同，《员工手册》的基本框架应有所不同，如《建筑公司员工手册》会包含施工安全等内容，而《超市员工手册》则会有接待服务规范等内容，如图 8-4 所示。

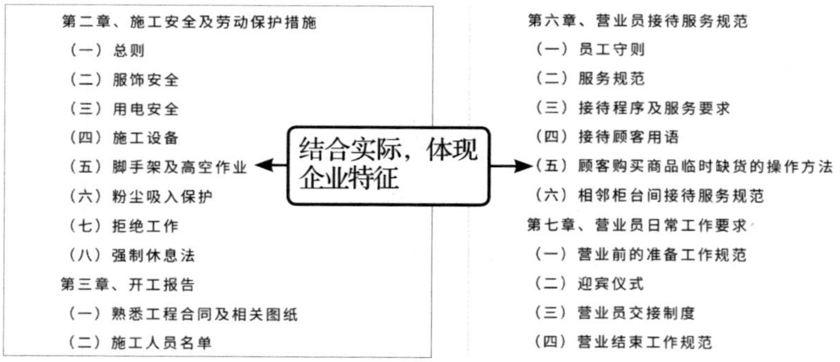

图 8-4

《员工手册》是企业内部的人事管理制度，因此，《员工手册》同样需要按民主程序来制定。《员工手册》中前言和企业概况的部分，其用语可以活泼些，内容可以根据企业的实力及文化特征来书写，而劳动人事管理制度则需保证用语的严谨性，内容则要合法合规同时条理分明、逻辑缜密，应避免语音歧义或定义不准确。

在保证内容合法的基础上，企业还应保证《员工手册》的内容具体合理，如对员工违纪行为的描述，需明确违纪的标准、情形，及什么情况下属于严重违纪等。

8.3 企业常见规章制度的设计

企业的规范化管理和有序运作离不开规章制度对员工行为的指导和约束作用，另外，企业的经营发展也需要健全的管理制度。

8.3.1 招聘录用制度

为有效避免员工入职风险，企业应拟定符合自身的招聘录用制度，招聘录用制度一般有以下几部分内容。

◆ 招聘职责

招聘职责主要明确企业招聘的负责部门及具体的责任范围，一般在招聘录用制度中明确由人力资源部负责企业的聘用事宜，其职责为制订人力资源规划、完善岗位说明书、实施人才选拔录用等。

◆ 招聘渠道

目前，企业招聘可选择的渠道有很多，招聘专员可对不同的渠道进行效果分析，然后在招聘管理制度中明确有效的招聘渠道组合，以避免选择错误的渠道增加企业的招聘成本和用工风险。

常见的招聘渠道有内部推荐、网络招聘、校园招聘、猎头公司、现场招聘等，如表 8-4 所示为招聘渠道分析表。

表 8-4 招聘渠道分析表

渠道类别		优势	劣势	电话邀约成功率	面试入职率	试用期离职率	效果分析
网络招聘	渠道 A						
	渠道 B						
	渠道 C						
人才市场							
校园招聘							
员工推荐							
猎头公司							
企业人才库							
现场招聘							
……							

◆ 招聘流程

规范的招聘流程可以帮助企业有效防范招聘风险，因此，在招聘录用制度中企业应做好招聘流程管理，明确招聘需求确定、录用条件审查、人才甄选、入职审查、人才聘用等环节的具体事项及内容，以规范自身的招聘行为。

如图 8-5 所示为某企业招聘录用制度中关于录用和聘用流程的规定，可以看出，在录用环节该企业明确了须对拟录用人员作背景调查，在聘用环节则明确应聘人员需保证自身提供的资料真实无误。

第十四条　录用

1. 甄选结束后，测评小组成员就甄选情况进行综合讨论及评定，确定候选人最终排名，提出初步录用意见。

2. 对拟录用人员作背景调查。← 背景调查降低招聘信用风险

3. 应聘人员的《录用决定》按权限由领导签署后，行政人事部负责通知员工报到。

4. 对于有意向录用的人选，由人事行政部以邮件或电话的形式发出《员工录用通知》并参加指定医院、指定项目的入职体检。

5. 行政人事部确定意向录用人员报到时间后，填制《拟录用员工信息汇总表》，通知相关部门做好新员工入职前准备工作。

第十五条　聘用

1. 经批准录用人员须按公司规定的时间统一到人事行政部报到，办理入职手续，报到需提供材料：

身份证原件及复印件一份；

学历证原件及复印件一份；

资格等级证书原件及复印件一份；

与原单位离职证明或解除劳动合同证明；

体检报告单；

一寸免冠近照两张。

应聘人员必须保证向公司提供的资料真实无误，若发现虚报或伪造，公司有权将其辞退。

2. 人事行政部引导新进人员根据《新员工入职手续清单》办理入职。

图 8-5

8.3.2　员工考勤制度

考勤管理是企业工作纪律管理的重要组成部分，员工考勤制度应结合企业的工时制度来确定，在具体设计考勤制度时要注意以下几点。

（1）考勤管理不可过于严苛或松散

员工考勤制度中关于出勤、请假、年休假、加班等的规定应公平合理，过于严苛的考勤制度能帮助企业获得较高的出勤率，但也可能引起员工的不满情绪，导致离职率升高。而过于松散的考勤制度可能会导致员工工作懒散，时常迟到、早退，无形中增加企业的用工成本。

为有效避免不良考勤现象，企业要在合法的基础上从提升员工自我约束力的角度出发来制定考勤制度。如可以在员工考勤制度中设置全勤奖，通过

以奖代罚的方式来提高员工考勤率，如图 8-6 所示为某企业员工考勤制度中关于全勤奖的规定。

第三章　考勤管理

第六条 全勤奖

（一）为鼓励员工遵守公司作息时间，按时上下班，特设立全勤奖 200 元/人/月。

（二）有以下情况之一，取消当月全勤奖：

1. 当月迟到或早退累计时间超过 60 分钟的；
2. 当月迟到或早退累计次数超过 5 次的；
3. 当月有旷工行为的；
4. 考勤作弊的。

图 8-6

（2）应有违反考勤制度的后果规定

企业的考勤管理如果没有相应的违规处罚规定，对员工来说考勤的约束力将会大打折扣。在员工考勤制度中，企业可以设计迟到、早退等考勤违规行为的处罚后果。

考勤管理中关于迟到、缺勤、弄虚作假等的处罚规定要把握合理的尺度，如可采用扣除绩效考核分、警告、处分等方式来对员工的考勤违纪行为进行处罚。以绩效考核计分制为例，企业可以规定当月全勤考勤绩效分为 100 分，迟到 10 分钟扣 1 分，迟到 30 分钟扣 5 分；早退 10 分钟扣 2 分，早退 30 分钟扣 8 分，将考勤绩效评分结果作为员工考勤违规的处罚依据，以确保考勤违规处罚有理有据。

另外，企业也可以将员工考勤成绩与绩效奖金等相挂钩，让员工自觉遵守企业的考勤管理制度。

（3）根据岗位性质考勤管理应所有区别

针对不同的岗位，企业的考勤管理也应有所区别，如对于长期需要出差的岗位来说，其考勤管理不应向行政类岗位一样要求员工定时到企业考勤打卡。而应考虑到出差员工的特殊性，采用出差免打卡，月底补卡或使用移动打卡应用，让出差员工在达到出差地后签到打卡的方式来对出差员工进行考勤管理。

（4）关于休假的规定要合法

员工考勤制度中除可以对员工的出勤作出规定外，还可以对员工的病休假管理作出要求。企业可对假期的类型、准假条件及适用人员作出规定，但要避免休假制度与相关法律法规相冲突，如表 8-5 所示为某企业员工考勤制度中关于员工休假的部分规定。

表 8-5　员工休假一览表

假期类型	天数	准假条件	适用人员
带薪年休假	5 天	累计工作已满 1 年不满 10 年	全体员工
	10 天	累计工作已满 10 年不满 20 年	全体员工
	15 天	累计工作已满 20 年	全体员工
法定假日	–	根据国家法律统一规定的休息时间休假	全体员工
婚假	3 天	法定结婚年龄领取结婚证	全体员工
产假	–	符合法律、法规的规定生育子女，按当地规定的休假天数休产假	已婚员工
事假	–	因自身原因需占用工作时间，按批准的请假天数计算事假天数，但全年累计事假天数不得超过 20 天	全体员工

8.3.3　员工薪酬制度

科学合理的薪酬制度不仅能为企业吸引优秀人才，还能提升员工工作的效能，助力企业经营目标的实现。实务中，企业在进行薪酬管理时，常常会遇到各种各样的问题，如薪酬与员工能力不匹配、奖励无法调动员工积极性、薪酬体系增加了企业的用工成本等。

针对以上常见的薪酬管理问题，企业在进行薪酬制度设计时，要从公平性、竞争性、激励性、合法性、经济发展性角度出发来设计薪酬体系。

- ◆ 公平性是指企业的薪酬制度能够体现员工的个人价值，减少不必要的人员流动。
- ◆ 竞争性是指企业的薪酬制度能在同行业有一定的竞争力，能助推企业持续发展。
- ◆ 激励性是指企业的薪酬制度能起到提高员工工作积极性的作用。
- ◆ 合法性是指企业的薪酬标准、发放方式等应符合相关法律法规的规定，如最低工资标准。
- ◆ 经济发展性是指薪酬制度要考虑企业现阶段的经济承受能力及发展的需要，应避免过度追求“高薪激励”而导致薪酬浪费。

在具体制定薪酬制度时，可按照岗位评估、薪酬调查、薪酬设计的步骤来设计薪酬体系。岗位评估的目的是了解不同岗位的职责，以此来确定不同岗位的薪酬等级。薪酬调查的目的是了解行业的薪酬水平，以确保企业的薪酬水平能对人才有一定的吸引力。在薪酬设计阶段，则结合企业的经营发展状况，对不同的岗位进行薪酬匹配，确定最终的薪酬体系。

如表 8-6 所示为某企业员工薪酬制度中关于管理层及后勤员工薪资体系的内容，可以看出其按职级将员工薪资划分为了不同的等级。

表 8-6　管理层及后勤员工薪资体系

职级	级别	基本工资（比例 7）	业绩工资（比例 3）	合计	效益奖金	备注
总监级	E	4 900	2 100	7 000	具体视企业整体效益而定	
	D	4 550	1 950	6 500		
	C	4 200	1 800	6 000		
	B	3 850	1 650	5 500		

续上表

<table>
<tr><th>职级</th><th>级别</th><th>基本工资（比例 7）</th><th>业绩工资（比例 3）</th><th>合计</th><th>效益奖金</th><th>备注</th></tr>
<tr><td>总监级</td><td>A</td><td>3 500</td><td>1 500</td><td>5 000</td><td rowspan="11">具体视企业整体效益而定</td><td></td></tr>
<tr><td rowspan="3">经理级</td><td>C</td><td>2 800</td><td>1 200</td><td>4 000</td><td></td></tr>
<tr><td>B</td><td>2 170</td><td>930</td><td>3 100</td><td></td></tr>
<tr><td>A</td><td>1 960</td><td>840</td><td>2 800</td><td></td></tr>
<tr><td rowspan="3">主管级</td><td>C</td><td>3 000</td><td>1 500</td><td>4 500</td><td></td></tr>
<tr><td>B</td><td>2 800</td><td>1 200</td><td>4 000</td><td></td></tr>
<tr><td>A</td><td>2 170</td><td>930</td><td>3 100</td><td></td></tr>
<tr><td rowspan="3">员工级</td><td>C</td><td>3 000</td><td>800</td><td>3 800</td><td></td></tr>
<tr><td>B</td><td>2 500</td><td>500</td><td>3 000</td><td></td></tr>
<tr><td>A</td><td>2 000</td><td>300</td><td>2 300</td><td></td></tr>
<tr><td>备注</td><td colspan="6">1. 薪资结构：
月薪 = 基本工资 + 业绩工资 + 效益奖金（奖金 + 保险），社会保险以签订的劳动合同为准，基本工资 : 业绩工资 =7:3。
2. 各级主管只配备副职，正职靠工作业绩考核晋升。
3. 绩效工资每月须进行考核后确定多少发给，月度考核满分 100 分，各人绩效工资除以 100 分，即为每分的工资。如考核分低于 60 分，则无业绩工资；如达到 100 分，则拿本人绩效工资的 120%。
各管理岗位考核指标及标准由人力资源部配合各部门制订。
4. 所有新入职的员工均需经过 3 个月的试用期。试用期员工的薪资按批准岗位工资的 80% 发放。
5. 试用期满，正式合格的员工，予以增加发放岗位工资。如试用期工作表现、业绩突出，经严格考核，可提前 1 ~ 2 个月转正。</td></tr>
</table>

实际操作中，企业要根据自身情况来设置合理的岗位薪资等级。具体可参考如表 8-7 所示的薪酬策略来确定固定工资与浮动工资的比例。

表 8-7　固定工资 + 浮动工资薪酬策略

要素	高弹性薪酬	中弹性薪酬	低弹性薪酬
固定工资	0% ~ 60%	60% ~ 80%	80% ~ 100%
浮动工资	40% ~ 100%	20% ~ 40%	0% ~ 20%
特点	浮动工资所占比例较大，对员工的激励性较强，但员工稳定性可能较低	浮动工资所占比例相对较小，对员工有一定激励性，同时也能保证员工的稳定性	浮动工资所占比例较小，对员工的激励性较弱，但员工稳定性一般较高

在员工薪酬制度中，企业可以根据生产经营特点和经济效益来确定具体的薪酬分配方式和工资水平。但要注意薪酬水平不能低于法律底线，在采用结构工资制设置薪酬结构比例时，要明确工资由哪几部分构成，及基本工资、业绩工资、奖金津贴等的数额和发放标准，在保证薪酬管理灵活性的同时有效防范因薪酬问题所带来的劳动纠纷。

8.3.4　办公环境管理制度

为创造整洁、舒适的办公环境，企业可以对办公环境和秩序作出要求。一般来说，办公环境管理主要包含个人区域办公环境管理、公共区域办公环境管理和会议室环境管理 3 个部分。

- **个人区域办公环境管理：** 主要对员工办公桌、办公用品等的摆放和整理作出规范要求。
- **公共区域办公环境管理：** 主要对公共设施和环境作出规范要求，如茶水间、打印机的使用等。
- **会议室环境管理：** 主要对会议室设施和环境的维护作出规范要求，如椅子的摆放、会议设备的使用。

除以上 3 方面内容外，企业还可以在办公环境管理制度中对员工着装、安全管理等作出要求，如图 8-7 所示为某企业的办公环境管理制度。

办公环境管理制度

第一章　总则

第一条　为规范办公区域的管理，创造文明、整洁的办公环境，维护正常的办公秩序，树立良好的企业形象，培育良好的公司文化，提高办公效率，利于公司各项工作的开展，特制定本管理制度。

第二条　本制度适用于在××××××的员工。

第二章　个人办公区域环境管理

第三条　办公区作为公司日常办公及业务开展的场所，员工应自觉维护环境卫生。

第四条　避免茶水、饮料、食物等污染地毯，垃圾、茶水等废弃物必须放置于指定的垃圾桶内，不得任意乱倒堆积。

第五条　员工应注意清洁、整理个人办公区域，并保持桌面的卫生及整齐。常用的办公用品及卷宗应置于办公桌抽屉或文件柜内。不提倡员工在办公桌面摆放与工作无关的私人物品。下班后要将办公椅放归原位。

第六条　办公卡位屏风内侧仅允许粘贴工作提醒便笺条、电话簿等，但需保持整洁，不影响整体美观，屏风外侧严禁任何张贴。

第七条　员工衣服请勿放在办公椅上，以免影响办公环境。

第八条　员工在上班时间严禁上班时间接待亲朋好友或与业务无关的客人、看与工作无关的书籍和报纸、上网玩游戏、闲谈、睡觉等。

第九条　员工不得在办公区内打牌、下棋及进行其他类似的娱乐活动。严禁在办公区域内嬉戏、奔跑、大声喧哗。

第十条　办公区域内严禁抽烟。

第十一条　公司电话为方便公司与外界沟通、处理公务专用，注意调低说话音量及电话铃声，以免影响其他同事的工作。

第三章　公共区域环境管理

第十二条　为保持走廊、消防通道的畅通无阻，未经许可，不得在该区域堆放任何物品。

第十三条　员工应自觉遵守××××的相关卫生公约，维护公司公共区域的整洁卫生，垃圾应放入指定的地点，不乱丢杂物，不随地吐痰及口香糖。勿在（茶水间）洗手间水槽和便槽内倒茶叶、丢烟头等杂物，以免下水道堵塞。

第十四条　员工应该爱护公司的公共设施，未经允许请勿在墙壁上钉钉、打孔、粘贴标语、口号、宣传图画、悬挂杂物、涂画等，确保办公区域内墙面的整洁、干净。

第十五条　员工要遵守厉行节约的原则，增强节水意识，做到随手关闭水龙头。如水闸、水管等设施出现问题，应及时报前台反映。

第十六条　饮水机放置于公共区域内，供员工和客人饮用。而饮水纸杯是供客人使用的，提倡员工自带茶杯。

第十七条　员工请勿在接待厅沙发上休息、闲聊或睡觉。

第十八条　复印、打印、扫描、传真文件应及时取走，避免文件遗失或堆积。

第十九条　本着节约资源的原则，打、复印公司内部非重要文件时尽量循环用纸和双面打印。

第二十条　未经允许，请勿随意调整办公区域内原有物品的摆放位置。

第四章　办公环境安全管理

第二十一条　访客原则上不允许直接进入办公区域。所有送餐、快递业务指定在前台统一办理。

第二十二条　请将桌面办公用品摆放整齐，待处理文件及已处理文件勿散放于桌面，及时归档于文件柜中。重要文件、资料、账册、报表等要随时妥善存放，防止泄露公司机密。

第二十三条　废弃物品请投放于垃圾桶内，无用的或过期的资料请及时粉碎。

第二十四条　下班后如无其他加班任务，员工不应逗留公司做与工作无关的事情。

第二十五条　公司的一切物品，非经允许，不得私自携出。

第二十六条　员工必须严格遵守各项消防制度，爱护消防设施，不得随意搬动办公区域内的消防设备。

第二十七条　未经允许，严禁乱动电源或私自拉线、搭线。如发现电源插座、接线盒等处破损应立即通知前台。手机充电完毕，须及时拔掉充电器，以免引起短路、火灾、爆炸等事故。

第二十八条　办公区内严禁明火。禁止在办公区内存放易燃、易爆、剧毒、放射性等危险性物品。

第五章　仪容仪表及着装管理

第二十九条　员工上班时间必须佩带员工卡。

第三十条　员工须注意仪容，要求着装得体、大方、整洁，以便于工作。

第三十一条　男员工上班时间必须系领带。着衬衣时，不得挽起袖子或不系袖扣；着西装时，不得穿皮鞋以外的其他鞋类(包括皮凉鞋)。

第三十二条　女员工上班时间必须着职业套装，不得穿牛仔服、运动服、超短裙、低胸衫或其他有碍观瞻的奇装异服。

第三十三条　员工必须保持手部洁净，男士不能留长指甲，女士指甲要修好，不能涂夸张色彩的指甲油或做怪异造型的美甲。

第三十四条　员工要保持良好的卫生习惯，保持鞋袜整洁，不能有异味。男士需着深色袜子；女士需着深色、肉色袜子，请勿穿颜色过于鲜艳的袜子。

第三十五条　不要喷洒或使用气味过于浓烈的香水和化妆品。

第六章　会议室管理

第三十六条　使用会议室要提前到前台预订登记，使用完毕后要通知前台整理会议室。如会议因故延期或取消，请及时通知前台。

第三十七条　使用会议室期间，应指导与会人员服从相关管理，爱护会议室的设施、设备，保持室内清洁。对于故意损坏公物的，则由损坏人赔偿。

第三十八条　会议室设备如在使用过程中发生故障，请及时与前台联系。

第三十九条　会议室内严禁大声喧哗。

第四十条　会议室配置的设备、桌椅等物品，未经许可不得随意搬动、借出和挪用。

第四十一条　会议室为无烟会议室，与会者不得吸烟。

第七章　门禁管理

第四十二条　公司大门开启时间为周一至周五 8:30-19:00，其余时间应由侧门（货梯间进出口）出入办公区域，非上班时间内侧门须保持关闭状态。

第四十三条　最后离开公司的员工，须检查并关闭照明设施及打印机，同时确认侧门（货梯间进出口）关闭后方可离开。

第八章　就餐管理

第四十四条　中午 12:00-13:00 为午餐时间。禁止在敞开办公区内就餐，公司的 2、3、5 号会议室为指定用餐地点。

第四十五条　微波炉使用时间为早上 9:00 前，中午 12:00-12:50，晚上 18:00 后。员工在使用微波炉前，必须掌握正确的操作方法，以免意外事故发生。

第四十六条　对未食用完的食物须即时带出办公区，严禁将带有异味的食物带入或丢弃在办公区内。

第九章　附则

第四十七条　本制度从发布之日起生效，各位员工应认真遵守本制度。

××××有限公司

××××年××月××日

图 8-7

第九章

特殊员工，特殊问题要妥善处理

在企业经营管理过程中，还存在招聘在校学生、非全日制员工、外籍员工、管理“三期”女员工、医疗期员工的情况，这些“特殊”员工的管理是企业人力资源管理的难点。本章就来看看如何应对特殊员工管理过程中的法律风险。

9.1 特殊招聘劳动关系的确认

针对在校学生到公司实习、退休人员返聘、兼职员工，管理者常常对是否构成劳动关系产生疑问。面对此类人群，要根据合同性质来区分劳动关系和劳务关系。

9.1.1 招聘在校实习生是否存在劳动关系

在校实习生与企业之间是否存在劳动关系，具体要分情况来看。如果在校学生到企业实习，其目的是学习、参与社会实践、完成课业，并不完全受企业管理，双方签订的《学生实习协议书》虽然有部分劳动合同所需的构成要件但不全面，那么一般不构成劳动关系。

另外，根据劳动部关于《关于贯彻执行〈中华人民共和国劳动法〉若干问题的意见》的通知：

12.在校生利用业余时间勤工助学，不视为就业，未建立劳动关系，可以不签订劳动合同。

根据上述规定，在校学生利用业余时间到企业勤工助学的，不构成劳动关系，而是劳务关系。那么是不是在校学生都无法与企业构成劳动关系呢？答案是否定的。在校学生如果年满 16 周岁那么是具备劳动关系主体资格的，在以下条件下，在校学生到企业实习也会被视为构成劳动关系。

- 在校学生以就业为目的到企业实习或工作。
- 双方签订的名为“实习协议”的合同包含《劳动合同法》第十七条所需的构成要件。
- 在校实习生在企业有明确的工作岗位。
- 企业支付给在校实习生的劳动报酬与普通员工基本一致。

- ◆ 在校实习生受企业规章制度的约束，并接受企业的管理，如依据企业的规章制度考勤打卡，按正常上班时间完成企业规定的工作内容。
- ◆ 满足相关法律法规规定的劳动关系成立的其他条件。

需要注意，劳动者与用人单位是否构成劳动关系，其判断的依据并不是是否签订劳动合同，而是是否符合劳动关系特征。企业招用在校实习生时，如果是希望在其正式毕业后再与之建立劳动关系，那么就要注意避免名为实习，实为劳动关系的用工情况，具体要注意以下几点。

- ◆ 面试时，明确该学生是否以实习为目的到企业提供劳动。
- ◆ 在签订实习生协议时，合同内容要与劳动合同有所区别，最好在合同中明确注明在校实习生提供劳动的目的，如实习、社会实践。
- ◆ 在日常管理中应与正式员工有所区别，包括考勤、工作内容、报酬（主要为补偿形式的报酬，如实习补贴）的支付等。

当然，如果企业认为该在校实习生比较优秀，那么也可以与其签订劳动合同，建立长期稳定的劳动关系。

知识延伸｜在校学生利用业余时间勤工助学的认定

根据《高等学校勤工助学管理办法》（2018年修订）规定：

第四条 勤工助学活动是指学生在学校的组织下利用课余时间，通过劳动取得合法报酬，用于改善学习和生活条件的实践活动。

第六条 勤工助学活动由学校统一组织和管理。学生私自在校外兼职的行为，不在本办法规定之列。

9.1.2　退休人员返聘是否构成劳动关系

退休人员返聘是指企业再次聘用已达法定退休年龄的员工，或者已达法定退休年龄的员工继续在企业任职。退休返聘人员与企业是构成劳动关系，还是劳务关系，其中一个重要的判断依据是员工是否享受养老保险待遇或领取退休金。

《劳动合同法》第四十四条规定：劳动者开始依法享受基本养老保险待遇的，劳动合同终止。

最高院《关于审理劳动争议案件适用法律若干问题的解释（三）》第七条规定：用人单位与其招用的已经依法享受养老保险待遇或领取退休金的人员发生用工争议，向人民法院提起诉讼的，人民法院应当按劳务关系处理。

根据上述规定，若退休返聘人员已享受养老保险待遇或领取退休金，那么其与企业建立的应为劳务关系。对于未享受养老保险待遇的退休返聘人员，是否与企业构成劳动关系还存在争议。在司法实务中，不同地区的裁判观点也有所不同，具体有以下两种观点。

◆ 与企业构成劳动关系

第一种观点认为，相关法律法规并未禁止已达法定退休年龄的人员不能与企业形成劳动关系，若已达法定退休年龄，但未享受养老保险待遇的人员用工符合劳动关系特征，应认定为与企业构成劳动关系。

◆ 与企业构成劳务关系

第二种观点认为，根据《劳动合同法实施条例》第二十一条规定：劳动者达到法定退休年龄的，劳动合同终止。已到法定退休年龄的人员不符合劳动关系中劳动者的主体资格，应认定为与企业形成劳务关系。

为避免返聘退休人员给企业带来巨大的风险，企业在招用退休人员时，要注意其是否已享受养老保险待遇。同时，应考虑退休人员的身体健康状况，尽量为退休返聘人员购买商业保险，以降低用工风险。在签订退休返聘协议时，在合同中明确双方非劳动关系，如以下约定。

鉴于乙方为已达法定退休年龄人员，不具备劳动法律关系主体资格，根据《中华人民共和国民法通则》《中华人民共和国合同法》和有关规定，甲乙双方经平等协商一致，自愿签订本劳务协议，共同遵守本协议所列条款。

在管理退休返聘人员时，不要用适用于普通员工的规章制度来约束退休返聘人员，而应考虑退休返聘人员的实际情况，不要安排高强度、高压力的工作，工作时长也可以相应缩短。

9.1.3　签订兼职合同就不存在劳动关系吗

企业在经营过程中会存在招聘兼职人员的情况，针对兼职人员，大多数企业的普遍做法是与其签订兼职合同或者只是口头约定工作内容、时间、报酬等，认为这样双方就不存在劳动关系，而是劳务关系。

对于兼职人员是否与企业构成劳动关系，主要看用工是否符合劳动关系基本特征。实践中，企业可根据《关于确定劳动关系有关事项的通知》来判断是否形成事实劳动关系，具体内容如下。

一、用人单位招用劳动者未订立书面劳动合同，但同时具备下列情形的，劳动关系成立：

（一）用人单位和劳动者符合法律、法规规定的主体资格；

（二）用人单位依法制定的各项劳动规章制度适用于劳动者，劳动者受用人单位的劳动管理，从事用人单位安排的有报酬的劳动；

（三）劳动者提供的劳动是用人单位业务的组成部分。

二、用人单位未与劳动者签订劳动合同，认定双方存在劳动关系时可参照下列凭证：

（一）工资支付凭证或记录（职工工资发放花名册）、缴纳各项社会保险费的记录；

（二）用人单位向劳动者发放的“工作证”“服务证”等能够证明身份的证件；

（三）劳动者填写的用人单位招工招聘“登记表”“报名表”等招用记录；

（四）考勤记录；

（五）其他劳动者的证言等。

其中，（一）、（三）、（四）项的有关凭证由用人单位负举证责任。

在聘用兼职人员时企业要注意，不管是聘用在校学生兼职，还是聘用有本职工作的兼职人员，如果企业需要的是劳务关系者，那么应确保兼职用工不具备“全日制”用工或“非全日制”用工的特征。劳务关系下的兼职人员，其工作时间、报酬都具有不稳定性，这类人员主要是利用自身的业余时间来完成工作，同时，企业与兼职人员之间不存人身隶属关系。

9.2 “三期”女员工的特殊管理

与普通员工不同，相关法律法规对“三期”女员工有特殊保护的规定，企业在管理“三期”女员工时，应保证其依法享受的权利，同时结合企业实际实施人性化管理。

9.2.1 “三期”女员工法定休假的安排

“三期”女员工是指在孕期、产期、哺乳期的女员工。“三期”女员工除了可以享受产假外，还可以有以下休假权利。

◆ 产检假

妊娠期间的女员工如果需要在劳动时间进行产前检查，那么企业应该按出勤计算，部分企业会按事假、病假等来处理，都是不符合规定的。根据《女职工劳动保护特别规定》第六条规定：

怀孕女职工在劳动时间内进行产前检查，所需时间计入劳动时间。

因此，妊娠期间女员工产检假应为带薪假，企业不得以因女员工请产前假而扣其工资。为避免女员工滥用产检假，企业可以让女员工提供医疗机构开具的产检假证明，如产检记录、诊断证明等。

对于产检假的具体休假天数，并没有统一的规定，由于不同的女员工个人身体状况不同，实践中通常遵循医嘱，即专业医生认为女员工需要进行产检的，企业都应批假。对于无医生书面叮嘱要增加产检次数的，企业可以按常规产检频率来规范产检假次数及时长。

◆ 产前工间休息

产前工间休息是指针对怀孕期间的女员工，企业应当在其劳动时间适当安排休息时间。对于产前工间休息，《女职工劳动保护特别规定》第六条第二款有以下规定：

对怀孕7个月以上的女职工，用人单位不得延长劳动时间或者安排夜班劳动，并应当在劳动时间内安排一定的休息时间。

从上述规定可以看出，产前工间休息针对的是怀孕 7 个月以上的女员工，不同地区对于产前工间休息的时长规定有所不同，大多数地区一般规定工间休息的时长为每天一小时，如《上海市女职工劳动保护办法》第十二条有以下规定：

女职工妊娠七个月以上（按二十八周计算），应给予每天工间休息一小时，不得安排夜班劳动。

◆ 授乳假

授乳假是企业依法给予哺乳期女员工的哺乳时间，根据《女职工劳动保护特别规定》第九条规定：

用人单位应当在每天的劳动时间内为哺乳期女职工安排1小时哺乳时间；女职工生育多胞胎的，每多哺乳1个婴儿每天增加1小时哺乳时间。

9.2.2 “三期”女员工需申请的休假

除前述的法定假期外，部分休假需由“三期”女员工提出申请，企业可根据实际情况决定是否批假，具体包括产前假、哺乳假和保胎假。

（1）产前假

对于产前假，企业首先应将其与产假进行区分。产假是国家规定的法定假，包括产前假和产后假。根据《女职工劳动保护特别规定》产前假为 15 天，这 15 天包含在产假中。但部分地区有规定，妊娠七个月以上的女员工可以申请休产前假，这里的产前假一般超过法定的 15 天产假，且女员工通常未达到法定产假休假时间，与法定的产前假是不同的，主要基于地方性法规的规定。如《上海市女职工劳动保护办法》第十二条：

女职工妊娠七个月以上（按二十八周计算），应给予每天工间休息一小时，不得安排夜班劳动。如工作许可，经本人申请，单位批准，可请产前假两个半月。

根据上述规定，这里的产前假需员工提出申请，批准权在于企业。那么在什么情况下，上海地区的企业应当批准女员工的产前假呢？除满足妊娠七个月以上、本人提出申请两个条件外，还需满足以下条件：

经二级及以上医疗保健机构证明有习惯性流产史和以下严重的妊娠并发症、妊娠合并症等可能影响正常生育。（上海市实施《妇女权益保障法》办法第二十三条）

另外，产前假工资待遇与产假也有所不同，同样以上海地区为例，《上海市女职工劳动保护办法》第十八条有以下规定：

女职工在产假期间的工资照发。按本规定享受的产前假和哺乳假的工资按本人原工资的百分之八十发给。单位增加工资时，女职工按规定享受的产前假、产假、哺乳假、应作出勤对待。

（2）哺乳假

并不是所有的地区都明确女员工能请哺乳假，以上海为例，根据《上海市女职工劳动保护办法》第十六条：

女职工生育后，若有困难且工作许可，由本人提出申请，经单位批准，可请哺乳假六个半月。

因此，上海地区的女员工可以享受的哺乳假为6.5个月，但需本人提出申请，批准权在企业。另外，根据《上海市实施〈妇女权益保障法〉办法》第二十三条，在满足以下条件的情况下，企业应当批准哺乳假。

经二级以上医疗保健机构证明患有产后严重影响母婴身体健康疾病的，本人提出申请，用人单位应当批准其哺乳假。

（3）保胎假

保胎假是女员工在怀孕期间因身体不适，需要保胎休息的，向企业申请的假。并不是所有地区都将保胎假纳入了女员工可请的假期中，以江苏省为例，根据《江苏省女职工劳动保护特别规定》第十一条：

（五）怀孕不满3个月需要保胎休息或者怀孕7个月以上且上班确有困难的，应当根据医疗机构的证明安排其休息。

第五项情形下休息期间的工资按照劳动合同或者集体合同约定计发，但不得低于当地最低工资标准的80%。

对于“三期”女员工除法定休假外其他假期的处理，企业可以根据当地的相关规定来执行。

9.2.3 对孕期女员工进行岗位调整需谨慎

孕期女员工在工作中可能会因为个人身体原因暂时无法适应原岗位工

作，这时，企业可以根据《女职工劳动保护特别规定》第六条规定，调整员工的岗位：

女职工在孕期不能适应原劳动的，用人单位应当根据医疗机构的证明，予以减轻劳动量或者安排其他能够适应的劳动。

但在调整孕期女员工的工作岗位时，企业要注意两点，一是应与孕期女员工协商一致，二是调整后的岗位应合理，不得降低员工的工资水平。

如果是因为孕期女员工不能胜任岗位工作而需要对其岗位进行调整，建议企业首先还是应采用协商的方式来处理，如果双方无法就岗位变更达成一致，那么可以根据规章制度来合理调整。这里需要注意不能胜任岗位工作的认定，应明确是女员工自身工作能力的问题，还是特殊时期个人身体原因不适造成的。若企业与孕期女员工应岗位调整产生纠纷，企业需承担举证责任。

除了双方协商一致调整岗位外，孕期女员工还存在法定调岗的情形，若孕期女员工从事的是以下禁忌工作，企业需将其调整到其他岗位。

（一）作业场所空气中铅及其化合物、汞及其化合物、苯、镉、铍、砷、氰化物、氮氧化物、一氧化碳、二硫化碳、氯、己内酰胺、氯丁二烯、氯乙烯、环氧乙烷、苯胺、甲醛等有毒物质浓度超过国家职业卫生标准的作业；

（二）从事抗癌药物、己烯雌酚生产，接触麻醉剂气体等的作业；

（三）非密封源放射性物质的操作，核事故与放射事故的应急处置；

（四）高处作业分级标准中规定的高处作业；

（五）冷水作业分级标准中规定的冷水作业；

（六）低温作业分级标准中规定的低温作业；

（七）高温作业分级标准中规定的第三级、第四级的作业；

（八）噪声作业分级标准中规定的第三级、第四级的作业；

（九）体力劳动强度分级标准中规定的第三级、第四级体力劳动强度的作业；

（十）在密闭空间、高压室作业或者潜水作业，伴有强烈振动的作业，或者需要频繁弯腰、攀高、下蹲的作业。

9.2.4 怎样才能合法辞退“三期”女员工

根据《女职工劳动保护特别规定》第五条：用人单位不得因女职工怀孕、生育、哺乳降低其工资、予以辞退、与其解除劳动或者聘用合同。另外，《劳动合同法》第四十二条也规定：女职工在孕期、产期、哺乳期的，用人单位不得依照本法第四十条、第四十一条的规定解除劳动合同。那么，是不是企业不能以任何理由辞退“三期”女员工呢？答案是否定的。

若“三期”女员工存在《劳动合同法》第三十九条规定的情形，企业可以合法辞退，这里的辞退为过失性辞退。但企业需提供充足的证据证明“三期”女员工存在严重违反企业规章制度、同时与其他用人单位建立劳动关系，对完成本单位的工作任务造成严重影响等过失行为，否则会被认定为违法解除。

如企业要以严重违反规章制度为由而合法辞退“三期”女员工，那么不能以主观判断来认定其是否严重违反了规章制度，而应提供相关证据，例如考勤记录中显示其连续旷工天数严重违反规章制度；长期以孕期为由请病假，但未履行请假手续或拒不提供病假证明。

9.3 妥善应对进入医疗期的员工

在对医疗期员工进行管理的过程中，管理者可能会遇到各种各样的问题，在面对这些问题时，如何处理才合理合法是管理者需要明确的。

9.3.1 医疗期满，但需延长治疗怎么办

在实践中，可能存在员工医疗期满后仍需治疗的情况，对于这种情况，可根据员工的患病情况来考虑是否延长医疗期。根据《关于贯彻〈企业职工患病或非因工负伤医疗期规定〉的通知》：

根据目前的实际情况，对某些患特殊疾病（如癌症、精神病、瘫痪等）的职工，在24个月内尚不能痊愈的，经企业和劳动主管部门批准，可以适当延长医疗期。

根据上述规定，对于患特殊疾病的员工，在企业和劳动主管部门批准后，可以延长医疗期。各地对于延长医疗期的规定会有所不同。以广东省为例，根据《广东省劳动和社会保障厅关于疾病医疗期问题的复函》：

二、职工患特殊疾病的医疗期也应按劳部发479号文规定执行，即根据本人实际工作年限、在本单位工作年限计算医疗期，而不能理解为患特殊疾病的最少有24个月的医疗期。

三、如企业愿意继续承担超过医疗期的医疗责任，属企业自主权，劳动保障部门不应干涉。

由此可见，广东省地区的企业要根据员工的实际工龄来计算医疗期，而不能理解为患特殊疾病的最少有 24 个月的医疗期。对于上海地区的企业，根据《上海市人民政府印发修订后的〈关于本市劳动者在履行劳动合同期间患病或者非因工负伤的医疗期标准的规定〉的通知》：

二、医疗期按照劳动者在本用人单位的工作年限设置。劳动者在本单位工作第1年，医疗期为3个月；以后工作每满1年，医疗期增加1个月，但不超过24个月。

三、劳动者经劳动能力鉴定委员会鉴定为完全丧失劳动能力但不符合退

休、退职条件的，应当延长医疗期。延长的医疗期由用人单位与劳动者具体约定，但约定延长的医疗期与前条规定的医疗期合计不得低于24个月。

因此，上海地区的企业可以与员工约定医疗期延长的期限，但约定延长的医疗期与员工实际的医疗期合计不得低于 24 个月。

由此可见，各地对医疗期的规定有所不同，企业可以结合当地的规定及司法判例来明确延长医疗期的处理，另外，还可以结合员工在过去工作中给企业作出的贡献来酌情考虑延长医疗期的长短。

9.3.2 医疗期满员工无法继续工作的处理

员工医疗期满后如果无法继续工作，企业可以根据《劳动合同法》第四十条的规定，提前 30 日书面通知员工并额外支付一个月工资后，与员工解除劳动合同：

有下列情形之一的，用人单位提前三十日以书面形式通知劳动者本人或者额外支付劳动者一个月工资后，可以解除劳动合同：

（一）劳动者患病或者非因工负伤，在规定的医疗期满后不能从事原工作，也不能从事由用人单位另行安排的工作的。

这里需要明确员工不能从事原工作，也不能从事调整后的工作的认定，这与“不能胜任工作”是不同的。“不能从事工作”主要是指员工因身体健康状况导致无法处理工作，如员工患病或者非因工负伤而丧失了劳动能力，这种情况下必然会导致员工不能从事工作，此时企业就可以按《劳动合同法》第四十条的规定与员工解除劳动合同。

另外，实践中还存在员工在医疗期内但合同到期的情况。这时，员工的劳动合同应顺延至医疗期终结之日。在医疗期结束后，企业可以与员工解除劳动合同。需要注意，这里的医疗期终结之日并不一定是医疗期期满，员工可能在医疗期期满前就结束治疗。

知识延伸｜员工患病或非因工负伤，需要支付医疗补助费的情形

根据劳动部《关于实行劳动合同制度若干问题的通知》（劳部发〔1996〕354号）：22.劳动者患病或者非因工负伤，合同期满终止劳动合同的，用人单位应当支付不低于六个月工资的医疗补助费；对患重病或绝症的，还应适当增加医疗补助费。

根据劳动部办公厅《关于对劳部发〔1996〕354号文件有关问题解释的通知》：二、《通知》第22条“劳动者患病或者非因工负伤，合同期满终止劳动合同的，用人单位应当支付不低于六个月工资的医疗补助费”是指合同期满的劳动者终止劳动合同时，医疗期满或者医疗终结被劳动鉴定委员会鉴定为5～9级的，用人单位应当支付不低于六个月工资的医疗补助费。鉴定为1～4级的，应当办理退休、退职手续，享受退休、退职待遇。

9.4 非全日制用工处理有讲究

在企业用工中，非全日制用工也是一种重要的用工方式。非全日制员工在工作时间、计酬方式上都与全日制员工不同，企业在对非全日制员工进行管理时，要根据非全日制用工的特征来明确风险管理。

9.4.1 非全日制用工劳动关系的确定

企业与非全日制员工比较容易就非全日制劳动关系的认定产生纠纷。与全日制员工不同的是，非全日制用工的劳动者可以与一个或者一个以上的企业订立劳动合同，除此之外，其还具有以下特点。

◆ 不得约定试用期

部分企业在招用非全日制员工时，也会与其在劳动合同中约定试用期，根据《劳动合同法》第七十条规定：非全日制用工双方当事人不得约定试用期。因此，如果企业与非全日制员工在劳动合同中约定了试用期，该约定属于无效约定。若非全日制员工与企业因“试用期”工资报酬产生纠纷，企业需按正常工资水平补足员工差额。

◆ 可以订立口头协议

企业可以与非全日制员工签订书面的劳动合同，但也可以与其订立口头协议。但为了规范非全日制员工的权利与义务，建议企业还是和非全日制员工订立书面劳动合同。但如果非全日制员工主动要求签订书面劳动合同，企业应当与其订立书面劳动合同。

◆ 以小时计酬为主

非全日制员工以小时计酬为主，其计酬标准不得低于用人单位所在地人民政府规定的最低小时工资标准，报酬结算支付周期最长不得超过 15 日，在工作时间的安排上，应符合《劳动合同法》的规定。

◆ 解除劳动合同无需支付经济补偿

非全日制用工双方当事人任何一方都可以随时通知对方终止用工。企业与非全日制员工解除劳动关系时，不需要向劳动者支付经济补偿。

实践中，一般以非全日制员工的工作时间，再辅以非全日制用工的其他特征来判断企业与员工是否构成非全日制用工劳动关系。

9.4.2 非全日制用工工资支付

根据《劳动合同法》的规定，非全日制员工的工资不得低于最低小时工资标准。那么最低小时工资标准是如何测算的呢？根据《关于非全日制用工若干问题的意见》：

（八）非全日制用工的小时最低工资标准由省、自治区、直辖市规定，并报劳动保障部备案。确定和调整小时最低工资标准应当综合参考以下因素：当地政府颁布的月最低工资标准；单位应缴纳的基本养老保险费和基本医疗保险费（当地政府颁布的月最低工资标准未包含个人缴纳社会保险费因素的，还应考虑个人应缴纳的社会保险费）；非全日制劳动者在工作稳定性、劳动条件和劳动强度、福利等方面与全日制就业人员之间的差异。小时最低工资标准的测算方法为：

小时最低工资标准=[(月最低工资标准÷20.92÷8)×(1+单位应当缴纳的基本养老保险费、基本医疗保险费比例之和)]×(1＋浮动系数)。

在支付非全日制员工劳动报酬时，企业可以按小时、日、周或月为单位结算，但是结算周期最长不得超过 15 日，部分企业会按月发放非全日制员工工资，这种做法有悖《劳动合同法》及相关法律法规的规定。

员工的计酬方式及发薪周期是其认定为非全日制用工的重要表现，因此，企业应注重非全日制员工的薪酬管理。在薪酬管理制度中明确非全日制员工的薪酬待遇、工资发放方式等，如下所示为某企业薪酬管理制度中关于非全日制员工薪酬管理内容。

（三）非全日制用工薪酬

1.非全日制用工在工作期间享受以下待遇：

（1）按工作时间支付的工资。

（2）工伤保险。

2.非全日制用工工资为小时工资，人力资源部根据当年劳动力市场价格制定小时工资最低标准，报请总经理办公会核定。

3.非全日制用工日工资具体发放办法：

（1）劳动合同不超过一个月的非全日制用工，其工资按小时核算，合同期满一次性发放。

（2）劳动合同超过一个月的非全日制用工，其工资按小时核算，半月发放一次。

9.4.3 非全日制用工是否需要购买社保

对全日制员工缴纳社会保险是企业的义务，那么对于非全日制员工，企业是否需要为其购买社保呢？根据《社会保险法》的规定：

第十条 无雇工的个体工商户、未在用人单位参加基本养老保险的非全日制从业人员及其他灵活就业人员可以参加基本养老保险，由个人缴纳基本养老保险费。

第十二条 无雇工的个体工商户、未在用人单位参加基本养老保险的非全日制从业人员及其他灵活就业人员参加基本养老保险的，应当按照国家规定缴纳基本养老保险费，分别记入基本养老保险统筹基金和个人账户。

第二十三条 无雇工的个体工商户、未在用人单位参加职工基本医疗保险的非全日制从业人员及其他灵活就业人员可以参加职工基本医疗保险，由个人按照国家规定缴纳基本医疗保险费。

由此可见，为非全日制员工缴纳养老保险、医疗保险并不是企业的强制性义务。另外，根据小时最低工资标准测算方式也可以看出，非全日制员工的劳动报酬中已包含了基本养老保险费和基本医疗保险费，因此企业不需要为非全日制员工缴纳，非全日制员工可以自行到社会保险费征收机构缴纳养老保险和医疗保险。

但需要注意，工伤保险是企业必须为非全日制员工缴纳的。根据劳动和社会保障部《关于非全日制用工若干问题的意见》：

12.用人单位应当按照国家有关规定为建立劳动关系的非全日制劳动者缴纳工伤保险费。从事非全日制工作的劳动者发生工伤，依法享受工伤保险待遇；被鉴定为伤残5～9级的，经劳动者与用人单位协商一致，可以一次性结算伤残待遇及有关费用。

由此可见，为非全日制员工缴纳工伤保险是企业的义务，企业应为建立了非全日制劳动关系的员工缴纳工伤保险。

9.5 外籍员工的差异化处理

聘用外籍员工在部分企业中也是比较常见的，企业在招用和管理外籍员工的过程中，其处理方式会与境内员工有差异。那么，管理者在聘用外籍员工时具体需要注意哪些差异呢？下面具体来看看。

9.5.1 避免聘用不满足条件的外籍就业者

并不是所有的外国人都可以在境内合法就业，外国人要在境内就业，需满足《外国人在中国就业管理规定》第七条规定的以下条件。

（一）年满18周岁，身体健康；

（二）具有从事其工作所必须的专业技能和相应的工作经历；

（三）无犯罪记录；

（四）有确定的聘用单位；

（五）持有有效护照或能代替护照的其他国际旅行证件（以下简称代替护照的证件）。

另外，根据《外国人在中国就业管理规定》第八条规定，外国人应持签证，在取得《外国人就业证》和外国人居留证件后，才能在境内就业：

第八条 在中国就业的外国人应持Z字签证入境（有互免签证协议的，按协议办理），入境后取得《外国人就业证》（以下简称就业证）和外国人居留证件，方可在中国境内就业。

未取得居留证件的外国人（即持F、L、C、G字签证者）、在中国留学、实习的外国人及持职业签证外国人的随行家属不得在中国就业。特殊情况，应由用人单位按本规定规定的审批程序申领许可证书，被聘用的外国人凭许可证书到公安机关改变身份，办理就业证、居留证后方可就业。

根据《出境入境管理法》第四十三条规定，外国人未按照规定取得工作许可和工作类居留证件在境内工作，属于非法就业。而根据《出境入境管理法》第六十二条规定：

外国人有下列情形之一的，可以遣送出境：

（三）非法居留、非法就业的；

对企业来说，如果“非法就业”的外国人被遣送出镜，企业会面临承担外国人被遣送出境所需的费用的风险，因为根据《外国人入境出境管理条例》第三十二条：

外国人被遣送出境所需的费用由本人承担。本人无力承担的，属于非法就业的，由非法聘用的单位、个人承担；属于其他情形的，由对外国人在中国境内停留居留提供保证措施的单位或者个人承担。

因此，企业在聘用外国人时，应了解其是否符合境内就业条件，应避免聘用不满足境内就业条件的外国人，造成非法用工。

知识延伸｜非法聘用外国人将面临的风险

根据《出境入境管理法》第八十条规定：介绍外国人非法就业的，对个人处每非法介绍一人五千元，总额不超过五万元的罚款；对单位处每非法介绍一人五千元，总额不超过十万元的罚款；有违法所得的，没收违法所得。非法聘用外国人的，处每非法聘用一人一万元，总额不超过十万元的罚款；有违法所得的，没收违法所得。

9.5.2　外籍员工合法就业需办理相关证件

根据《外国人在中国就业管理规定》第五条：用人单位聘用外国人须为该外国人申请就业许可，经获准并取得《中华人民共和国外国人就业许可证书》（以下简称许可证书）后方可聘用。

除就业许可证外，根据《外国人在中国就业管理规定》，企业还应为外国人办理《就业证》：

第十六条 用人单位应在被聘用的外国人入境后15日内，持许可证书、与被聘用的外国人签订的劳动合同及其有效护照或能代替护照的证件到原发证机关为外国人办理就业证，并填写《外国人就业登记表》。就业证只在发证机关规定的区域内有效。

《就业许可证》和《就业证》都需要企业到劳动行政部门申办。这里需要注意，在符合《外国人在中国就业管理规定》第九条规定的情形下，外国人在中国境内就业无须办理就业许可和就业证。

（一）由我政府直接出资聘请的外籍专业技术和管理人员，或由国家机关和事业单位出资聘请，具有本国或国际权威技术管理部门或行业协会确认的高级技术职称或特殊技能资格证书的外籍专业技术和管理人员，并持有外国专家局签发的《外国专家证》的外国人；

（二）持有《外国人在中华人民共和国从事海上石油作业工作准证》从事海上石油作业、不需登陆、有特殊技能的外籍劳务人员；

（三）经文化部批准持《临时营业演出许可证》进行营业性文艺演出的外国人。

外国人在境内就业所需的居留证件，由外国人持就业证到公安机关出入境管理处申请办理。

知识延伸｜企业聘用外国人需提供的文件

根据《外国人在中国就业管理规定》第十一条：

用人单位聘用外国人，须填写《聘用外国人就业申请表》（以下简称申请表），向其与劳动行政主管部门同级的行业主管部门（以下简称行业主管部门）提出申请，并提供下列有效文件：（一）拟聘用的外国人履历证明；（二）聘用意向书；（三）拟聘用外国人原因的报告；（四）拟聘用的外国人从事该项工作的资格证明；（五）拟聘用的外国人健康状况证明；（六）法律、法规规定的其他文件。

9.5.3　如何与外籍员工约定劳动合同期限

企业在与外籍员工约定劳动合同期限时，应注意合同期限的限制，根据《外国人在中国就业管理规定》第十七条规定：

用人单位与被聘用的外国人应依法订立劳动合同。劳动合同的期限最长不得超过五年。劳动合同期限届满即行终止，但按本规定第十九条的规定履行审批手续后可以续订。

根据上述规定，企业与外籍员工约定的劳动合同期限应不超过五年。另外，企业在与外国人建立劳动关系时，其在劳动合同中约定的劳动报酬、工时休假仍要符合《劳动法》《劳动合同法》的规定。如《外国人在中国就业管理规定》规定：

第二十一条 用人单位支付所聘用外国人的工资不得低于当地最低工资标准。

第二十二条 在中国就业的外国人的工作时间、休息休假、劳动安全卫生及社会保险按国家有关规定执行。

对外籍员工来说，《就业证》是其在我国境内工作的基础，若外籍员工的《就业证》先于劳动合同期限到期，那么就存在劳动合同是否有效的问题。面对该问题，各地的裁判思路会有所不同，如以下不同的观点。

◆ 没有《就业证》，外籍员工与企业不存在劳动关系

第一种观点认为，《就业证》是外国人在境内合法就业的前提，若外籍员工的《就业证》到期且没有办理续订，那么应当认为双方不存在劳动关系，其签订的劳动合同无效，外籍员工不享有《劳动合同法》相关权利。

◆ 需区分劳动合同无法正常履行的过错方

另外一种观点认为，为外籍员工办理《就业证》是企业应尽的义务，企业未履行《就业证》延续手续而导致劳动合同无法正常履行，其过错在于企业，因此，企业需承担赔偿责任。但如果是因为外籍员工自身原因导致的《就业证》未延续，企业无需承担赔偿责任。

上述两种观点都认为外籍员工未取得《就业证》或者《就业证》到期，企业与外籍员工无劳动关系，但如果是因为企业的过错导致未及时延续《就业证》，企业可能会承担不利后果。

因此，如果劳动合同期限未届满，企业要继续与外籍员工维持劳动关系，那么需提前为外籍员工办理《就业证》延续手续。若要以“就业证到期”与外籍员工解除劳动合同，可能会面临违法解除劳动合同的风险。

实践中，还存在外籍员工劳动合同期限届满，但《就业证》未到期情况，在这种情况下，根据《外国人在中国就业管理规定》第十八条规定，就业证即行失效：

被聘用的外国人与用人单位签订的劳动合同期满时，其就业证即行失效。如需续订，该用人单位应在原合同期满前三十日内，向劳动行政部门提出延长聘用时间的申请，经批准并办理就业证延期手续。

另外，在与外籍员工解除劳动合同后，企业还应及时报告劳动部门、公安部门，交还外籍员工的《就业证》和居留证件，到公安机关办理出境手续。

知识延伸｜就业证需与外籍员工实际工作情况一致

根据《外国人在中国就业管理规定》第二十三条规定：外国人在中国就业的用人单位必须与其就业证所注明的单位相一致。外国人在发证机关规定的区域内变更用人单位但仍从事原职业的，须经原发证机关批准，并办理就业证变更手续。外国人离开发证机关规定的区域就业或在原规定的区域内变更用人单位且从事不同职业的，须重新办理就业许可手续。

第十章

员工离职，规避人才流动存在的潜在风险

合理的人才流动能让企业保持活力和动力。在人力资源管理中，人才流动会涉及离职手续的办理，而不规范的离职程序也可能给企业带来潜在的风险。作为管理者，有必要做好企业的离职管理，规避员工离职可能存在的法律风险。

10.1 规范离职手续办理流程

离职管理也是人力资源管理中的重要组成部分，规范的离职办理程序可以帮助员工更好地做好交接的工作，同时，也可以让离职员工为企业树立良好的形象。

10.1.1 让员工主动提交离职申请

员工离职的原因有多种，若是员工因自身原因主动与企业解除劳动关系，那么企业可以在离职管理制度中规定，员工需提前 30 日以书面形式通知用人单位，试用期员工需提前 3 日通知企业。

对于员工因个人理由提出离职的，企业应让员工主动提交离职申请，以作为员工主动离职的证明。若企业没有让员工提交离职申请，那么可能因无法举证证明员工是由于个人原因离职，而导致支付经济补偿金。如表 10-1 所示为员工离职申请表。

表 10-1 员工离职申请表

姓名		部门		职位	
入职日期			合同有效期至		
申请日期			预计离职日期		
离职类型	□辞职	□辞退	□自离	□开除	□其他
离职员工详述：（若是辞职，由申请离职的员工填写，其他情况由部门主管填写）					
离职员工对公司的建议：					

续上表

所属部门意见	□同意申请 签名：	□其他意见 日期：　　年　　月　　日
人力资源部	□未面谈 □同意申请 签名：	□已面谈，面谈要求如下： □其他意见 日期：　　年　　月　　日
总经理	□同意申请 签名：	□其他意见 日期：　　年　　月　　日
备注：1. 试用期员工必须提前 3 天，已转正员工必须提前 30 天提出离职申请，并在审批后及时提交人力资源部，否则按急辞处理。 2. 离职当日，请按《员工离职交接表》进行交接工作。 3. 此审批表结束后，交由人力资源部保存。		

需要注意，如果企业存在《劳动合同法》第三十八条规定的情形，那么这种情况属于员工被迫主动提出离职，企业仍需支付经济补偿金。

第三十八条 用人单位有下列情形之一的，劳动者可以解除劳动合同：

（一）未按照劳动合同约定提供劳动保护或者劳动条件的；

（二）未及时足额支付劳动报酬的；

（三）未依法为劳动者缴纳社会保险费的；

（四）用人单位的规章制度违反法律、法规的规定，损害劳动者权益的；

（五）因本法第二十六条第一款规定的情形致使劳动合同无效的；

（六）法律、行政法规规定劳动者可以解除劳动合同的其他情形。用人单位以暴力、威胁或者非法限制人身自由的手段强迫劳动者劳动的，或者用人单位违章指挥、强令冒险作业危及劳动者人身安全的，劳动者可以立即解除劳动合同，不需事先告知用人单位。

10.1.2 通过离职面谈做到好聚好散

员工不管因何种原因离职，管理者都必要与其进行离职面谈。通过离职面谈，企业可以了解员工的离职原因，及企业内部管理是否存在不足之处。同时，也可以消除与员工之间的误会，让离职员工感受到企业的关怀，使双方好聚好散。在与离职员工进行面谈时，要注意以下几点。

◆ 离职面谈的节点

当员工提出离职申请时就要及时进行离职面谈，该节点的面谈者可以是离职员工的直接上级，内容主要是了解员工申请离职的原因。对于被动离职的员工，则可以在面谈中疏导其情绪，以避免此类离职员工因个人情绪给企业带来负面影响。

在员工办理好离职手续后，人力资源部管理者可以再次与员工进行离职面谈，该节点的面谈内容主要了解员工对企业的一些看法，以促进企业优化内部管理。另外，也可以对离职员工表达美好的祝福，感谢其对企业的付出，使双方好聚好散。

◆ 劝退员工注意措辞

对于不适合的员工，管理者在面谈时要注意措辞以避免员工对企业产生敌意，产生不必要的劳动纠纷。在员工辞退的面谈中，企业如果能提供绩效评估、业绩考核等员工不胜任岗位的证据，则在面谈中坦诚客观地说明辞退员工的理由即可。

但实践中存在企业无法提供书面材料直接证明员工不适合岗位的情况，如员工不适合企业文化、工作做得不好不坏、上级觉得员工不适合等。在这种情形下，企业要避免辞退员工时产生劳动纠纷，就更要注意离职面谈时的措辞。一般来说，管理者可以以尊重员工的态度与其进行沟通，同时向员工解释被辞退的原因，用语可尽量委婉点，以缓和紧张氛围。在面谈中应避免使用歧视性用语，如攻击员工人格。如果被辞退的员工情绪比较激动，这时不要与其进行争论，而应耐心倾听，等员工稍微冷静后再与其进一步沟通。

知识延伸｜离职面谈前做好面谈准备

管理者在进行离职面谈时应提前做好面谈准备，对员工离职可能涉及的劳动纠纷进行分析，然后准备好面谈时所需的材料，如员工的个人信息、劳动合同、绩效考核表，梳理离职面谈时要提问的问题，及员工可能会询问的问题。

10.1.3　办理离职工作交接手续

员工提交的离职申请经审批通过后，企业应与离职员工办理好离职交接手续。离职员工需交接的内容一般包括工作进展情况、工作中涉及的各类资料、办公用品等。企业可要求离职员工提交员工离职交接表，待相关部门交接人签字后视为办理好了离职交接手续，如表 10-2 所示为员工离职交接表。

表 10-2　员工离职交接表

<table>
<tr><td>姓名</td><td></td><td>部门</td><td></td><td>职位</td><td></td></tr>
<tr><td>入职时间</td><td></td><td>离职时间</td><td></td><td>止薪日期</td><td></td></tr>
<tr><td colspan="6">所属部门工作交接情况：（可附工作交接清单）

经办人：　　　　　　　　年　　月　　日</td></tr>
<tr><td colspan="6">行政部交接情况：
□办公室钥匙　□文件柜钥匙　□办公桌钥匙　□文件资料　□邮箱
□图书　□笔记本　□手机　□计算器　□名片
□其他：＿＿＿＿＿＿
经办人：　　　　　　　　年　　月　　日</td></tr>
<tr><td colspan="6">人事部交接情况：
□剩余入职照片　□解除或终止劳动关系证明文件　□辞职申请表</td></tr>
</table>

续上表

<table>
<tr><td colspan="2">□竞业协议　　□保密协议　　□其他：________
经办人：　　　　年　月　日</td></tr>
<tr><td colspan="2">项目部交接情况：
□工作交接　　□业务账务　　□办公书籍　　□软盘光盘
□其他：________
经办人：　　　　年　月　日</td></tr>
<tr><td colspan="2">财务部交接情况：
□工资情况　　□餐券　　□借支费用　　□其他：________
经办人：　　　　年　月　日</td></tr>
<tr><td>当事人确认</td><td>本人同意移交以上事项内所有内容，有关离职手续已按规定办妥，已将公司重要资料交还，并不外泄在职期间所了解的公司相关商业、技术等秘密。确认从即日起与公司终止劳动关系，所从事的一切活动与公司无关。
当事人签字：　　　　年　月　日</td></tr>
<tr><td colspan="2">人力资源部主管签字：　　　　年　月　日</td></tr>
</table>

10.1.4　为离职员工开具解除劳动关系证明

部分企业在员工离职时并不会主动为其开具离职证明或解除/终止劳动合同证明。实际上，为离职员工开具解除劳动合同的证明是企业的法定义务，根据《劳动合同法》第五十条规定：

用人单位应当在解除或者终止劳动合同时出具解除或者终止劳动合同的证明，并在十五日内为劳动者办理档案和社会保险关系转移手续。

企业如果因未开具解除/终止劳动合同证明而给离职员工造成了损害，根据《劳动合同法》第八十九条的规定，应承担赔偿责任。

用人单位违反本法规定未向劳动者出具解除或者终止劳动合同的书面证明，由劳动行政部门责令改正；给劳动者造成损害的，应当承担赔偿责任。

对离职员工来说，解除/终止劳动合同证明或离职证明是其入职新公司、办理失业保险金等所需的重要材料，因此，企业有必要在员工离职时为其开具该证明。企业在为员工开具解除 / 终止劳动合同证明时要注意以下几点。

◆ 解除劳动关合同证明的内容

解除 / 终止劳动合同证明的内容应包含《劳动合同法实施条例》第二十四条规定的必要内容：

用人单位出具的解除、终止劳动合同的证明，应当写明劳动合同期限、解除或者终止劳动合同的日期、工作岗位、在本单位的工作年限。

◆ 注意离职员工的保密 / 竞业限制义务

企业如果与员工签订了保密或竞业限制协议，那么有必要在解除 / 终止劳动合同证明中载明员工负有保密或竞业限制义务，以避免离职员工在入职新公司后与本企业就保密或竞业限制问题产生纠纷。

◆ 可灵活决定是否载明离职原因

离职原因并不是解除 / 终止劳动合同证明的法定必备内容，企业可灵活决定是否在解除 / 终止劳动合同证明中载明员工离职的原因。一般来说，如果离职员工要求在该证明中写明离职原因，企业可以将离职原因载入证明中；如果离职员工未要求且员工属于被迫离职的，那么不建议将离职原因写入解除 / 终止劳动合同证明中。

企业在为离职员工开具解除 / 终止劳动合同证明后，企业应要求离职员工签收回执，以作为已为该员工开具解除 / 终止劳动合同证明的证据。

知识延伸 | 为离职员工办理档案和社保关系转移

离职员工在完成工作交接，办理完离职手续后，企业还需为其办理档案和社保关系的转移。企业如果拒绝为离职员工办理档案和社保关系转移，给离职员工造成了损失，有可能会承担赔偿责任。因此，为避免以上法律风险，企业应及时为离职员工办理档案和社保关系转移手续。

10.2 员工离职时薪资奖金的结算

员工离职还会涉及薪资奖金的结算问题，不同的企业在结算离职员工薪资奖金时会有不同的做法，那么这些做法是否合理合法呢？下面具体来看看。

10.2.1 离职员工工资结算要求

员工办理好离职手续后，部分企业会在当日就结清其工资，而有的企业则会等到下次发放员工工资时再结算离职员工工资。对于一些特定的岗位，还存在结算一部分，剩余部分等到企业收到应收账款后再进行结算的情况，如销售岗位。那么企业究竟应该在什么时候结算离职员工工资呢？对于离职员工工资结算的问题，《工资支付暂行规定》第九条有以下规定：

劳动关系双方依法解除或终止劳动合同时，用人单位应在解除或终止劳动合同时一次付清劳动者工资。

根据上述规定，企业应在与员工解除或终止劳动合同时就结清离职员工的工资报酬。从企业的角度来看，员工离职当天就结清工资会给财务管理带来麻烦，因此大多数企业都存在延后结清离职员工工资的情况。这种做法并非不合法，部分地区的工资支付条例明确了企业可延后结清离职员工工资，如《深圳市员工工资支付条例》第十三条有以下规定：

用人单位与员工的劳动关系依法解除或者终止的，支付周期不超过一个月的工资，用人单位应当自劳动关系解除或者终止之日起三个工作日内一次付清；支付周期超过一个月的工资，可以在约定的支付日期支付。

对于浙江地区的企业来说，也可以延后与离职员工结清工资，根据《浙江省企业工资支付管理办法》规定：

第十九条 企业与劳动者依法解除、终止劳动合同的，应当自办理解除或者终止劳动合同手续之日起5 日内一次性结清工资。

由于不同地区对于离职员工工资结算的规定有所不同，因此，企业应根据当地的规定来结算离职员工工资。如《广东省工资支付条例》第十三条有以下规定：

用人单位与劳动者依法终止或者解除劳动关系的，应当在终止或者解除劳动关系当日结清并一次性支付劳动者工资。

根据上述规定，广东地区的企业应在员工离职当日为其结清工资。而《上海市企业工资支付办法》则规定企业应在与员工办理好离职手续时一次性结算工资，但也可以协商约定离职员工的工资结算时间，具体规定如下所示。

七、企业与劳动者终止或依法解除劳动合同的，企业应当在与劳动者办妥手续时，一次性付清劳动者的工资。对特殊情况双方有约定且不违反法律、法规规定的，从其约定。

10.2.2　离职员工要求核发提成

对于营销类的岗位来说，员工离职会涉及提成的支付问题。在实践中，企业与员工常常会因离职是否要结清提成而发生纠纷，下面来看一个案例。

| 范例解析 |　员工离职要求支付销售提成

张先生是某公司的销售专员，在6月17日时其因个人原因向公司提出离职，经公司人力资源部批准后，张先生于6月18日办理了离职手续。财务部为张先生核算离职工资时，只按张先生的实际出勤支付了基本工资，提成则表示不支付。

张先生对此提出了异议，财务部告诉张先生。根据公司的工资支付制度，提成要在合同回款后才计算到当月工资中，张先生离职时其手中合同的款项并未实际到账，因此，张先生没有取得提成的资格。

但张先生不认可此离职工资的支付方式，他认为提成属于工资的一部分，员工离职公司应一次性结清全部工资，而不能仅结清基本工资，提成也应发放。对此张先生与财务部因提成的支付问题产生了争议。

从企业经营管理的角度来看，款到提成可以提高员工工作的积极性及合同的回款率，但在员工离职时，这种工资制度存在一定的风险。

根据《关于工资总额组成的规定》工资总额由计时工资、计件工资、奖金、津贴和补贴、加班加点工资、特殊情况下支付的工资组成。其中，计件工资是指对已做工作按计件单价支付的劳动报酬，包括按营业额提成或利润提成办法支付给个人的工资。由此可见，提成属于劳动者的工资。那么是不是企业应当按照工资性质在员工离职时结清提成呢？

本案例中，公司的工资支付制度约定提成在合同回款后才支付，该约定是符合《劳动法》第四十七条的规定的，与《工资支付暂行规定》第九条的规定并不矛盾。

这里以《深圳市中级人民法院关于审理劳动争议案件的裁判指引》规定为例：

六十、如劳动者与用人单位约定业务提成在货款收回后才支付的，该约定应认定为有效。员工请求业务提成，在约定条件成就后予以支持。

劳动者离职，业务提成支付周期在一个月内的，用人单位应立即支付；业务提成约定在货款收回后才支付的，则用人单位可在条件成就后支付。

张先生在离职时并未收回所签合同款项，因此未达到提成支付的条件。但公司不能以此而拒绝支付张先生的提成，当张先生所签合同剩余款项到账后，公司应结清张先生的提成。

为有效控制员工离职时由提成支付问题带来的纠纷，企业要注意以下几点。

- 在规章制度中明确提成的支付条件、计算方式、时间等，并保证规章制度通过民主程序。

- ◆ 对于离职员工剩余部分的提成，可以在规章制度中明确由接手的员工继续完成合同款项催收、客户服务等义务，其提成由接手的员工享有，而不是规定员工离职任何人都不享有提成，以体现提成制度的合理性。
- ◆ 避免在规章制度中约定提成的支付以签单为条件，而应强调货款的收回、客户服务等条件。将提成定义为签单、跟单、回款等工作的奖励报酬。
- ◆ 员工离职时，企业可以与离职员工就剩余提成的支付问题进行约定，明确提成的支付条件、时间等，以避免双方再生争议。

10.3 经济性裁员下的单方劳动合同解除

对于企业来说，经济性裁员可以在企业出现经济问题时，降低劳动成本，使自身能够生存下去。但企业进行经济性裁员需符合法定条件，按法定程序执行。

10.3.1　经济性裁员的认定

并不是所有的企业都可以通过经济性裁员与员工单方面解除劳动合同，企业的经济性裁员要合法，需符合《劳动合同法》第四十一条的规定：

第四十一条 有下列情形之一，需要裁减人员二十人以上或者裁减不足二十人但占企业职工总数百分之十以上的，用人单位提前三十日向工会或者全体职工说明情况，听取工会或者职工的意见后，裁减人员方案经向劳动行政部门报告，可以裁减人员：

（一）依照企业破产法规定进行重整的；

（二）生产经营发生严重困难的；

（三）企业转产、重大技术革新或者经营方式调整，经变更劳动合同后，仍需裁减人员的；

（四）其他因劳动合同订立时所依据的客观经济情况发生重大变化，致使劳动合同无法履行的。

裁减人员时，应当优先留用下列人员：

（一）与本单位订立较长期限的固定期限劳动合同的；

（二）与本单位订立无固定期限劳动合同的；

（三）家庭无其他就业人员，有需要扶养的老人或者未成年人的。

用人单位依照本条第一款规定裁减人员，在六个月内重新招用人员的，应当通知被裁减的人员，并在同等条件下优先招用被裁减的人员。

上述规定明确了经济性裁员的法定条件及程序。这里需要注意，经济性裁员有裁员人数下限的要求，即裁减人员 20 人以上或者裁减不足 20 人但占企业职工总数 10% 以上的，这是经济性裁员的形式要件。而生产经营困难、重整、转产等则是经济性裁员的实质要件。

在程序上，企业要提前 30 日向工会或者全体职工说明情况，听取工会或者职工的意见，然后向劳动行政部门报告裁减人员方案。这里的“听取”并不是指同意，也就是说企业只需在经济性裁员前与员工沟通交流具体情况即可；而“报告”是指说明，而不是指批准。企业如果在不符合经济性裁员法定条件或程序的情况下进行裁员，则可能构成违法辞退。

在实践中，企业与员工容易就经济性裁员合法性的认定产生纠纷。当双方就经济性裁员的合理性和必要性产生纠纷时，企业要承担举证责任，若不能提供相应的证据证明经济性裁员符合法定条件和程序，那么企业将承担不利后果。

一般来说，审计报告、资产损益表、税务表等可作为企业出现亏损的证明材料。

知识延伸 | 裁员与留用需要合法合规

《劳动合同法》第四十一条中明确了经济性裁员中优先留用的人员，另外，劳动者若存在《劳动合同法》第四十二条规定的情形，企业不能通过经济性裁员与其单方解除劳动合同。在留用员工时，应遵循经济性裁员的优先原则。

10.3.2　经济性裁员的程序

《劳动合同法》第四十一条明确了经济性裁员的法定程序，但在实际操作过程中，企业还应尽量避免经济性裁员影响正常的生产经营活动，企业可参考以下程序来推进经济性裁员，以确保和谐裁员。

◆ 根据经营状况作出经济性裁员决定

企业管理层应根据公司实际经营状况来确定自身是否符合经济性裁员法定条件。在符合经济性裁员法定条件的前提下，明确经济性裁员的原因、裁员大致范围、裁员负责人等。

◆ 成立经济性裁员负责小组

成立经济性裁员负责小组，由负责小组收集经济性裁员证明材料，拟定裁减人员草案，确定经济补偿方案。裁减人员草案应包含裁减人员规模、裁员涉及部门、岗位、裁员标准、裁员初步名单、裁员成本等。在该阶段，负责小组应做好保密工作，以避免在未正式向全体员工说明经济性裁员情况前，员工的负面情绪影响正常的生产经营秩序。经济性裁员方案应合法合规，负责小组可结合员工的家庭情况、工龄、劳动合同期限等来初步拟定裁员名单。

◆ 召开职工大会说明裁员情况

拟定裁减人员草案后，企业可通过工会沟通裁员的有关情况，没有企业工会的可召开职工大会，向全体员工说明裁员理由及方案，并听取员工的意见，负责小组可结合员工代表的意见对裁减人员草案进行修改。

除会议方式外，企业还可通过一对一谈话的方式依次向全体员工说明经济性裁员的情况。在该过程中，要以尊重员工的态度动情说理明法，同时注意安抚员工的负面情绪，以避免员工因不满意裁员而带头闹事。

◆ 向劳动行政部门报告

确定裁剪人员方案后，企业需向当地人力资源社会保障部门报告裁员处置方案，一般需提供裁员方案、工会或职工大会意见、裁员情况的说明、营业执照等。如图 10–1 所示为裁员情况说明样本。

向人社部门报告企业裁员情况的说明

人力资源和社会保障局：

____（企业名称）____因____（原因）____需规模裁员，此前已采取了____（稳岗措施）____。现拟裁减人，占企业总人数___%，拟裁减人员主要涉及岗位，没有违反法律规定裁减应当特殊保护的职工。裁员方案已充分听取工会或者职工意见，履行法定民主程序，职工所提意见基本采纳，没有采纳的意见主要有：________，已将理由告知职工并取得理解。裁减人员的经济补偿标准为________，企业能依法及时支付。没有欠薪欠保情况（有欠薪欠保情况，但能在___月___日前结清）。没有其他历史遗留问题。

附件：1. 裁员方案。

2. 企业财务报告以及企业符合法定裁员情形的其他证明材料。

3. 履行民主程序证明。

负责人：

联系人及电话：

日期：

（签章）

图 10–1

若人力资源社会保障部门提出了裁员方案修改意见，企业应进行方案的修改完善，最后将正式的裁员方案向全体员工公示。

◆ 实施裁员方案

完成以上程序后，企业可实施裁员方案，在该过程中可按照：通知被裁减人员→与被裁减人员面谈→进行工作交接→办理被裁减人员离职手续→结清工资，支付经济补偿→办理社会保险和档案转移手续的步骤，与被裁减人员解除劳动关系。

知识延伸｜经济性裁员解除劳动合同需支付经济补偿的情形

根据《劳动合同法》第四十六条，用人单位依照本法第四十一条第一款规定解除劳动合同的，用人单位应当向劳动者支付经济补偿。其中第四十一条第一款为依照企业破产法规定进行重整而实施经济性裁员的情形。因此，适用于“破产重整”的经济性裁员应该给予员工经济补偿。

10.4 合法解除劳动合同避免纠纷争议

员工在入职企业后，企业如果要与员工解除劳动合同，需要有正当的理由，否则可能会构成违法解除。另外，从企业发展的角度来看，企业要健康发展也应妥善与员工解除劳动合同。

10.4.1 试用期内正确解除劳动关系

对试用期员工来说，根据《劳动合同法》第三十九条，在试用期间被证明不符合录用条件的，用人单位可以解除劳动合同。因此，如果企业能证明试用期员工不符合录用条件，那么就可以与其解除劳动合同，且不需要支付经济补偿金。

一般来说，企业可以通过提供有说服力的考核结果，或者员工在试用期内存在重大失误来证明试用期员工不符合录用条件。另外，如果试用期员工违背诚信原则，如提供的入职资料造假，企业也可以与其解除劳动合同。

在实践中，不少企业并没有明确的试用期考核评估标准，对试用期员工的工作表现也没有客观的记录，这常常会导致企业因无法举证证明试用期员工不符合录用条件而被认定为违法解除。因此，针对试用期员工，企业应明确约定录用标准或考核方案，同时注意保留试用期员工不符合录用条件的事实依据。

需要注意，企业要以试用期不符合录用与员工解除劳动合同，那么企业就需要在试用期期满前发出解除劳动合同的通知，否则也会面临违法解除劳动合同的风险。如图 10-2 所示为试用期解除劳动合同通知。

试用期解除劳动合同通知书

______先生/女士：

_____年___月___日你与公司签订了《劳动合同》，约定合同期限至______年___月___日届满，其中试用期为______年___月___日至______年___月___日。

现公司决定根据《中华人民共和国劳动合同法》第三十九条第一款规定，决定于______年___月___日与您解除劳动合同，请您按照公司规章制度的要求办理辞职交接手续。

试用期不符合录用条件，具体为如下情形之一：

□试用期转正评估不合格；

□存在欺骗行为，未向公司如实陈述与劳动合同直接相关的基本情况，如与第三方存在劳动/劳务关系；或对第三方承担竞业禁止义务；或有违法犯罪记录等；

□存在欺骗行为，未如实向公司陈述个人学历、工作经历、工作业绩及身体健康状况等；

□未按公司要求与公司签订劳动合同或相关协议，或未按公司要求提供离职证明；

□试用期内连续或者累计请假超过____个工作日(含)的；

□试用期内培训考核不合格的；

□出现其他情形，按照公司规章制度可以在试用期解除劳动合同的情况。

__________公司人力资源部

_____年______月_____日

图 10-2

另外，企业与员工在劳动合同中约定的试用期应合法有效，这样才能使试用期成立。如果企业与员工约定的试用期不符合法律规定，那么是无法以

《劳动合同法》第三十九条第一款与员工解除劳动合同的。

10.4.2 如何与员工协商解除劳动合同

如果员工没有明显的过错，也没有主动提出离职，那么企业要与其解除劳动合同则可以通过协商的方式。根据《劳动合同法》第四十六条：

有下列情形之一的，用人单位应当向劳动者支付经济补偿：

（二）用人单位依照本法第三十六条规定向劳动者提出解除劳动合同并与劳动者协商一致解除劳动合同的。

因此，如果是企业主动提出与员工协商一致解除劳动合同的，那么企业需要支付经济补偿金。如果是员工主动提出并与企业协商一致解除劳动合同，则不需要支付经济补偿金。

与员工协商解除劳动合同时，要注意应以书面形式明确协商解除劳动合同的时间、工作交接事项及经济补偿的标准等。如果协议中没有经济补偿的相关约定，则应写明是劳动者动议，这样可以避免员工在与企业协商一致解除劳动合同后，又主张经济补偿。如以下所示为协商一致解除劳动合同范本。

协商一致解除劳动合同协议书

甲方：

乙方：　　　　　　　　（身份证号码：　　　　　　　）

甲、乙双方于____年____月____日签订为期____年的劳动合同。

现双方在平等自愿的基础上，经协商一致，决定提前解除劳动合同，就解除劳动关系所涉及事宜，现达成如下协议：

1.自______年______月______日起，解除双方签订的劳动合同，双方的权利义务随之终止。双方的劳动关系、工资、社保福利截止到______年

_____月_____日。

2.乙方按照甲方要求办理离职交接手续，并在____年____月____日办理完结。甲方在乙方办理完结交接手续后_____日内，按照乙方为甲方的工作年限及法律相关规定，向乙方支付协商解除劳动合同的经济赔偿金总计人民币¥__________元（大写：______________________________）。

3.甲方按法律规定为乙方办理相关退工手续，并出具相应的离职证明，并将离职证明于乙方办理完工作交接手续后____日内交付给乙方。

4.乙方应为在职期间所掌握的甲方之任何商业秘密（包括本协议内容）进行保密，不得泄露给任何第三方。

5.甲乙双方之间无任何竞业限制协议，合同解除后，乙方无需履行任何竞业限制义务。

6.本协议是双方解决劳动合同的所有安排和规定，就劳动合同解除及此前劳动合同履行期间，双方不再存在其他任何劳动争议。本协议书生效前双方基于劳动关系产生的权利义务互不追究。

7.本协议自双方签署之日起成立并生效。本协议书一式两份，双方各执一份，具有同等法律效力。

甲方：　　　　　　　　　　乙方：

日期：　　　　　　　　　　日期：

10.4.3 企业单方面解除劳动合同的注意事项

如果企业的正式员工在工作中存在过失，那么企业可以单方面与其解除劳动合同，在具体操作过程中要注意以下几点。

（1）因员工严重违反规章制度

企业要以员工严重违反规章制度为由与其解除劳动合同，那么企业首先应保证规章制度的内容是合理合法的，并通过民主程序制定，同时企业应向员工公示规章制度的内容或让其阅读并签字确认。另外，在规章制度中应对严重违纪的行为作出明确的说明，如列举说明严重违纪的情形。在日常管理中，企业应注意保留员工存在违纪事实的证据，如员工提交的个人工作失误检讨书、考勤打卡记录、视频监控记录、员工签字确认的违规处罚通知单等。

虽然员工违纪行为的“严重”程度是由企业自由裁量的，但员工在工作中存在的细小错误，企业不应视为“严重违反规章制度”，“严重违反规章制度”的认定应符合一般性的评判标准，企业不应夸大“严重”的程度。如果企业对于“严重违反规章制度”的评判标准不合理，在司法审判中，也可能被认定为无效。

（2）严重失职，营私舞弊，给用人单位造成重大损害

如果员工在工作中严重失职，营私舞弊，给企业造成了重大损害，那么企业也有权单方面解除劳动合同。对于“严重失职”“重大损害”的界定，企业应在规章制度中作出明确的规定。如果企业没有在规章制度中对“严重失职，营私舞弊，给用人单位造成重大损害”作出界定，并不代表企业不能以此为由解除劳动合同，但此时企业要承担较重的举证责任，会增加解除劳动合同的风险。

因此，在规章制度中，企业应根据自身性质明确“严重失职，营私舞弊，给用人单位造成重大损害”的具体情形，以便在仲裁、诉讼中能够积极应对。

（3）同时与其他用人单位建立劳动关系

员工同时与其他用人单位建立劳动关系，对完成本单位的工作任务造成严重影响，或者经用人单位提出，拒不改正的，企业也可以单方面解除劳动合同。这里只要员工具备对完成本单位的工作任务造成严重影响、经用人单位提出后拒不改正其中一种情形的，企业就可以解除劳动合同。

如果企业要以员工与其他用人单位建立劳动关系，对完成本单位的工作任务造成严重影响为由解除劳动合同，那么企业需承担举证责任。如果员工与其他单位建立了劳动关系，但并不影响本单位的工作，而企业仍单方面解除了劳动合同，那么将面临违法解除风险。

因此，为了确保企业能依法行使解除劳动合同的权利，管理者在发现员工在未经公司同意下的情况下，同时与其他企业建立了劳动关系时，就要及时向员工下发改正通知书，以便更好地维护自身权益。在改正通知书中，企业应明确改正的期限，如图 10-3 所示。

限期改正通知书

被通知人：____________ 所属部门：____________

经查，您在本单位工作的同时，与其他单位建立了劳动关系。现已影响了您在本单位的本职工作，希望您在收到本通知之日起 10 日内与其他单位解除劳动关系，并向本单位提供有关解除劳动关系证明的原件以及复印件。否则，本单位将依据有关法律法规对您依法进行处理。

特此通知！

（公章或负责人签字）：

_____年_____月_____日

注：本通知一式两份，单位与被通知人各留一份。

签收栏：

上述通知我已收取，内容已知悉。

签收人：

_____年_____月_____日

图 10-3

第十一章

劳动争议，应对劳动纠纷合理维权

当企业与员工因劳动报酬给付、劳动合同解除、劳动关系的认定等问题产生争议时，企业管理者应清楚争议的解决途径，采用正确的方法来处理纠纷，同时注意收集证据材料，以便合理维权。

11.1 劳动争议的解决方法

在经营管理中，劳动者与企业之间产生的劳动争议是比较复杂多样的，企业在规范自身管理的同时有必要了解劳动争议的解决方法，从而有效地应对与员工之间的劳动争议问题。

11.1.1 劳动纠纷常规处理流程

当企业与劳动者之间产生劳动纠纷后，人力资源部可按照如下所示的流程来处理。

- **了解纠纷的具体情况：** 首先，企业要进行内部沟通调查，了解纠纷产生的原因及具体情况。在该过程中，调查者要注意收集相关材料，以便在解决纠纷时能够处于有利位置。
- **劳动纠纷自行协商处理：** 在了解了劳动纠纷的具体情况后，企业应积极地与员工协商，尽可能以双方自行和解的形式解决劳动纠纷，这样可以降低纠纷解决的成本。
- **进入调解程序：** 若双方自行协商不成，可以向劳动争议调解组织申请调解。在双方同意调解的情况下，由调解员进行劳动争议事项的调解，双方达成调解协议后执行调解协议书的内容。
- **进入仲裁程序：** 在双方不同意调解、调解不成或者一方当事人在协议约定期限内不履行调解协议的情况下，可选择向劳动争议仲裁委员会申请仲裁。劳动争议仲裁委员在受理劳动纠纷案件后，会开庭审理作出仲裁裁决。
- **提起诉讼：** 若一方当事人不服仲裁裁决结果，那么可以向人民法院提起诉讼。在符合起诉条件的情况下，人民法院会进行立案。立案后，若双方同意调解，人民法院会进行调解，达成调解后，人民法院会出具调解书。在调解不成的情况下，人民法院会进行裁决。

- **向上一级法院提起上诉：**一方当事人若不服一审裁决，可以向上一级法院提起上诉。人民法院在立案后会进行审理，作出终审裁决。

11.1.2　与员工沟通协商妥善和解

自行与员工协商和解是企业在解决劳动纠纷时应优先选择的途径，根据《企业劳动争议协商调解规定》第十条：

一方当事人提出协商要求后，另一方当事人应当积极做出口头或者书面回应。5日内不做出回应的，视为不愿协商。协商的期限由当事人书面约定，在约定的期限内没有达成一致的，视为协商不成。当事人可以书面约定延长期限。

因此，若员工主动提出协商要求，企业要在5日内做出口头或书面回应，并书面约定协商的期限，如图11-1所示为协商回应书。

协商回应书

______________：

你（单位）于_____年_____月_____日提出的关于______________争议的协商要求，我（单位）已收悉。经研究决定，我（单位）（不同意或者同意）与你（单位）协商解决争议，定于_____年_____月_____日_____时_____分在_____进行协商。届时，请你（单位）提供切实可行的协商方案，邀请_____单位或者_____个人参与协商，并携带与争议有关的文件资料。

特此回应

回应人（签名或者盖章）：

_________年_____月_____日

图11-1

为确保双方能有效达成和解，在沟通协商过程中，企业代表应从事实出发，充分了解劳动纠纷产生的具体原因，找到双方的争议点，同时注重听取员工的诉求，使沟通协商能够顺利进行。

实践中，可能存在沟通陷入僵局的情形。面对这种情形，企业代表应注意安抚员工的不满情绪，同时表明企业的协商态度，注意不能以“敌对”的态度来对待员工，然后动之以情、晓之以理，促进双方妥善化解劳动纠纷。

对于员工提出的诉求，企业代表可结合实际来综合衡量企业可接受的程度。对企业来说，如果劳动纠纷进入仲裁、诉讼程序，会耗费企业的人力、财力，同时也会给企业带来负面影响。因此，必要时企业可放弃部分自身利益，适当让步，以促进和解协议的达成。

11.1.3 有效解决劳动纠纷的调解

根据劳动争议处理的基本程序，若当事人不愿协商、协商不成，或者达成和解协议后，一方当事人在约定的期限内不履行和解协议的，那么可以申请调解。

调解申请需向调解组织提出，根据《劳动争议调解仲裁法》第十条，发生劳动争议，当事人可以到下列调解组织申请调解：

（一）企业劳动争议调解委员会；

（二）依法设立的基层人民调解组织；

（三）在乡镇、街道设立的具有劳动争议调解职能的组织。

企业劳动争议调解委员会由职工代表和企业代表组成。职工代表由工会成员担任或者由全体职工推举产生，企业代表由企业负责人指定。企业劳动争议调解委员会主任由工会成员或者双方推举的人员担任。

劳动争议调解既可以口头申请，也可以书面申请。口头申请的，调解组织会当场记录申请人的基本情况、申请调解的争议事项、理由和时间。在劳动争议调解申请书中要写明当事人的基本情况、调解请求、事实与理由，如表 11-1 所示为劳动争议调解申请书。

表 11-1　劳动争议调解申请书

<table>
<tr><td colspan="4">申请人</td><td colspan="4">被申请人</td></tr>
<tr><td>姓名或单位名称</td><td colspan="3"></td><td>姓名或单位名称</td><td colspan="3"></td></tr>
<tr><td>单位性质</td><td colspan="3"></td><td>单位性质</td><td colspan="3"></td></tr>
<tr><td rowspan="2">法定代表人或主要
负责人姓名</td><td rowspan="2"></td><td>性别</td><td></td><td rowspan="2">法定代表人或主要
负责人姓名</td><td rowspan="2"></td><td>性别</td><td></td></tr>
<tr><td>年龄</td><td></td><td>年龄</td><td></td></tr>
<tr><td>身份证号</td><td></td><td>职务</td><td></td><td>身份证号</td><td></td><td>职务</td><td></td></tr>
<tr><td>工作单位</td><td colspan="3"></td><td>工作单位</td><td colspan="3"></td></tr>
<tr><td>住所或户籍所在地址</td><td colspan="3"></td><td>住所或户籍所在地址</td><td colspan="3"></td></tr>
<tr><td>联系电话</td><td></td><td>邮编</td><td></td><td>联系电话</td><td></td><td>邮编</td><td></td></tr>
<tr><td>申请调解的事项</td><td colspan="7">请求 ××
请求 ××
请求 ××</td></tr>
<tr><td>事实和理由</td><td colspan="7"></td></tr>
<tr><td colspan="8">此致
________劳动争议调解委员会
申请人：__________（本人签名或盖章）
_____年_____月_____日</td></tr>
</table>

劳动争议调解需在双方合意的情况下才能进行，因此，企业劳动争议调解委员会在接到调解申请后，会征询对方当事人的意见，了解其是否愿意调解。另外，根据《企业劳动争议协商调解规定》第二十三条：

发生劳动争议，当事人没有提出调解申请，调解委员会可以在征得双方当事人同意后主动调解。

经过审查后，若该劳动争议案例属于企业劳动争议调解委员会受理的范围，企业劳动争议调解委员会作出受理决定。

调解的具体流程包括调查核实、实施调解和达成调解协议／调解不成。调解员会在调解实施过程中听取双方当事人对事实和理由的陈述，若双方达成一致则签署调解协议书。

调解协议书由双方当事人签名或者盖章，经调解员签名并加盖调解组织印章后生效，对双方当事人具有约束力。另外，根据《劳动争议调解仲裁法》第十六条，针对部分劳动争议事项，在达成调解协议后如果企业不履行约定，员工可以申请支付令：

因支付拖欠劳动报酬、工伤医疗费、经济补偿或者赔偿金事项达成调解协议，用人单位在协议约定期限内不履行的，劳动者可以持调解协议书依法向人民法院申请支付令。人民法院应当依法发出支付令。

知识延伸｜企业应依法设立调解委员会

根据《企业劳动争议协商调解规定》：

第十三条 大中型企业应当依法设立调解委员会，并配备专职或者兼职工作人员。有分公司、分店、分厂的企业，可以根据需要在分支机构设立调解委员会。总部调解委员会指导分支机构调解委员会开展劳动争议预防调解工作。调解委员会可以根据需要在车间、工段、班组设立调解小组。

第十四条 小微型企业可以设立调解委员会，也可以由劳动者和企业共同推举人员，开展调解工作。

11.1.4 通过仲裁机构申请仲裁

在无法通过调解达成一致的情况下，双方当事人可以向劳动争议仲裁委员会申请仲裁。另外，当事人也可以不通过调解，直接向劳动争议仲裁委员会申请仲裁。

当事人申请劳动争议仲裁需要提交书面的仲裁申请书，仲裁申请书中要写明申请人、被申请人的基本情况、仲裁依据、申请事项、事实与理由，如

图 11–2 所示为仲裁申请书样本。

仲裁申请书

申请人：
住所：
电话：
法定代表人（负责人）：　　　　职务：
电话：
委托代理人：
地址：
电话：　　　　电子邮箱：
被申请人：
住所：
电话：
法定代表人（负责人）：　　　　职务：
电话：

仲裁依据：________________________________

____

仲裁请求：________________________________

____

事实与理由：______________________________

____

此致
××仲裁委员会

申请人:(盖章/签名)
年　月　日

图 11–2

除仲裁申请书外，申请人还要准备支持仲裁请求的证据材料、申请人证据材料清单、当事人送达地址确认书、当事人主体资格证明文件（如注册登记证照副本复印件、法定代表人身份证明书）等文件。若劳动争议案件属于劳动争议仲裁委员会受理的范围，仲裁委员会会书面通知申请人受理，通知被申请人答辩。

如果企业是劳动争议仲裁的被申请人，那么需在接到通知后重点查看对方提交的仲裁申请书，了解员工申请仲裁的事项、事实与理由，同时准备好相关的证据材料，向劳动争议仲裁委员会提交答辩书、被申请人证据材料清单及其他书面材料。

双方当事人在交换证据后，劳动争议仲裁委员会通知仲裁庭的组成情况、开庭时间、地点。在开庭审理过程中，申请人要举证证明仲裁请求及理由，被申请人则根据申请人的请求进行答辩。经过质证和辩论后，仲裁庭会作出裁决。

对仲裁不理会，不重视，是不少企业在劳动仲裁中败诉的常见原因。面对仲裁案件，有的企业并不会全面细致地收集证据，有的甚至连开庭都不参加，这会导致企业失去辩论陈述的机会，或者因证据不足承担不利裁决结果。

因此，面对劳动仲裁事件，企业管理者要积极应对，以争取对企业有利的结果。另外，在日常管理中要注意规避用工风险，面对劳动纠纷，能够协商调解的尽量协商解决，以降低仲裁的发生率。

知识延伸 | 仲裁流程中的调解

一般情况下，仲裁委员会在接到仲裁申请后都会建议当事人进行案前调解，若当事人不愿意案前调解才会开庭仲裁。另外，在开庭仲裁中也存在调解程序，若调解不成功，仲裁庭会作出裁决。

11.1.5 向人民法院申请诉讼

针对部分劳动纠纷，《劳动争议调解仲裁法》明确了仲裁裁决结果为终局裁决。

第四十七条 下列劳动争议，除本法另有规定的外，仲裁裁决为终局裁决，裁决书自作出之日起发生法律效力：

（一）追索劳动报酬、工伤医疗费、经济补偿或者赔偿金，不超过当地月最低工资标准十二个月金额的争议；

（二）因执行国家的劳动标准在工作时间、休息休假、社会保险等方面发生的争议。

对于终局裁决，只有在满足法定情形时企业才享有申请撤销裁决的权利，具体内容如下。

第四十九条 用人单位有证据证明本法第四十七条规定的仲裁裁决有下列情形之一，可以自收到仲裁裁决书之日起三十日内向劳动争议仲裁委员会所在地的中级人民法院申请撤销裁决：

（一）适用法律、法规确有错误的；

（二）劳动争议仲裁委员会无管辖权的；

（三）违反法定程序的；

（四）裁决所根据的证据是伪造的；

（五）对方当事人隐瞒了足以影响公正裁决的证据的；

（六）仲裁员在仲裁该案时有索贿受贿、徇私舞弊、枉法裁决行为的。

人民法院经组成合议庭审查核实裁决有前款规定情形之一的，应当裁定撤销。仲裁裁决被人民法院裁定撤销的，当事人可以自收到裁定书之日起十五日内就该劳动争议事项向人民法院提起诉讼。

也就是说对于终局裁决，如果不存在上述法定情形，企业只能履行裁决，不能向人民法院起诉。对于非终局裁决，企业若不服裁决结果，则可以在收到仲裁裁决书之日起 15 日内向人民法院提起诉讼。

11.2 劳动争议的受理范围

并不是所有的劳动人事纠纷都属于劳动争议的受理范围，只有在满足受理条件的情况下，劳动争议仲裁委员会、人民法院才会受理当事人的劳动争议案件。

11.2.1 可以申请劳动仲裁的情形

根据《劳动争议调解仲裁法》，用人单位与劳动者发生的下列劳动争议，当事人可以向调解组织申请调解或向劳动争议仲裁委员会申请仲裁。

（一）因确认劳动关系发生的争议；

（二）因订立、履行、变更、解除和终止劳动合同发生的争议；

（三）因除名、辞退和辞职、离职发生的争议；

（四）因工作时间、休息休假、社会保险、福利、培训及劳动保护发生的争议；

（五）因劳动报酬、工伤医疗费、经济补偿或者赔偿金等发生的争议；

（六）法律、法规规定的其他劳动争议。

根据上述劳动争议情形，如企业与员工因超时工作、离职、劳动报酬的支付、工伤医疗费承担、劳动合同解除等问题产生争议时，当事人可以申请调解或仲裁。

根据《最高人民法院关于审理劳动争议案件适用法律若干问题的解释（二）》第七条，以下纠纷不属于劳动争议：

（一）劳动者请求社会保险经办机构发放社会保险金的纠纷；

（二）劳动者与用人单位因住房制度改革产生的公有住房转让纠纷；

（三）劳动者对劳动能力鉴定委员会的伤残等级鉴定结论或者对职业病诊断鉴定委员会的职业病诊断鉴定结论的异议纠纷；

（四）家庭或者个人与家政服务人员之间的纠纷；

（五）个体工匠与帮工、学徒之间的纠纷；

（六）农村承包经营户与受雇人之间的纠纷。

知识延伸 | 劳动争议仲裁有时效

根据《劳动争议调解仲裁法》第二十七条：劳动争议申请仲裁的时效期间为一年。仲裁时效期间从当事人知道或者应当知道其权利被侵害之日起计算。前款规定的仲裁时效，因当事人一方向对方当事人主张权利，或者向有关部门请求权利救济，或者对方当事人同意履行义务而中断。从中断时起，仲裁时效期间重新计算。因不可抗力或者有其他正当理由，当事人不能在本条第一款规定的仲裁时效期间申请仲裁的，仲裁时效中止。从中止时效的原因消除之日起，仲裁时效期间继续计算。劳动关系存续期间因拖欠劳动报酬发生争议的，劳动者申请仲裁不受本条第一款规定的仲裁时效期间的限制；但是，劳动关系终止的，应当自劳动关系终止之日起一年内提出。

11.2.2　可以提起诉讼的劳动争议情形

当事人要向人民法院因劳动争议事件提起诉讼，那么需要符合以下几个条件。

- ◆ 劳动争议事件已经过劳动争议仲裁委员会的裁决，没有经过仲裁裁决的劳动争议不可以向人民法院提起诉讼。
- ◆ 提起诉讼的时间需在收到仲裁裁决书之日起 15 日内，若期满不起诉的，裁决书发生法律效力。

另外，在提起诉讼时需要注意，起诉人须是劳动争议案件中的一方当事人，被诉人应为对方当事人，起诉人要提出具体的诉讼请求和事实依据。

实践中，可能存在因双方产生的争议不属于劳动争议，仲裁委员会不予受理的情形。那么针对该种情形，当事人是否可以提起诉讼呢？根据《最高人民法院关于审理劳动争议案件适用法律若干问题的解释（一）》：

第二条 劳动争议仲裁委员会以当事人申请仲裁的事项不属于劳动争议为由，作出不予受理的书面裁决、决定或者通知，当事人不服，依法向人民法院起诉的，人民法院应当分别情况予以处理：

（一）属于劳动争议案件的，应当受理；

（二）虽不属于劳动争议案件，但属于人民法院主管的其他案件，应当依法受理。

因此，如果经审查当事人的诉讼请求符合劳动争议案件的受理条件，人民法院会受理。对于部分不属于劳动争议的案件，如果经审查符合诉讼要求，人民法院也会受理。

知识延伸 | 可申请人民法院强制执行的情形

根据《劳动法》第八十三条：劳动争议当事人对仲裁裁决不服的，可以自收到仲裁裁决书之日起十五日内向人民法院提起诉讼。一方当事人在法定期限内不起诉又不履行仲裁裁决的，另一方当事人可以申请人民法院强制执行。

11.3 从容应对劳动争议和纠纷

随着劳动保障法律法规的不断完善，劳动者的维权意识也在提高。对企业的管理者来说，不仅要规范内部管理防患于未然，也要懂得如何应对劳动争议和纠纷。

11.3.1 协商签订书面和解协议

通过协商沟通与员工就劳动纠纷达成一致的处理意见后，企业要与员工签订书面的劳动争议和解协议书，以明确争议的具体事项，及双方的权利与义务。

在签订劳动争议和解协议书时要注意，如果和解协议书约定的权利义务关系显失公平，员工在签订和解协议后向劳动争议仲裁委员会或人民法院申请撤销，企业将会面临和解协议被认定为无效的风险。

如企业与A员工因工伤事宜产生劳动纠纷，双方自行协商达成协议：由企业一次性赔偿A员工2万元，解除双方的劳动关系。经工伤认定和伤残等级鉴定后，显示该协议约定的赔偿数额远低于《工伤保险条例》规定的工伤待遇标准。在这种情形下，A员工若申请撤销双方签订的和解协议，企业会面临和解协议被撤销的风险。

虽然企业与员工签订的劳动争议和解协议是双方在自愿的基础上达成的，但根据《最高人民法院关于审理劳动争议案件适用法律若干问题的解释（三）》：

第十条 劳动者与用人单位就解除或者终止劳动合同办理相关手续、支付工资报酬、加班费、经济补偿或者赔偿金等达成的协议，不违反法律、行政法规的强制性规定，且不存在欺诈、胁迫或者乘人之危情形的，应当认定有效。前款协议存在重大误解或者显失公平情形，当事人请求撤销的，人民法院应予支持。

为避免和解协议被撤销的风险，企业在与员工签订协议时，要注意以下几点。

- 工伤待遇支付和解协议应尽量在员工进行工伤认定和伤残等级鉴定后签订。在未经工伤认定签订和解协议的情形下，企业应明确告知员工可享有的权利，包括申请工伤认定、依法享有的工伤待遇。同时在协议中明确企业已履行了告知义务，系员工自愿放弃以上权利。
- 为避免员工申请撤销和解协议给企业带来不利后果，在和解协议中可约定“本协议签订后，双方之间不再存在其他任何劳动争议，双方均不得再以劳动关系为由向对方主张任何权利”。
- 和解协议中的表述应详尽准确，避免存在重大误解，导致双方因和解协议的内容再引发纠纷。

11.3.2 向仲裁委员会提出反申请

员工向劳动争议仲裁委员会提出仲裁申请后，企业作为被申请人，可根据《劳动人事争议仲裁办案规则》第三十六条的规定提出反申请：

被申请人可以在答辩期间提出反申请，仲裁委员会应当自收到被申请人反申请之日起五日内决定是否受理并通知被申请人。决定受理的，仲裁委员会可以将反申请和申请合并处理。反申请应当另行申请仲裁的，仲裁委员会应当书面告知被申请人另行申请仲裁；反申请不属于本规则规定应当受理的，仲裁委员会应当向被申请人出具不予受理通知书。被申请人答辩期满后对申请人提出反申请的，应当另行申请仲裁。

反申请是维护被申请人合法权益的一种途径，可在答辩期内提出，如图11-3所示为劳动争议仲裁反请求申请书样本。

劳动争议仲裁反请求申请书

反请求人（反请求人是法人或其他组织）：
住所：
电话：
法定代表人（负责人）：　　职务：
联系电话：　　联系地址
被反请求人（自然人）：
姓名：　　性别：
身份证号：　　联系电话：
联系地址：

请求事项

（一）裁决……
（二）……
（三）裁决仲裁费用由被反请求人承担。

事实与理由

（主要说明事实经过及申请的理由）

此致
××劳动争议仲裁委员会

反请求申请人：（签字或盖章）
年　月　日

图 11-3

一般来说，如果申请劳动仲裁的员工存在过错或企业认为该员工的某些行为侵犯了自身权益，那么企业可以提起反申请。如企业按违纪失职辞退员工后，员工申请仲裁请求恢复劳动关系，这时企业能够证明员工严重违反了单位的规章制度或者严重失职给企业造成了重大损害，那么可以针对该员工提出的申请提起反申请，不同意与员工继续建立劳动关系，并追偿经济损失。

11.3.3 正确选择劳动争议仲裁管辖地

劳动争议仲裁委员会在确定是否受理当事人提出的仲裁申请时，除会查看当事人提出的申请是否属于劳动争议外，还会了解该劳动争议是否是管辖区域内发生的。因为各个地区的劳动争议仲裁委员会有各自的所属管辖范围，当事人需向有管辖权的劳动争议仲裁委员会提出仲裁申请，才能确保劳动争议仲裁能及时被受理。《劳动争议调解仲裁法》中对仲裁管辖有以下规定：

劳动争议仲裁委员会负责管辖本区域内发生的劳动争议。劳动争议由劳动合同履行地或者用人单位所在地的劳动争议仲裁委员会管辖。双方当事人分别向劳动合同履行地和用人单位所在地的劳动争议仲裁委员会申请仲裁的，由劳动合同履行地的劳动争议仲裁委员会管辖。

大多数情况下，劳动合同的履行地与用人单位所在地是一致的，如果不一致，则可能存在双方当事人分别向劳动合同履行地和用人单位所在地的劳动争议仲裁委员会申请仲裁的情况，这时由劳动合同履行地的劳动争议仲裁委员会负责受理劳动争议案件。

对于劳动合同履行地、用人单位所在地的确定，《劳动人事争议仲裁办案规则》第八条有以下规定：

劳动合同履行地为劳动者实际工作场所地，用人单位所在地为用人单位注册、登记地或者主要办事机构所在地。用人单位未经注册、登记的，其出资人、开办单位或者主管部门所在地为用人单位所在地。

双方当事人分别向劳动合同履行地和用人单位所在地的仲裁委员会申请仲裁的，由劳动合同履行地的仲裁委员会管辖。有多个劳动合同履行地的，由最先受理的仲裁委员会管辖。劳动合同履行地不明确的，由用人单位所在地的仲裁委员会管辖。

案件受理后，劳动合同履行地或者用人单位所在地发生变化的，不改变争议仲裁的管辖。

11.3.4 “一裁终局”的适用范围

《劳动争议调解仲裁法》第四十七条明确了“一裁终局”的适用情形，可以看出，终局裁决适用于金额较小、与劳动标准有关的劳动争议仲裁案件。其中，对于经济补偿和赔偿金的范围，《劳动人事争议仲裁办案规则》第五十条作出了进一步明确：

经济补偿包括《劳动合同法》规定的竞业限制期限内给予的经济补偿、解除或者终止劳动合同的经济补偿等；赔偿金包括劳动合同法规定的未签订书面劳动合同第二倍工资、违法约定试用期的赔偿金、违法解除或者终止劳动合同的赔偿金等。

这里需要注意仲裁裁决金额标准的确定，根据《最高人民法院关于审理劳动争议案件适用法律若干问题的解释（三）》：

第十三条 劳动者依据调解仲裁法第四十七条第（一）项规定，追索劳动报酬、工伤医疗费、经济补偿或者赔偿金，如果仲裁裁决涉及数项，每项确定的数额均不超过当地月最低工资标准十二个月金额的，应当按照终局裁决处理。

根据上述司法解释，当劳动者的仲裁请求涉及数项时，会根据每项裁决的数额来确定是否按终局裁决处理，而不是考量合并计算的裁决总金额是否超过当地月最低工资标准 12 个月金额。

实践中，针对同一劳动争议仲裁案件，还存在部分事项为终局裁决，而部分为非终局裁决事项的情况。在这种情况下，根据《最高人民法院关于审理劳动争议案件适用法律若干问题的解释（三）》第十四条，应按非终局裁决来处理：

劳动人事争议仲裁委员会作出的同一仲裁裁决同时包含终局裁决事项和非终局裁决事项，当事人不服该仲裁裁决向人民法院提起诉讼的，应当按照非终局裁决处理。

11.4 树立举证意识，加强证据管理

在劳动仲裁、诉讼过程中，都需要当事人提供证据材料，若当事人无法就自己提出的主张或事实提供相关证据，将承担不利的法律后果。因此，管理者应树立证据意识，以确保在面对劳动纠纷时能正确的举证和质证。

11.4.1　劳动纠纷中举证责任的分配

“谁主张，谁举证”是劳动纠纷中举证责任分配的基本原则。但在劳动人事关系中，劳动者通常处于弱势地位，因此，相关法律法规中对劳动纠纷举证责任的分配会有一些特殊要求。对于举证责任的分配，《劳动争议调解仲裁法》有以下规定：

第六条 发生劳动争议，当事人对自己提出的主张，有责任提供证据。与争议事项有关的证据属于用人单位掌握管理的，用人单位应当提供；用人单位不提供的，应当承担不利后果。

第三十九条 当事人提供的证据经查证属实的，仲裁庭应当将其作为认定事实的根据。劳动者无法提供由用人单位掌握管理的与仲裁请求有关的证据，仲裁庭可以要求用人单位在指定期限内提供。用人单位在指定期限内不提供的，应当承担不利后果。

根据上述规定，在劳动纠纷中，除要遵循“谁主张，谁举证”这一基本

原则外，还存在特殊的示证原则，即由用人单位掌握管理的证据，由用人单位承担举证责任。基于该原则，部分应由提出主张的劳动者负担的举证责任可能会分配给用人单位，这被称为举证责任倒置。那么哪些情形适用举证责任倒置呢？

根据《最高人民法院关于审理劳动争议案件适用法律若干问题的解释（一）》第十三条：

因用人单位作出的开除、除名、辞退、解除劳动合同、减少劳动报酬、计算劳动者工作年限等决定而发生的劳动争议，用人单位负举证责任。

上述司法解释明确了6种由用人单位承担举证责任的情形，前4种都与解除劳动关系有关。除此之外，涉及减少劳动者工资、工作年限计算的劳动争议事项，用人单位也要承担举证责任。

另外，与加班费有关的举证责任分配，《最高人民法院关于审理劳动争议案件适用法律若干问题的解释（三）》第九条有以下规定：

第九条 劳动者主张加班费的，应当就加班事实的存在承担举证责任。但劳动者有证据证明用人单位掌握加班事实存在的证据，用人单位不提供的，由用人单位承担不利后果。

因此，关于加班费的举证责任并不会单纯地分配给企业，首先由劳动者先举证证明存在加班事实，若劳动者能提供证据证明用人单位掌握加班事实存在的证据，那么用人单位要承担加班事实的举证责任。

11.4.2 工伤认定应由谁举证

当企业与员工就工伤认定产生劳动争议时，其举证责任的分配也有一定的特殊性。根据《工伤保险条例》第十八条：

提出工伤认定申请应当提交下列材料：

（一）工伤认定申请表；

（二）与用人单位存在劳动关系（包括事实劳动关系）的证明材料；

（三）医疗诊断证明或者职业病诊断证明书（或者职业病诊断鉴定书）。

工伤认定申请表应当包括事故发生的时间、地点、原因及职工伤害程度等基本情况。

工伤认定申请人提供材料不完整的，劳动保障行政部门应当一次性书面告知工伤认定申请人需要补正的全部材料。申请人按照书面告知要求补正材料后，劳动保障行政部门应当受理。

因此，在工伤认定中，劳动者负有证明自身与用人单位存在劳动关系、受伤害事实真实性的举证责任，这是劳动者须承担的基础举证责任。在劳动者对基础事实进行举证后，根据《工伤保险条例》第十九条，若用人单位不认为是工伤，则要承担倒置后的举证责任：

第十九条 劳动保障行政部门受理工伤认定申请后，根据审核需要可以对事故伤害进行调查核实，用人单位、职工、工会组织、医疗机构及有关部门应当予以协助。职业病诊断和诊断争议的鉴定，依照职业病防治法的有关规定执行。对依法取得职业病诊断证明书或者职业病诊断鉴定书的，劳动保障行政部门不再进行调查核实。

职工或者其直系亲属认为是工伤，用人单位不认为是工伤的，由用人单位承担举证责任。

另外，《工伤认定办法》第十七条也明确了用人单位负有举证责任：

第十七条 职工或者其近亲属认为是工伤，用人单位不认为是工伤的，由该用人单位承担举证责任。用人单位拒不举证的，社会保险行政部门可以根据受伤害职工提供的证据或者调查取得的证据，依法作出工伤认定决定。

根据上述规定，在工伤认定中不会完全固守“谁主张，谁举证”的原则，而是考虑到了现实中劳动者自行取证难度较大的情况，明确了劳动者在承担了一定的举证责任后，职工或者其直系亲属认为是工伤，用人单位否认工伤的情形下，用人单位要承担举证责任。这时用人单位不举证或举证不能，则要承担不利后果。

知识延伸 | 无法确定举证责任承担的情形

由于劳动争议案件具有复杂性，因此，实践中还存在无法根据“谁主张，谁举证”原则或其他举证倒置情形来确定举证责任承担的情形。根据《劳动人事争议仲裁办案规则》，在这种情形下，由仲裁委员会来确定举证责任的承担：

第十三条 当事人对自己提出的主张有责任提供证据。与争议事项有关的证据属于用人单位掌握管理的，用人单位应当提供；用人单位不提供的，应当承担不利后果。

第十四条 法律没有具体规定、按照本规则第十三条规定无法确定举证责任承担的，仲裁庭可以根据公平原则和诚实信用原则，综合当事人举证能力等因素确定举证责任的承担。

11.4.3 劳动争议仲裁和诉讼的举证期限

在劳动仲裁和诉讼中都存在举证期限，对于劳动争议仲裁而言，《劳动人事争议仲裁办案规则》赋予了劳动争议仲裁委员会指定举证期限的权利：

第十五条 承担举证责任的当事人应当在仲裁委员会指定的期限内提供有关证据。当事人在该期限内提供证据确有困难的，可以向仲裁委员会申请延长期限，仲裁委员会根据当事人的申请适当延长。当事人逾期提供证据的，仲裁委员会应当责令其说明理由；拒不说明理由或者理由不成立的，仲裁委员会可以根据不同情形不予采纳该证据，或者采纳该证据但予以训诫。

实践中，针对不同的劳动争议案件，劳动争议仲裁委员会指定的举证期限会有所不同，一般来说，会要求当事人在开庭前完成举证，具体举证期限会在受理通知书和应诉通知书中写明，比较常见的是收到通知书后 10 日内或 15 日内提供有关证据。

对于诉讼而言，根据 2020 年 5 月 1 日起施行的《最高人民法院关于民事诉讼证据的若干规定》：

第五十一条 举证期限可以由当事人协商，并经人民法院准许。

人民法院指定举证期限的，适用第一审普通程序审理的案件不得少于十五日，当事人提供新的证据的第二审案件不得少于十日。适用简易程序审理的案件不得超过十五日，小额诉讼案件的举证期限一般不得超过七日。

举证期限届满后，当事人提供反驳证据或者对已经提供的证据的来源、形式等方面的瑕疵进行补正的，人民法院可以酌情再次确定举证期限，该期限不受前款规定的期间限制。

由此可见，在民事诉讼中举证期限可由当事人协商并经法院人民准许或由人民法院指定，其中，反驳证据、补正证据不受举证期限的限制。另外，根据《最高人民法院关于民事诉讼证据的若干规定》第五十四条，在诉讼中当事人也可以申请延长举证时效。

第五十四条 当事人申请延长举证期限的，应当在举证期限届满前向人民法院提出书面申请。申请理由成立的，人民法院应当准许，适当延长举证期限，并通知其他当事人。延长的举证期限适用于其他当事人。申请理由不成立的，人民法院不予准许，并通知申请人。

11.4.4 劳动争议的常见证据类型

在应对劳动争议时，企业可以收集的证据有多种类型，根据《民事诉讼法》具体包括以下 8 种。

◆ 当事人的陈述

当事人陈述是指当事人就案件事实有关情况的陈述，如在劳动争议仲裁中，用人单位或劳动者在仲裁申请书、答辩书或仲裁庭审笔录中对劳动争议事件的陈述。

◆ 书证

书证是指文字、图表、符号形式的书面证据。在劳动争议案件中，比较常见的书证有劳动合同、保密协议、签订劳动合同的通知书、入职登记表、考勤记录、规章制度、工资清单、向全体员工公示的通知、解除劳动合同通知、员工签字确认的各种回执、员工违纪失职处罚通知和诊断证明书等。

从上述常见书证类型可以看出，书证贯穿于人力资源管理过程的始终，是企业应对劳动争议时能够有效提供的重要证据。在日常管理中，企业应注意书证的管理和保存。

◆ 物证

物证是指能够证明案件真实情况的物品或痕迹，如企业发放给员工的工作服、工作牌和餐卡等物品。

◆ 视听资料

视听资料是指以声音、视频、图像为媒介存储的信息材料，如视频监控、录音和照片等。根据《最高人民法院关于民事诉讼证据的若干规定》第十五条：当事人以视听资料作为证据的，应当提供存储该视听资料的原始载体。

◆ 电子数据

在信息化时代，电子数据也是重要的证据类型之一。根据《最高人民法院关于民事诉讼证据的若干规定》电子数据包括下列信息、电子文件：

（一）网页、博客、微博客等网络平台发布的信息；

（二）手机短信、电子邮件、即时通信、通讯群组等网络应用服务的通信信息；

（三）用户注册信息、身份认证信息、电子交易记录、通信记录、登录日志等信息；

（四）文档、图片、音频、视频、数字证书、计算机程序等电子文件；

（五）其他以数字化形式存储、处理、传输的能够证明案件事实的信息。

◆ 证人证言

证人证言是指证人对案件案情的陈述。在劳动争议案件中，企业内部员工提供的证人证言常常会作为证据，提供证人证言的方式有出庭作证、签署保证书等。根据《最高人民法院关于民事诉讼证据的若干规定》第六十五条：

保证书应当载明保证据实陈述，绝无隐瞒、歪曲、增减，如有虚假陈述应当接受处罚等内容。当事人应当在保证书上签名、捺印。

由于证人证言会受主观因素的影响，因此其证据证明力相对较弱，通过提供其他证据材料与证人证言相互印证，可以提高证人证言的证明力。

◆ 鉴定意见

鉴定意见是指相关行业专家提供的专业意见书，如针对员工提供的某一证据，企业认为其是伪造或者变造的，那么就可以申请鉴定。当事人向仲裁庭或人民法院提出鉴定申请后，双方可协商确定具备资格的鉴定人，如果协商不成，由仲裁委或人民法院委托具备资格的鉴定人进行鉴定。

◆ 勘验笔录

勘验笔录是指勘验人员对案件现场进行勘验、调查后所作的笔录。根据《民事诉讼法》第八十条，勘验的具体程序如下所示：

勘验物证或者现场，勘验人必须出示人民法院的证件，并邀请当地基层组织或者当事人所在单位派人参加。当事人或者当事人的成年家属应当到场，拒不到场的，不影响勘验的进行。有关单位和个人根据人民法院的通知，有义务保护现场，协助勘验工作。勘验人应当将勘验情况和结果制作笔录，由勘验人、当事人和被邀参加人签名或者盖章。

11.4.5　合法辞退员工如何举证

针对辞退员工所引起的劳动纠纷，企业主要需证明辞退理由合法合理，以下材料可作为证据。

◆ 企业制定的规章制度

为确保规章制度作为证据是有效的，企业应确保规章制度内容合法，且是履行民主程序来的。在举证过程中，企业可能会提供网站发布的规章制度通知、宣传栏张贴照片、电子邮件通知记录等作为规章制度已履行告知程序的证明，这种举证方式并不是特别稳妥。建议企业在公示规章制度时，采用阅读签字法、发放签收法、劳动合同约定法、传阅签字法等方法将规章制度告知员工，并注意保留员工签领确认单，这样可有效避免举证时出现麻烦。

◆ 违纪失职的有关证据材料

违纪失职的有关证据材料包括员工提交的检讨书、企业发布的违纪处罚通知书（应确保有员工本人的签字）、员工在岗期间违纪失职的视频监控记录、考勤打卡记录（如钉钉打卡记录）、企业其他员工提供的证言、相关物证（如被员工破坏的企业机器设备）、有关部门的处理记录（如员工打架斗殴的处罚记录）、员工个人社交媒体中发布的信息（如员工请虚假病假，病假期间在朋友圈发布的旅游打卡照片）等材料。

以员工违纪失职为由辞退员工，在举证时最好提供书面处理材料，这样在庭审中才能更好地维护企业的合法权益。日常管理过程中，企业要注意对员工的违纪行为作出书面处理，如书面警告、书面纪律处分等，并让员工签字确认。

◆ 不能胜任工作的证据材料

企业以劳动者不能胜任工作，经过培训或者调整工作岗位，仍不能胜任工作辞退员工时，主要需举证员工经培训或调岗后仍不胜任工作。常见的证据有：企业的绩效考核制度、岗位说明书、劳动合同（约定的岗位职责）、员工绩效考核评估表、绩效面谈记录、员工参加培训的记录（如培训签到表）、调岗通知书等材料。

11.4.6 避免电子证据不被认定

随着移动互联技术的发展，在日常工作中，企业员工对于移动办公工具的使用频率越来越高。这使得在劳动纠纷举证中，电子数据运用的频率也在提高。由于电子数据容易被伪造、增删、篡改，因此，电子数据常常会面临不被认定的风险。

为确保电子数据能作为有效证据使用，企业在提供电子数据作为证据时要确保电子数据的真实性，根据《最高人民法院关于民事诉讼证据的若干规定》第九十三条，人民法院会结合下列因素综合判断电子数据的真实性：

（一）电子数据的生成、存储、传输所依赖的计算机系统的硬件、软件环境是否完整、可靠；

（二）电子数据的生成、存储、传输所依赖的计算机系统的硬件、软件环境是否处于正常运行状态，或者不处于正常运行状态时对电子数据的生成、存储、传输是否有影响；

（三）电子数据的生成、存储、传输所依赖的计算机系统的硬件、软件环境是否具备有效地防止出错的监测、核查手段；

（四）电子数据是否被完整地保存、传输、提取，保存、传输、提取的方法是否可靠；

（五）电子数据是否在正常的往来活动中形成和存储；

（六）保存、传输、提取电子数据的主体是否适当；

（七）影响电子数据完整性和可靠性的其他因素。

人民法院认为有必要的，可以通过鉴定或者勘验等方法，审查判断电子数据的真实性。

根据上述规定，企业在收集电子数据作为证据时要注意以下几点。

◆ 在对电子数据进行取证时，不要只截屏，可以采用视频录制的方式对电子数据进行证据保全，如对微信聊天记录进行取证，可以在截屏的同时录制提取电子数据的行为，以保证微信电子数据的证明力。录制视频时，应注意电子数据信息的连续性，如拍摄微信聊天记录，应录制微信聊天从开始到结束时的完整信息。

◆ 在收集电子数据证据的同时，可采用搜索的方式搜索当事人的账号，并用视频记录搜索过程。目前，大多数网络平台都要求用户实名认证，录制账号持有人账号信息的搜索过程，可便于日后当事人更换昵称或解绑手机后佐证对方身份。

◆ 在对电子数据进行取证后，需保留原始数据信息，不能将电子数据拷贝存储后就删除原始载体中的数据信息，这样会使得仲裁庭或人民法院难以判断电子数据的真实性。

◆ 存储电子数据证据时，不要采用网上在线存储的方式，如将社交媒体中的聊天记录自动备份到云端，云端传来的数据信息不是原始证据，属于派生证据，不能单独作为定案的依据。

◆ 必要时，可对电子数据的提取过程进行公证，这样可以在保全电子数据证据的同时提高电子数据证据的证明力。

知识延伸 | 不能单独作为认定案件事实的根据的证据

根据《最高人民法院关于民事诉讼证据的若干规定》第九十条，下列证据不能单独作为认定案件事实的根据：

（一）当事人的陈述；

（二）无民事行为能力人或者限制民事行为能力人所作的与其年龄、智力状况或者精神健康状况不相当的证言；

（三）与一方当事人或者其代理人有利害关系的证人陈述的证言；

（四）存有疑点的视听资料、电子数据；

（五）无法与原件、原物核对的复制件、复制品。